企业招聘实务

企业战略与人力资源战略

人力资源规划

职位分析

招聘规划

内部招聘

外部招聘

初步筛选

人员测评导论

主　编　吕忠才

副主编　姚若松

广　州　出　版　社

图书在版编目（CIP）数据

企业招聘实务／吕忠才主编，姚若松副主编．—广州：广州出版社，2012.6
ISBN 978－7－5462－0852－7

Ⅰ．①企… Ⅱ．①吕… ②姚… Ⅲ．①企业管理—人才—招聘
Ⅳ．①F272.92

中国版本图书馆 CIP 数据核字（2012）第 129353 号

书　　名　企业招聘实务
　　　　　　Qiye Zhaopin Shiwu
主　　编　吕忠才
副 主 编　姚若松
出版发行　广州出版社
　　　　　　（地址：广州市天河区天润路 87 号 9、10 楼　邮政编码：510635
　　　　　　网址：www.gzcbs.com.cn）
责任编辑　杨　斌　徐莉雅
文字编辑　梁惠明
责任校对　李振通
责任技编　郑梅君
装帧设计　潘建文
印刷单位　广州市怡升印刷有限公司
　　　　　　（地址：广州番禺市桥横江工业区　邮政编码：511400）
规　　格　787mm × 1092mm　1/16
印　　张　17.75
字　　数　400 千
印　　数　2000 册
版　　次　2012 年 6 月第 1 版
印　　次　2012 年 6 月第 1 次
书　　号　ISBN 978－7－5462－0852－7
定　　价　38.00 元

如发现印装质量问题，影响阅读，请与印刷厂联系调换。

Contents 目录

序　言

人力资源是企业的第一资源，是企业把握核心技术、赢得品牌优势、获得竞争优势、建设文化底蕴的关键。理论界人士和人力资源实践从业人员越来越重视对人才的选拔和招募的研究。不少高校研究人员在进行广泛文献调研，总结国外人才招聘选拔经验的基础上，出版了一些有关人才招聘的专著，积累了一定的理论成果。纵观这些专著，我们不难发现，它们在理论上大都阐述得比较透彻，甚至包括一些国际上最新的理论成果也都收录在册。然而，美中不足的是，它们缺少适合我国国情的实操性，很难直接指导从业人员进行招聘实践。同时，不少企业人力资源从业者也在实际选拔和招募中积累了一些实践经验。令人遗憾的是，这些实践经验也往往只停留在某个人或某个企业的经验层面，缺少共享。对于一个在企业从事人才招聘的人力资源从业人员来说，在市场上很难找到一本既具有一定理论深度，又注重实操的参考著作。

广州市企业经理人才评价推荐中心（以下简称“广州评价中心”）作为一个专注于企业人力资源研究和应用的机构，在人才招聘的理论前沿进行了一定的探索，同时，也组织开展了不少人才招聘工作，积累了一定的实践经验。由广州评价中心吕忠才主任牵头主编的《企业招聘实务》一书力图填补业界的空白。该书既是一本理论学习读本，亦是一本实际操作指南。编者通过充分的文献调研，在系统整理、归纳、总结广州评价中心多年来组织实施企业招聘与人才测评工作积累的方法技术、实施程序的基础上，广泛收集企业招聘案例，形成可供人力资源管理人员参考的招聘与测评实务专著——《企业招聘实务》。

《企业招聘实务》在思路上从企业战略出发，到招聘及人才测评的全过程，不但体现了理论性，而且作为落实到人力资源部门的执行工具，细化到了每一件事项的方案设计，具有很强的实用性和可操作性。全书从人员招聘实践过程的角度来安排章节，突出人员招聘与配置的技能与应用的内容，采用图示与表格，以及案例分析的方法，以人员招聘与测评的内容和职能为主线，分别对企业战略与人力资源战略、职位分析、招聘规划、人才测评、员工录用的流程加以讨论，辅以精炼的原理介绍，并配以操作性极强的表单等管理工具，特别是在各种人才测评手段上，还提供了一些有价值的量表及其评价方法。

识时务者为俊杰，招聘工作是企业识人用人的关键环节，也是企业人力资源实践者服务企业发展战略的现实和长远时务。广州评价中心选择了这样一个热点且有价值的课题进行研究，并取得了一系列研究成果。本书是在广州评价中心研究团队多年来科研探索和近年来开展的一系列实践工作积累经验的基础上完成的专著。我希望，这本书的出版，既可以作为广州评价中心这些年研究成果的总结，也可以为国内相关研究和人力资源实际从业人员提供借鉴和帮助。作为一个从事组织人事工作和人力资源开发的老同志，我为本书的出版感到欣慰和高兴。

特此作序。

李志昌

2012 年 5 月

（作序者系广州市委组织部副部长、广州市人才工作协调小组办公室主任、广州市干部培训工作领导小组办公室主任）

第一章　组织战略与人力资源战略

【学习目标】

学习完本章之后，你应该能够：

1. 了解什么是组织战略，并理解组织战略管理过程；
2. 了解人力资源战略，并了解人力资源战略的类型制定过程；
3. 理解组织战略对人力资源战略的影响；
4. 了解人—职匹配模型，及其对组织人员配置的影响。

【案例】

中国第一汽车制造集团的发展之路

发展历程：

1953—1978　以“解放牌”重型卡车的生产为战略重点。

1953. 7. 15　破土动工，毛泽东主席亲自题写“第一汽车制造厂奠基纪念”。

1956. 7. 13　第一辆“解放牌”汽车驶下装配线，中国汽车工业从这里起步。

1979—1988　“解放牌”汽车的换型改造时期，又称第二次创业时期。

1980—1983　完成了“解放牌”第二代产品 CA141 汽车的设计、试制、实验和定型。

1983—1987　实现了顺利转产，并实现了质量、产量双达标，通过了国家的工程验收。

1988—2001　以发展轿车、轻型车为主要标志的第三次创业时期。

1988. 5. 17　与德国大众汽车公司签署奥迪轿车技术转让协议，进入战略结构调整时期。

1991　与德国大众汽车公司合资建立年产量 15 万辆轿车基地。

2001. 12　宣布完成第三次创业时期的历史使命，提出实现汽车产销量、销售收入、利润、员工收入“四个翻一番”的目标。

2002—2007　建设“三化”发展新时期。

2002　提出“建设新一汽”的构想，确立实现“规模百万化、管理数字化、经营国际化”的“三化”目标；与天津汽车（集团）联合重组，与日本丰田公司实现合作，产品结构形成以轿车为主的新格局。

2004　年销量突破 100 万辆，树立中国汽车工业发展里程碑。

2007　年销量 143. 6 万辆，收入 1885 亿元，累计出口整车 3. 2 万辆，收入 5. 2 亿美元，进出口总额超过60亿美元；列世界企业500强第303位，中国企业500强第14位；中国2007年度“最具影响力企业”第2位；“中国一汽”以605.78亿元的品牌价值位列国内汽车行业第一。

一汽集团是中国汽车工业大型企业集团。1987年以前，一汽的战略重点一直在生产“解放牌”重型卡车上，但根据当时国内国际情形，轿车在普通民众家庭的普及已成为趋势。1988年5月17日，一汽率先抓住机遇，迈出企业战略转型的步伐，与德国大众汽车公司签署了奥迪轿车的技术转让协议，由此进入了结构调整时期，转向以发展轿车、轻型车为主，多车型并举，这一时期也称为以发展轿车、轻型车为主要标志的第三次创业时期。

在此时期，一汽通过建设一汽轿车、一汽—大众两个现代化轿车生产基地，以及兼并、重组、改造轻型车生产企业，取得产品结构调整的重大突破，实现中、重、轻、轿并举的局面，轿车和轻型车产销量比重接近50%。同时通过不断深化企业改革，基本实现了由传统的工厂向集团公司体制、由单一的国有资产向多元化资产结构的转变。并通过对外合作和开拓国外市场，建立了一汽—大众等一批中外合资企业，产品出口到70多个国家和地区，初步实现从单一的国内市场向国内、国外两个市场转变。

在第三次创业时期，一汽还开展了质量总体战、整顿内部经济秩序、推行精益生产方式、集中采购、强化营销管理等系列活动，并通过“801”、“901”人才工程，培养了一大批优秀的年轻干部，为一汽赢得未来奠定了领导人才基础。2001年12月，一汽宣布其第三次创业的历史使命已经完成，并提出在“十五”计划时期实现汽车产销量、销售收入、利润、员工收入“四个翻一番”的目标。

2002年，一汽进一步延伸和发展“四个翻一番”目标，提出“适应世贸要求，建设新一汽”的构想，确立在五年或更长的一段时间里，实现“规模百万化、管理数字化、经营国际化”的“三化”目标，进入建设“三化”的新发展时期。至2007年，一汽已有职能部门18个，全资子公司28个、控股子公司18个，其中上市公司4个，其主营业务包括研发、乘用车、商用车、毛坯零部件、辅助和衍生经济等六大板块，拥有员工13.2万人，资产总额达1340亿元，并在亚、非、欧、南美和北美五大地区建立公司和办事机构11家（包括组装厂）。

开创中国现代汽车工业史的一汽集团，其产销量已连续多年居中国汽车行业之首，成为名副其实的中国“第一”汽车制造集团。

【你会怎么做】

你认为一汽集团在其发展过程中的战略调整对企业本身有何意义？对其人力资源战略又有何影响？提出了怎样的挑战？

快速变化的政治、经济、社会与市场环境使战略在企业管理中的地位比以往更为重要，同时也使得制定战略更为困难。企业战略作为指南，帮助企业认识和阐明需要改变的问题，使企业有效管理这些变化。这些战略专注于最重要的问题，为行动制订明确的方针和计划。

企业正在认识到，重视市场、财务和技术方面的同时，也必须重视人力资源管理。有些企业将人力资源作为企业战略计划的一部分。人力资源战略与财务、市场营销、技术、生产制造以及信息管理等职能战略一样支撑着整个企业战略。

本章中介绍了组织战略管理及人力资源战略的内容、意义、制定流程、影响因素以及两者的协调。

第一节　组织战略管理概述

一、战略管理的定义、内容和意义

战略管理是指对一个组织在一定时期的全局的、长远的发展方向、目标、任务和政策，以及资源调配作出的决策和管理。包括组织在完成具体目标时对不确定因素作出的一系列判断，在环境检测活动的基础上制定战略。

在战略管理过程中，组织确定其使命，根据外部环境和内部条件设定组织的战略目标，为保证目标的正确落实和实现设立计划，并依靠组织内部能力将这种决策和计划付诸实施，并进行过程控制的一个动态管理过程。

组织战略管理集中研究系统管理、市场营销、融资和财务、生产和操作、开发和研究、计算机信息系统等方面的问题，以保证组织目标的实现和成功。它具有系统性、科学性、艺术性、相对稳定性等特征。

【例 1－1】苹果公司的战略

使命：

通过提供独特的个人计算机产品以及创新性的顾客服务，帮助人们改变工作、学习及交流的方式。

我们将作为新方向与方法的先导，发现利用计算机技术以拓展人的潜力范围的新途径。

苹果公司将做到与众不同：我们的产品、服务和见识将帮助全世界的人形成在 21 世纪中进行商务和教育活动的方式。

倡导：

致力于使顾客满意：我们将以我们的创新产品与服务，以及顾客的满意程度而闻名。

成为更加全球化的公司：我们将运用世界艺术级的技术和概念开发我们的产品和服务，服务于全世界的人。

建设一个完整的基础：我们将充分利用我们的技术力量去维持我们与顾客、第三方合伙人以及“苹果人”的关系。

二、组织战略的制定流程及影响因素

组织战略管理，主要是指组织战略制定和战略实施的过程。一般说来，组织战略管理包含四个关键要素：

战略分析——了解组织所处的环境和相对竞争地位；

战略选择——战略制定、评价和选择；

战略实施——采取措施发挥战略作用；

战略评价和调整——检验战略的有效性。

（一）战略分析阶段

战略分析的主要目的是评价影响组织目前和今后发展的关键因素，并确定在战略选择步骤中的具体影响因素。战略分析包括三个主要方面：确定组织的使命和目标、外部环境分析、内部条件分析。

战略分析还要了解组织自身所处的相对地位，具有哪些资源以及战略能力；还需要了解与组织有关的利益和相关者的利益期望，在战略制定、评价和实施过程中，这些利益相关者会有哪些反应，这些反应又会对组织行为产生怎样的影响和制约。

（二）战略选择阶段

战略分析阶段明确了“组织目前状况”，而战略选择阶段所要回答的问题是“组织走向何处”。

组织可以结合国际、社会、经济环境的变化，从对组织整体目标的保障、对中下层管理人员积极性的发挥以及组织各部门战略方案的协调等多个角度考虑，选择自上而下的方法、自下而上的方法或上下结合的方法来制订战略方案。

评估战略备选方案通常使用两个标准：一是考虑选择的战略是否能发挥组织的优势，克服劣势，是否能利用机会，将威胁削弱到最低程度；二是考虑选择的战略能否被组织利益相关者所接受。此外，对战略的评估最终还要落实到战略收益、风险和可行性分析的财务指标上。

战略的选择，即战略决策，确定准备实施的战略。如果由于采用不同的指标对多个战略进行评价，而产生的评价结果不一致时，最终的战略选择可以考虑以下几种方法：

1. 根据组织目标选择战略；
2. 聘请外部机构；
3. 提交上级管理部门审批。

最后是战略政策和计划，即制定有关研究与开发、资本需求和人力资源方面的政策和计划。

（三）战略实施阶段

战略实施就是将战略转化为行动。

主要涉及以下一些问题：如何在组织内部各部门和各层次间分配及使用现有的资源；为了实现组织目标，还需要获得哪些外部资源以及如何使用；为了实现既定的战略目标，需要对组织结构作哪些调整；如何处理可能出现的利益再分配与组织文化的适应问题，如何进行组织文化管理，以保证组织战略的成功实施等。

（四）战略评价和调整阶段

战略评价就是通过评价组织的经营业绩，审视战略的科学性和有效性，并根据组织情况的发展变化，即参照实际的经营事实、变化的经营环境、新的思维和新的机会，及时对所制定的战略进行调整，以保证战略对组织经营管理进行指导的有效性。

战略的形成过程实际上是一系列的决策过程。例如，在麦当劳决定在它的营业项目中增加早餐并且明确形成早餐战略之后，一整套实施决策必须被制定出来，包括早餐提供什么产品，怎样准备食物，如何处理增加配置人员的要求等 。事实上，战略的实质就是制定决策。在这一过程中，组织必须回答许多问题，例如：

● 公司应该做什么？为什么？

● 公司怎样对竞争作出反应？

● 公司应该开发怎样的新产品和新市场？

● 公司想要或者需要以怎样的规模增长 ？

● 公司未来的劳动力队伍应该是什么样子的？

● 公司的人员配置应如何满足业务对人力资源的需求？

● 公司的培训计划是否符合需要？

● 应该采用什么样的薪酬和激励方案？

第二节　人力资源战略

一、人力资源战略的定义、内容和意义

大多数组织都有组织战略，以确定组织未来的成长、发展等关键问题。它们也可能有各种具体职能或产品经营战略，如财务管理战略、产品管理与营销战略、制造与技术战略、信息管理战略等。现在，管理者逐步认识到组织整体战略应该包括人力资源战略在内的各种职能性战略。例如，当福特汽车公司制定它的质量战略时，如果没有认真考虑到它现在和将来的人力资源能力和战略，那么它的“质量是第一要素”的战略将很难成功；同样，3M 公司的创新战略极其依赖于在员工中推行的创新计划，没有富于创新精神的员工，这个计划就无法推行。在组织战略中，实施战略、实施变革的能力来自于人，因为是人而不是组织在进行革新、作出决策、开发与生产新产品、开拓市场，更有效地为顾客服务。人力资源问题通常是组织获得和保持竞争力的关键。

人力资源战略是指，根据组织战略来制定人力资源管理计划和方法，并通过人力资源管理活动来协助实现组织的战略目标。

我们可以看到，很多组织会描述下面这样一些与人有关的问题：

● 取得成本领先优势：提高生产效率，提高人员利用率，减少人事费用，取消不必要的岗位设置。

● 通过服务和产品取得竞争差异：提高客户满意度，加强质量管理，提高服务质量。

● 开发管理人员：增加管理人员的能力，培养管理人员。

● 提高人员的活力：设置有效的激励措施，奖励有贡献的员工，员工参与决策等 。

通过对人力资源战略的思考和确定，有助于组织解决这些与人力资源有关的问题。人力资源战略有助于确定、调动和指引所有人力资源活动，并围绕对组织具有最直接影响的问题，它有利于将所有的人力资源活动都联系在一起并使管理人员了解它们的

意义。

【例 1 -2】AT&T 公司的人力资源战略

AT&T 公司提供了一个充分说明组织如何使人力资源重点与组织，战略重点相一致的案例。该公司在对付解除市场管制带来的挑战时，进行重大调整并重新确定其竞争地位。

AT&T 公司的发展战略是，成为信息传送与管理方面的世界级领袖。它通过保持和发展其核心业务、发展在数据网络服务方面的领导作用以及扩大在全球市场的份额，来完成其使命。该公司认为其竞争优势在于公司的资源、财务优势、产品及服务系列、研究与发展以及质量。

该公司通过 19 个业务单位来经营，每个单位都专注于一个细分市场并负责从新产品到定价、营销全过程的每一件事。就整个公司而言，核心活动一直是基础研究、人力资源政策以及财务制度。

在解除市场管制的情况下，AT&T 公司面临着来自市场各方面的激烈竞争。为了保持竞争力，其消费产品业务部门把制造业务转移到新加坡，精简了组织（减少人员，将管理层次减少到四个，减少了官僚作风），专注于成本与质量。该公司正在大举挺进国际市场以转移其在美国的竞争。

该公司的人力资源规划围绕创造变化而展开。这些规划说明了为提高组织竞争力而在人力资源管理方面所进行的公司整体战略调整。

因此，AT&T 公司将以下问题作为其 20 世纪 90 年代的工作重点：

● 加快领导人员开发，专注于 AT&T 公司不断变化的业务实现及行动。

● 与工会形成新的伙伴关系，寻求能够导致质量改进的创新机遇。

● 建设一支更加多样化的人员队伍，以改进业务发展及雇员士气；使雇员差异成为一种竞争优势。

● 注重人在质量问题上的作用。

● 积累国际经验；开发海外人力资产。

● 提供更加灵活的薪酬方案，随人员队伍的变化提供不同的福利。

● 改进核心人力资源服务，通过再造工程改进成本效益。

AT&T 公司的使命要求该公司增加股东价值，成为技术领袖，并改进服务。这些人力资源重点问题反映出该公司需要“精简与学会舍弃”。在 20 世纪 90 年代，该公司要奋力争取重大变革。

二、人力资源战略的制定流程及影响因素

人力资源战略的制定，归根到底是要协助实现组织战略，因此其制定的过程都将围绕组织战略需要，从人力资源规划，到人员招聘配置、员工培训、绩效管理、薪酬管理等各个关键环节都要体现对组织战略的支持，并直接指导组织人力资源管理的过程。

表 1－1 人力资源战略的影响因素

	竞争战略	人力资源战略
影响因素	经济条件	劳动力市场
	产业结构	技能和价值
	特殊的能力	经济条件
	竞争优势	文化
	产品/市场范围	

人力资源战略的制定应与组织战略互相配合，达成互动。组织人力资源战略的建立可分为明确职业化人才队伍需求、SWOT 分析、制定人力资源战略和流程三个步骤。

（一）明确职业化人才队伍需求

人力资源战略作为一种最重要的职能战略受组织战略支配，组织的核心价值观影响并决定着人力资源战略。以惠普公司为例：

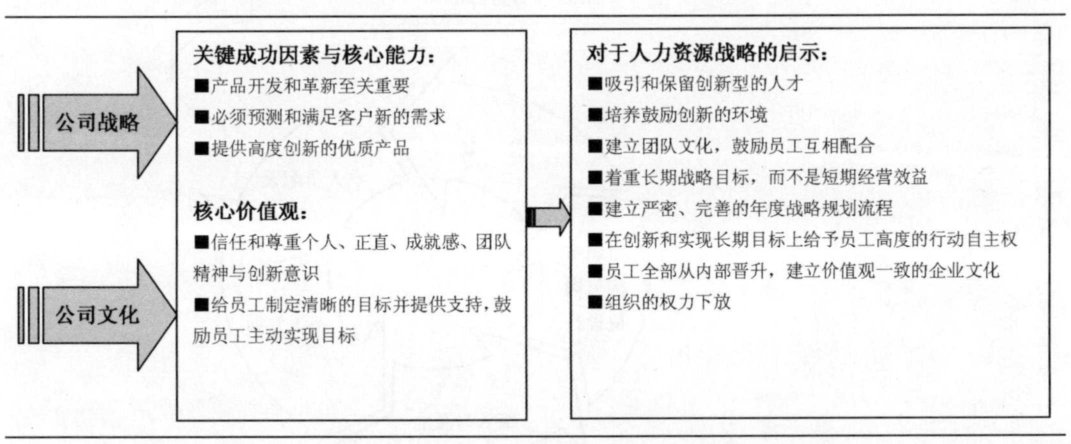

图 1－1 组织的战略与文化决定人力资源战略（惠普公司）

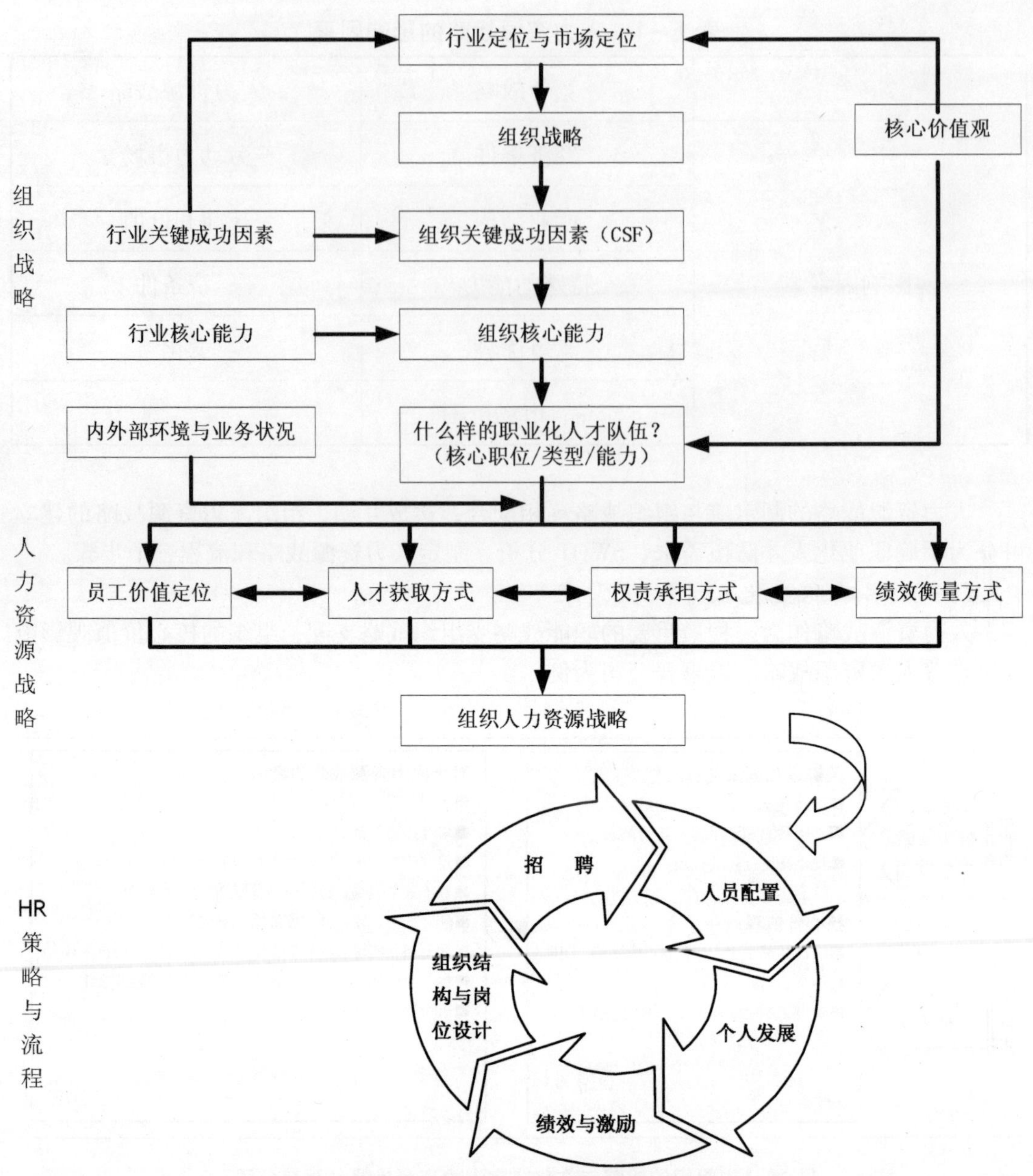

图1－2　组织战略与人力资源战略、策略及流程

组织核心能力（Core Competency）是用以贯彻组织战略，竞争对手无法仿效的系统能力。通过明确组织的核心能力，结合组织核心价值观，即可明确组织需要建设怎样的职业人才队伍。以下以联邦快递为例：

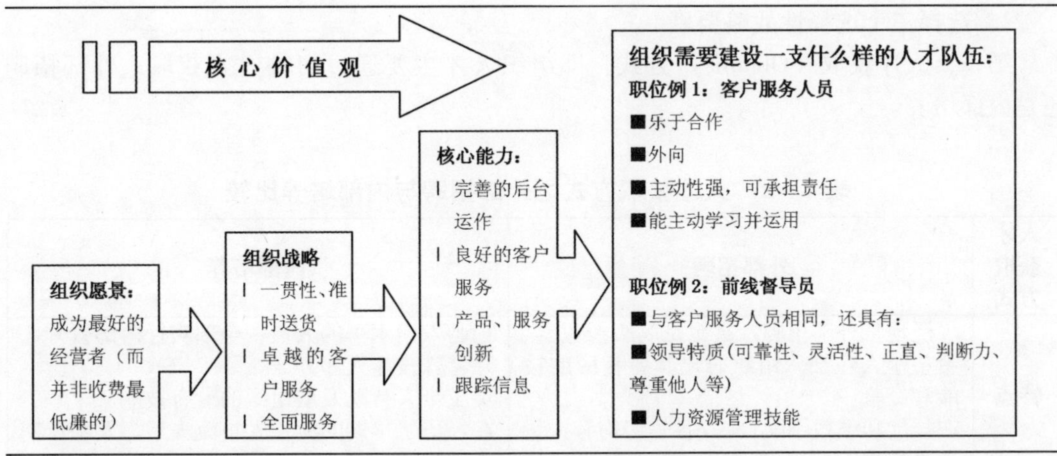

图 1－3　核心能力决定公司需要建设一支什么样的职业人才队伍（联邦快递）

（二）SWOT 分析

回答了组织需要建设怎样的职业人才队伍，接下来就要界定员工的价值定位（P）及对组织的三个选择性战略要素（O、D、A）作出选择：

1. 明确员工的价值定位。

员工的价值定位（Positions）就是从员工个人角度看个人与组织的隐含关系，其决定了组织能吸引和保留怎样的人才。

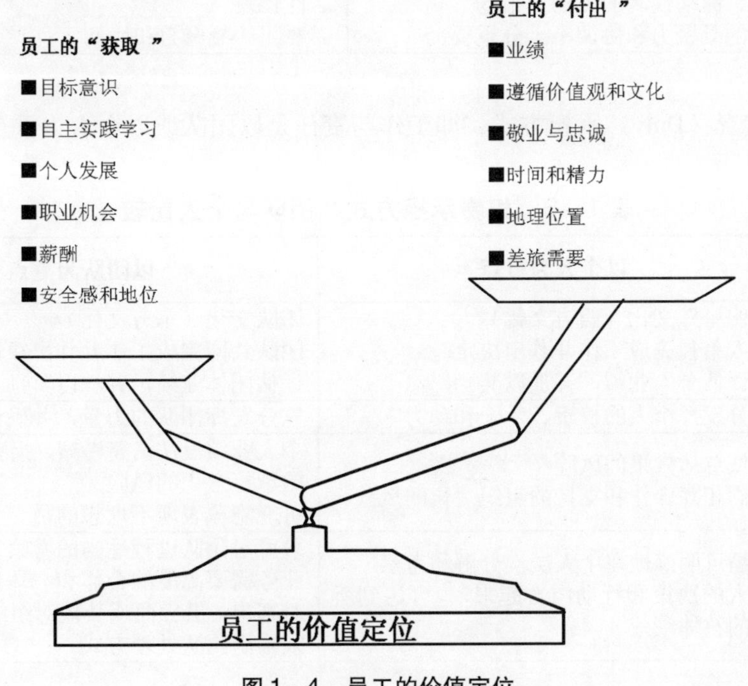

图 1－4　员工的价值定位

2. 选择三个选择性战略要素。

第一，人才获取（Obtains）方式，即组织人才主要通过何种方式获取，外部招聘还是内部培养。

表1－2　人才获取方式之外部招聘与内部培养比较

人才获取方式	外部招聘	内部培养
特点	广泛地从外部招聘，甚至是高级经理 希望个人在加入组织时已具备相应的技能和经验 在技能和绩效不配合时，各等级均有大量人员流失	招聘入门水平的人员、全部实行内部晋升，除特殊技能人才外 员工个人帮助发展组织的专有技能 在经历了早期的大量人员流失后，人才长期为组织效力
优点	引入新血液、新理念 建立卓越业绩的新标准 能迅速增加数量或改变技能	以发展和晋升的机会激励和保留人才 保持组织的业绩、质量和文化的水平 内部培养的成本往往比从外部招聘有经验的人才低
缺点和局限性	具丰富经验的人才数量可能有限 新加入的员工对于组织文化可能较难融合	快速转变较困难 招聘和吸收有经验的人才的能力下降 预期终身雇用制可能导致职业道德下降
适用情况	市场上有现成的所需技能人才 竞争形势不稳定，需要技能的迅速转变（中断、快速提升等） 高效、流动性高的劳动力市场 组织的凝聚力和协调不十分重要	只有员工拥有独特的技能和知识优势 竞争环境稳定，可预测未来需要何种技能 劳动力市场效率低下，受地区限制，个人灵活性较差 需要团体凝聚力和协调

第二，权责（Duty）承担方式，即工作与责任是以团队或以个人为重点。

表1－3　权责承担方式之团队与个人比较

权责承担方式	以个人为重点	以团队为重点
特点	“明星”文化（西方文化） 个人单独完成工作并作出决定 只评估个人业绩，并加以奖励	团队文化（东方文化） 团队共同完成工作并作出决策 评估团体业绩，并加以奖励
优点	充分发挥个人的权责、才干和动力	充分发挥团队的力量，并确保一体化
缺点和局限性	降低总体效果的风险 阻碍相互合作和支持的组织文化的风险	个人业绩没法清楚考察，损害个人对权责的承担意识的风险 可能隐藏表现不理想的员工
适用情况	业绩可明确地在个人层次分解和考察 个人的决策和行动结合起来，　可达到所需的整体绩效	只可对团队进行适当的考察 业务需要高度的合作和一体化 对客户、供应商或其他对组织有利益的人须采用团队处理方式

第三，绩效衡量（Appraise）方式，指组织强调短期效益还是强调长期成就。

表 1－4 绩效衡量方式之短期效益与长期成就比较

绩效衡量方式	短期效益	长期成就
特点	“今年的业绩生死攸关” 业绩以具体量化的结果量度 以短期衡量标准衡量进度很有意义(每周、每季度) 本年的业绩直接影响奖励、晋升或解雇决定	“实现长期抱负” 长期目标才最重要，易获得清楚理解，而且内容明确 中期进度间接考察，例如 －活动的定量评估 －能力的定性衡量 －完成具体要求的明证
优点	明确把重点放在结果上 奖励制度鼓励专注、坚持不懈和努力工作的员工	鼓励创造性、成就感和与众不同
缺点和局限性	有只重短期成效，阻碍长期价值创造的风险 可能阻碍承担风险的精神	业绩重点可能会变得模糊的风险—没有紧迫性，无明确的成败打分制度 可能会导致按资论赏、某些人拥有权力、损害职业道德
适用情况	关键绩效驱动因素很容易量化(如：成本、可靠性、生产质量、客户满意度等) 效益周期短(日、周、季度)	KPI 是以能力为主，较抽象(如：革新、产品开发、为客户提供综合解决方案) 效益周期较长(多年)

通过以上对组织人力资源战略主要内容的确定，结合组织内、外部环境与业务发展状况，就可采用 SWOT 这一战略分析工具作进一步分析，并最终制定组织的人力资源战略。(如表 1－5)

表 1－5 某组织人力资源战略因素 SWOT 分析

影响人力资源战略的因素	权重 1	等级评定	加权分 1	权重 2	加权分 2	说明
优势（S）						
■市场占有率增大	0.10	2	0.20			将增加组织定员
■员工专业素质较高	0.15	2	**0.30**	**0.10**	**0.20**	还好，但正要变坏
■员工工作士气高昂	0.10	4	**0.40**	**0.05**	**0.20**	与组织业务状况有关
■组织财务状况良好	0.10	2	0.20			利润分享计划
劣势（W）						
■生产成本偏高	0.05	2	0.10			一线技术人员青黄不接
■绩效考评制度不合理	0.15	4	**0.60**	**0.10**	**0.40**	前线经理意识不强
■缺乏某些关键技能的人才	0.15	3	**0.45**	**0.10**	**0.30**	关键技能人才青黄不接
■前线经理仍崇尚以行政管理为导向的管理风格	0.20	3	**0.60**	**0.15**	**0.45**	缺乏人力资源管理理念与技巧
小计	1. 00		2.85			2.85<3.00，低于平均水平

机会（O） ■市场需求增加 ■劳动力市场专业人士供给充分 ■可利用员工培训兴趣进行教育投资 ■竞争对手市场停滞不前	0.05 0.15 0.20 0.05	2 5 4 4	0.10 **0.75** **0.80** 0.20	 **0.10** **0.15** 	 **0.50** **0.32** 	新产品需求旺盛 不确定 正在消失中 还须进一步观察
威胁（T） ■新的竞争对手加入 ■不利的政府政策 ■经济衰退 ■市场竞争压力大	0.20 0.05 0.10 0.20	5 1 2 4	**1.00** 0.05 0.20 **0.80**	**0.15** **0.10**	**0.75** **0.40**	影响核心人才的吸引保留 加大人工成本 消费市场出现衰退迹象 市场上新产品增多
小计	1. 00		3.9			3.9>3.00，高于平均水平
总计				**1.00**	**3.48**	**3.48>3.00，高于平均水平**

注：1. 等级评定栏，根据组织对每个因素的应对方式评分：在5（很好）和1（很差）之间。

2. 权重栏为每个因素规定的权重，权重在1（最重要）到0（不重要）之间，确定权重的依据是该因素对当前战略的可能影响。

同时，SWOT也可以用来生成多个可能的战略方案，TOWS（将SWOT倒过来）矩阵能把面临的外部机会、威胁与组织内部优势、劣势相匹配，得到四类可能的战略选择。

表1－6 TOWS战略矩阵

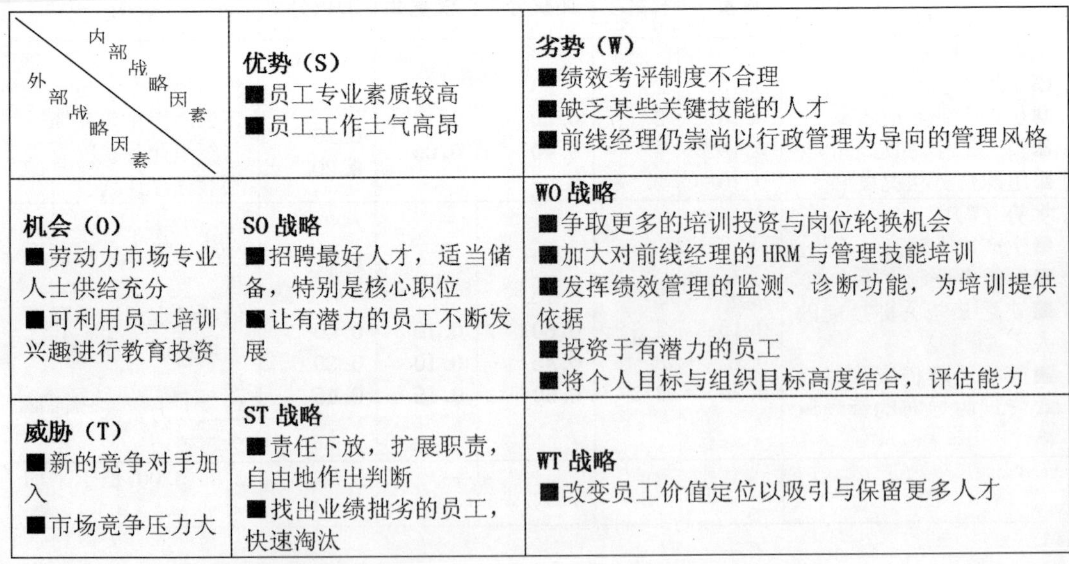

内部战略因素 / 外部战略因素	**优势（S）** ■员工专业素质较高 ■员工工作士气高昂	**劣势（W）** ■绩效考评制度不合理 ■缺乏某些关键技能的人才 ■前线经理仍崇尚以行政管理为导向的管理风格
机会（O） ■劳动力市场专业人士供给充分 ■可利用员工培训兴趣进行教育投资	**SO战略** ■招聘最好人才，适当储备，特别是核心职位 ■让有潜力的员工不断发展	**WO战略** ■争取更多的培训投资与岗位轮换机会 ■加大对前线经理的HRM与管理技能培训 ■发挥绩效管理的监测、诊断功能，为培训提供依据 ■投资于有潜力的员工 ■将个人目标与组织目标高度结合，评估能力
威胁（T） ■新的竞争对手加入 ■市场竞争压力大	**ST战略** ■责任下放，扩展职责，自由地作出判断 ■找出业绩拙劣的员工，快速淘汰	**WT战略** ■改变员工价值定位以吸引与保留更多人才

注：SO战略是利用组织优势、抓住机会；

WO 战略力图通过克服劣势来利用机会；

ST 战略考虑利用组织优势、躲避威胁；

WT 战略主要是使劣势最小化以躲避威胁。

（三）制定人力资源策略和流程

通过制定人力资源战略，便可以从组织结构与岗位设计、招聘、人员配置、个人发展、绩效与激励等方面着手确定组织的人力资源管控策略与管理流程。

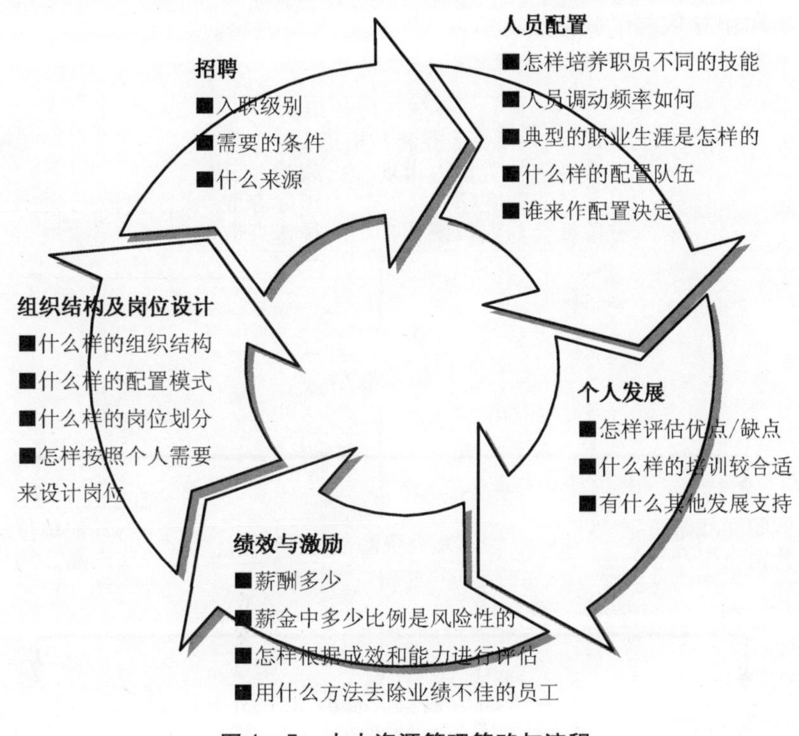

图 1－5　人力资源管理策略与流程

完成了以上步骤，已能基本明确组织的人力资源战略，当然也要考虑通过制订行动计划、预算和流程，将战略付诸行动。同时，在行动计划中也要对组织经理人员的角色与行为予以规划。因为无论多么出色的人力资源战略，组织的经理人员的角色与行为都足以影响其成败。组织总裁应当成为组织的第一人力资源主管，他需要设定人才标准，与人力资源部一同设计人才战略，并积极参与战略的制定。前线经理须视人力资源管理工作为其工作的主要部分，通过接受培训获取人力资源管理技能，亲自负责其下属的人力资源和绩效的管理，而人力资源部则须支持前线经理，并向其提供咨询与统一的人力资源管控平台。

三、人力资源战略的类型分析

人力资源战略指导着组织的人力资源管理活动，它使人力资源管理的活动之间能够有效地互相配合。因此不同的人力资源战略必然会影响到人力资源的管理活动。当组织将人力资源视为一项资产时，就会提供较多的培训，如累积型战略；而当组织将人力资源视为组织的成本时，则会提供较少的培训以节约成本，如效用型战略。

人力资源战略为组织管理人员就人力资源问题的重点、优先次序、活动、时间及资源分配等展开讨论并达成一致提供了根据。具有明确的组织战略计划的组织，都会制定人力资源战略，作为整个组织战略的一部分。Lengnick - Hall 在《战略性人力资源管理》中如此论述："一个公司的组织战略与它的人力资源战略之间彼此促进的相互依赖关系，就是被提倡的战略性人力资源管理方法的基础"。图 1 -6 描述了组织战略与人力资源战略互动和相互依赖的过程。

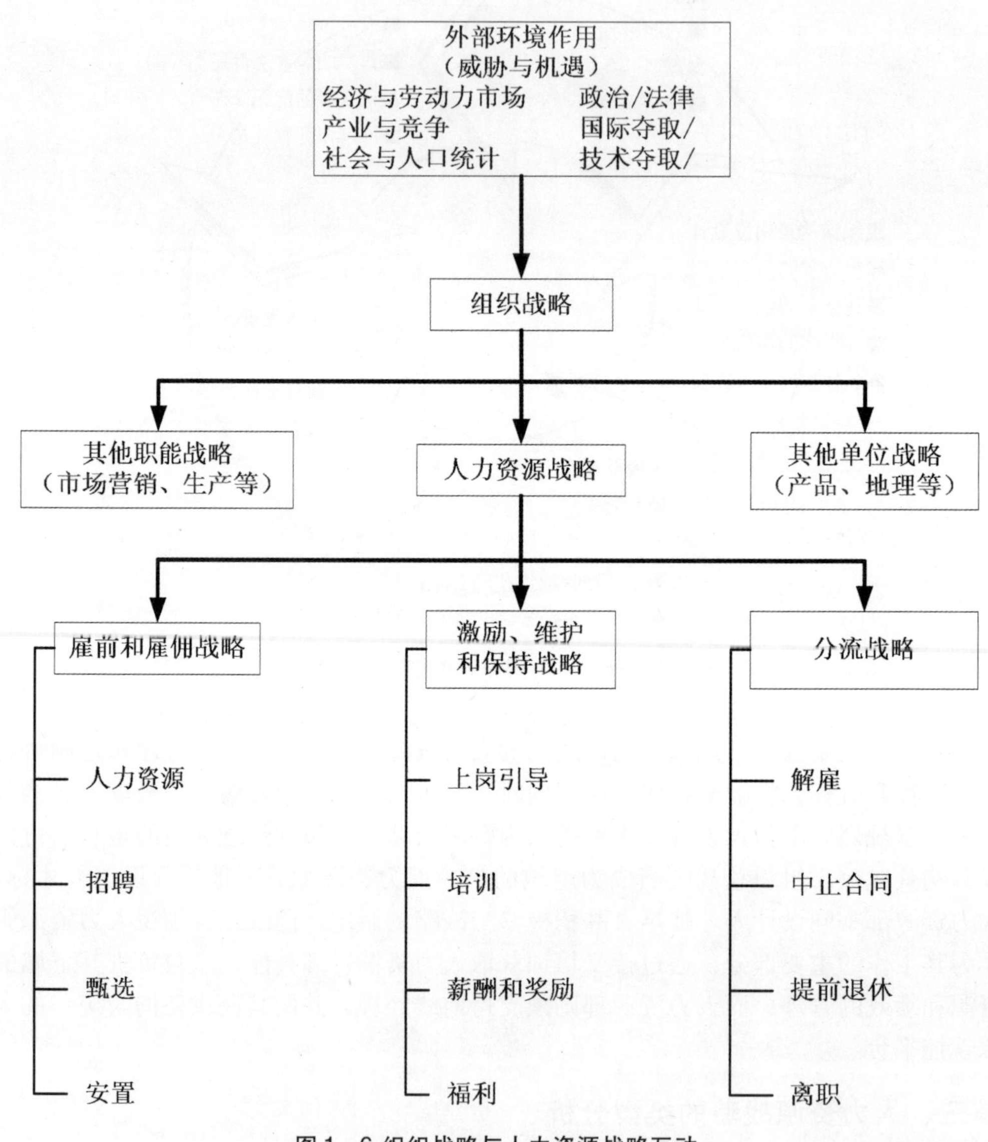

图 1 -6 组织战略与人力资源战略互动

四、人力资源战略的细化

一家新成立的软件研发公司将使命定义为“帮助个人和家庭通过电子方式管理所有个人财务及其记录”。基于这样的陈述，组织的目标和任务可能是加强产品研发，提高销售额，通过杰出的产品品质和客户服务来提高竞争力。

很明显，该软件企业将采用的是差异化竞争战略，这种战略要求组织具备富有创造力、具有开放思维以及敢于承担风险的员工，需要组织的关键人员（研发、客户服务、技术支持人员）具有高创新能力、相对稳定的发展环境、相互依赖的行为。

根据这个软件开发企业的目标，人力资源战略必须稳定关键团队或人员这对组织实现产品开发目标产生关键作用。从这一目标出发，人力资源战略可以建议采取以下关键措施：

- 从同行业其他企业获取富有经验的软件开发人员，而不是寻求刚毕业的学生；
- 提供高于市场平均水平的薪酬水平以吸引和保留高水平的软件研发人员；
- 提供行业内有竞争力的福利以吸引和保留高水平的软件研发人员；
- 为软件研发人员提供有竞争力的激励措施以鼓励其为企业作出贡献；
- 为软件研发人员提供特定的培训预算，使关键人员的关键能力不断提升。

由上述例子可见，人力资源战略就是要在组织战略的基础上，结合劳动力的获取、留任和激励，以协助组织战略目标的实现和达成。在人力资源战略的基础上，可以进一步制定细化的人员配置战略、薪酬战略、培训战略等人力资源的职能战略及措施。

【例 1－3】一汽集团的人才发展战略

21 世纪的竞争，归根到底是知识和人才的竞争。因此，我们在努力构建一汽核心人才群体，立足国内、国际竞争的大环境，培养造就一流的人才队伍，托起一汽明天的太阳。

一汽人才发展战略：以核心人才培养与引进为重点，通过体系化人才开发，形成以 2000 名高素质的管理人才、高水平的技术人才、高技能的操作人才为龙头的核心人才群体，建成一支素质优良、结构合理、精干高效的员工队伍。

我们必须坚持先人后事原则。强化对每一个人的能力的开发，使其成为所在领域的专家或内行管理者和操作者。不以劳动力的大小作为生产力的先进标志和分配标志，注重在科技与产品背后的长期劳动积累。

实施多层次、多形式的差别化培训

先后同美国圣里奥大学、加州大学及荷兰马斯特里赫特工商管理学院合作，培养了 60 多名工商管理硕士（MBA）；通过同国外有关科研部门和优秀企业进行联合设计，学习国外先进的设计思想和设计方法，仅 2002 年就派出 396 人；与吉林大学、哈尔滨工业大学等联合培养工商管理、管理科学与工程、车辆工程等专业研究生 200 多人；选派 400 多名专业技术管理骨干到清华大学、同济大学、大连理工大学、上海财经大学、海南改革发展研究院等进行短期进修培训；集团公司组织项目管理等各领域培训。

培养与使用有机结合

一汽分步实施了“801”和“901”两大人才工程，即每个经营班子分别配备 20 世纪 80 年代、90 年代毕业的大学生各一名。通过实施“801”和“901”人才工程，共有 273 名年轻优秀的专业技术及管理人员走上了高级经理的岗位，占现任高级经理总数的

45.5%，其中4人成长为集团公司的领导。

开辟人才成长的绿色通道

为调动那些不担任任何行政领导职务的高层次人才的积极性，鼓励他们钻研业务，发挥特长，实行评聘一、二、三级设计师（工艺师）、管理师和操作师。被评聘为各类师的高层次人才，可以享受到集团公司二级经理、高级经理，乃至于副总经理的工资待遇。目前，已评聘各类师1244名，其中具有本科学历的人员占78%，并为评聘的74名二级设计（工艺）师、6名一级操作师配备了公务用车。

建立不同的激励机制

对技术人员实行项目工资；对在研发、营销、采购、生产制造及职能管理等生产经营中有特殊贡献的员工实行特殊贡献奖励，奖励标准为1~10万元。在对优秀人才高薪吸引的同时，大力提倡“企业分配靠效益，员工收入凭贡献”的分配理念，力争实现“一流员工创一流业绩享一流待遇”的良性循环。

政策待遇

对来公司工作的博士，实行协议工资，一次性安家费××××元。

引进的硕士毕业生，见习期每月工资××××元，一次性安家费××××元。

引进的本科毕业生，见习期每月工资××××元，一次性安家费××××元。

对未婚本科毕业以上毕业生，提供大学生公寓，给予单身补助。

所有引进人员均享受住房公积金（工资总额的20%）、基本养老、补充养老、工伤、失业、基本医疗、补充医疗（工资总额的35%）。硕士与博士毕业生享受购房货币补贴。

第三节 组织战略与人力资源战略的协调

一、组织战略对人力资源战略的影响

人力资源战略是组织战略的一项重要职能战略，在组织战略制定和实施过程中，人力资源管理是一种核心管理活动。

（一）组织战略与人力资源战略的关系概述

人力资源战略与组织战略相互匹配是实现组织经营目标，提高组织竞争力的关键所在。组织战略是制定人力资源战略的前提和基础。例如，一个大企业的收缩战略导致以下各方面的变化：人力资源管理规模下降，对生产与运营进行合并，缩减市场营销费用，在财务方面进行合并与重组等。这种整体战略的变化对职能战略会产生相当大的影响。因此，人力资源战略需要明确组织的类型，根据组织的业务需求以规划组织需要的人才；确定组织的目标，根据组织的目标以决定组织设计。人力资源战略作为组织的职能战略，和其他市场、生产、研发职能一样，服务于组织战略，并支持组织战略目标的实现。

人力资源战略为组织战略的制定提供信息。其中内部情报信息包括：人力资源的状况、人力资源的素质、人力资源的工作绩效与改进、人力资源培训与开发的效果等；外部情报信息包括：劳动力供给状况，竞争对手所采用的激励或薪酬计划的情况以及一些

关于劳动法等法律方面的信息。

如果组织的战略是实现增长并且支配某一市场，那么人力资源战略就着眼于快速获得、保留和激励有能力的员工；如果组织采用战略收缩，那么应该采取减少雇用、裁员等收缩人员配置的战略。表 1 -7 是有关组织战略与相关人力资源战略的例子：

表 1 -7　组织整体战略与相应的人力资源战略

组织战略	人力资源战略
增长	大量招聘录用、提升工资、创造新职位、扩展培训和发展计划
收缩（缩减开支）、集中	减员、降薪、提高生产率、职位合并、工作再设计、消减分支机构职能职位（集中管控）
收购	选择性雇用、调动/职位合并/安置、重新培训、管理文化过渡

（二）组织竞争战略与人力资源战略的匹配关系

由于产品差别化、市场细分化、特殊竞争力等因素的影响，组织的竞争战略分为三种类型：成本领先战略、差别化战略、集中化战略。与之相匹配的人力资源战略分别如下：

1. 与成本领先战略相匹配的人力资源战略。该类组织以低成本取得竞争中的领先地位，与之匹配的人力资源战略主要是在工作分析和工作岗位设计上确保减少工作中不必要的风险，形成一支稳定的高素质员工队伍。

2. 与差别化战略相匹配的人力资源战略。此类组织通过提供与众不同的产品或者服务获取竞争优势，因而在人力资源战略方面要重视人才储备和人力资本投资，通过聘用数量较多的员工形成备用人才库，以提高组织的灵活性，并储备多种专业技能人才。

3. 与集中化战略相匹配的人力资源战略。这类组织是主攻某个特殊的细分市场或某一种特殊的产品，为特定的地区或特定的购买者提供特殊的产品及不同服务。这种战略要求组织决策权下放，员工参与管理，员工有较大的决策权和较多的参与机会，使员工在工作中有自主权，归属感较强，注重发挥员工的积极性、主动性和创造性，管理人员在工作中为员工提供必要的咨询与帮助。日本企业中的质量小组就是该战略的典型运用。

（三）组织发展战略与人力资源战略的匹配关系

组织的发展战略大体可分为三种类型：单一经营发展战略、纵向整合式发展战略、横向多元化发展战略。与之相匹配的人力资源战略分别如下：

1. 与单一经营发展战略相匹配的人力资源战略。采用单一经营发展战略的组织采用单一产品主攻特定的市场领域，该组织一般具有规范的职能型组织结构和运作机制。对于此类组织，各部门和员工权责明确，而且经验是相当重要的。因而，如要挽留住那些有着丰富工作经验的资深员工，在人力资源战略方面，就要制定一整套不但具有吸引力，还具有竞争力的工资待遇政策，用“薪”对待员工，并为员工提供职业生涯规划。此外，在员工招聘和绩效考核方面，主要从职能作用上评价，较多的依靠各级主管的经验，运用以行为作为基础的绩效考评。员工培训一般是以单一的职能技术为主。

2. 与纵向整合式发展战略相匹配的人力资源战略。这类组织采用规范性职能型的组织结构和运行机制，控制和指挥权集中于高层，更注重各部门的实际效率和效益。因而，在招聘上，强调员工的实际应用能力，采用多种测量工具进行筛选，以具体数据为依据，判断标准客观。工作中以员工的工作业绩和效率为绩效考评依据。因该类组织的业务需要向上游相关的领域拓展，故在员工培训方面以专业化为主，并通过轮岗制实现通才培养。

3. 与横向多元化发展战略相匹配的人力资源战略。组织由于经营不同产业的产品系列，其组织结构一般采用的是战略事业单位或者事业部制，这种情况下的人力资源战略多为发展式战略。主要是为组织营造一个宽松的工作环境，增进各事业部间和员工间的交流沟通，使各部门的目标与组织的总体发展目标保持一致。在员工招聘方面，采用系统化指标；绩效考核依据员工对组织发展的贡献。根据组织多元化发展的需要，对员工进行系统化培训，一般是跨职能、跨部门的培训方式。

二、制定与组织战略相匹配的人力资源战略

总体来说，两类一般化的战略对人力资源有较大的影响：

- 增长型—投机型—高技术型战略
- 稳重型—防守型—成本效率型战略

增长型—投机型组织要求员工的行为要有创造力、富于创新精神并勇于冒险。稳重型—防守型组织需要正好相反的行为模式——重复性的、可预测的并且是被详细阐述过的行为。

就职能而言，增长型组织中的人力资源部门的典型工作是从外部劳动力市场上招募各个层次的人员，以便在各个技术水平上都有充足的员工，以满足增长的需要；稳重型竞争者采取相反的人力资源策略，倾向于主要招募初级水平的员工，同时中高级人员从内部提升。

在某些情况下，如经济不景气、竞争加剧时，组织会采用削减成本的竞争性战略。这种战略对组织的人力资源管理会产生重大的影响，主要可以体现在以下方面：员工的工资或工资增长率的幅度显著降低；大批员工被辞退或他们的提升速度被放慢，尤其是那些高薪的参谋人员；生产制造被转移到成本更低的地区进行。2008 – 2009 年间的金融危机，不少企业都采用了这些措施。当企业强调削减成本的竞争战略时，这一决策对人力资源各个阶段的战略均会产生深远影响，如雇用、工作安排、提升、薪酬、解除劳动合同、培训等。

三、人力资源战略适应性调整

不论是组织战略还是人力资源战略，都是以一定的社会情境为基础，在一定的社会环境下执行和实施的，所以，组织战略和人力资源战略都需要考虑环境变化，即情境变化或权变因素。根据权变理论，某种情境对某个组织是有利的而对另外一个组织是不利的，一个特定的组织制定的正确战略只对该组织有效。组织独一无二的特点以及具体环境

带来的机遇与挑战决定了组织战略的时代性、社会性，即使对于同一行业的组织，一个组织的组织战略并不一定适合另一组织，就好像通用汽车适用的战略模式不一定适合于福特汽车公司一样。

第四节　人—职匹配模型

一、人力资源配置与人—职匹配概述

人力资源配置是指通过一定的方式与手段，对组织内外的人力资源进行有效地选择、选拔、安置、考评和开发，使之适应组织结构所规定的要求，以提高组织的活力与实力，取得最大的组织经济效益。组织人力资源配置包括员工的招聘、内部晋升、职业发展规划等内容。

人—职匹配是招聘与甄选工作的核心，强调通过个体特征与职位特征的双重匹配达到预期工作效果。职位要求与个体的 KSAOs（KSAOs 由 Knowledge，Skill，Ability，and other Characteristics 的首字母组成，意为“知识，技能，能力和其他特征”）相匹配；职位报酬与个体的工作动机相匹配。如图 1 -7 所示。

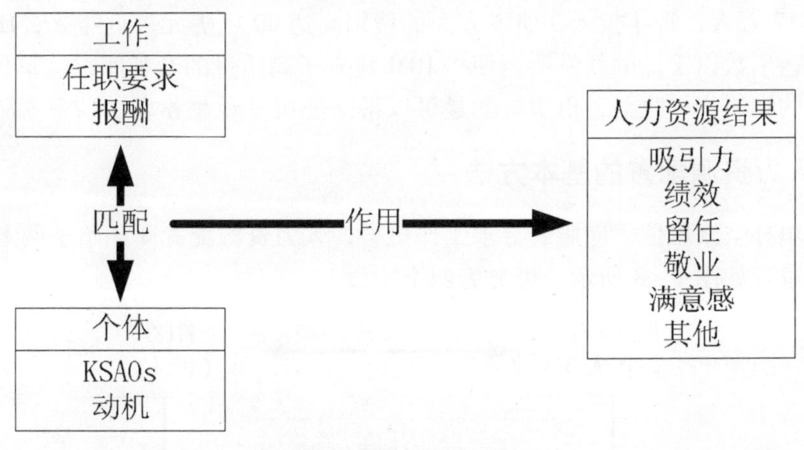

图 1 -7　人—职匹配

人—职的双重匹配要求招聘者在招聘与甄选过程中，对职位特征与个体特征给予同等的重视，要求招聘者根据招聘职位的工作要求和报酬来评价求职者。

【例 1 -4】IBM 公司的人才创新机制

创新是企业的生命，特别是像 IBM 这样的高科技企业，停止创新就意味着死亡。但创新是一个循环过程，从创新设想的产生、形成到研究、开发，从创新内容的形成到创新结果的扩散，再到市场效益的形成，这既有顺序也有交叉或相互作用。因此，企业必须建立起一个良好的机制来推动和保障企业的这种创新活动。有了良好的创新机制，企业就能不断地将知识、技术、物质转化为用户满意的产品，并不断地促进知识的生产、积累、创造和应用，从而刺激关键资源的增长，最终实现资产的增值，获得竞争的优势。

郭士纳认为IBM要建立创新机制，最重要的就是建立人力资源管理和开发的创新机制，这是企业创新机制的核心内容。

对于人才的标准，除了身体健康、精力充沛等一般要求外，IBM重点要求员工的个性要与公司的创新文化相匹配。首先是要能够快速变化，迅速调整自己，适应公司工作；第二是要具备团队精神，善于与他人合作，注重公司整体利益；第三是愿意不断地学习，一个人在具备学习能力之后，“愿意”就显得更加可贵，这样才能够不断地充实自己，作出成绩；第四是要“主动”，工作中善于主动地发现新问题，解决新问题，并形成预防失误及错误的能力。

“从根本上说，你们在今后IBM的奋斗生涯中，每一天、每一刻都须改变思维和行为方式，”郭士纳希望员工们“不顾传统智慧和做法，甘冒风险”，“不被官僚主义、障碍和墨守成规的思维定式所阻挠”。

而在招聘和留用具有创新精神的专业技术人才方面，公司也制定了大量的优惠政策。IBM喜欢从学校直接招聘人才，因为大学毕业生的知识背景好，可塑性强，最重要的是具有拼劲闯劲，敢于创新，经过培训，就可以很好地为公司服务。目前，IBM 75% ~80%的新员工是从学校招聘的。

IBM公司某高管说：“IBM公司雇用了一些世界上最具创新能力的人才，聘用的技术员工高达17万人，每年投入在研发方面的费用高达60亿美元。近年来，IBM的专业技术人才创造了数以千计的新发明，使得IBM建立了高质量的专利库，这不仅帮助IBM创造了更大的知识产权收益，更重要的是可以帮助公司发展业务。”

二、人力资源配置的基本方法

组织须填补空缺职位，应聘者寻求工作机会，人力资源配置即开始于两者间的相互接触，整个过程如图1－8所示，可分为四个阶段。

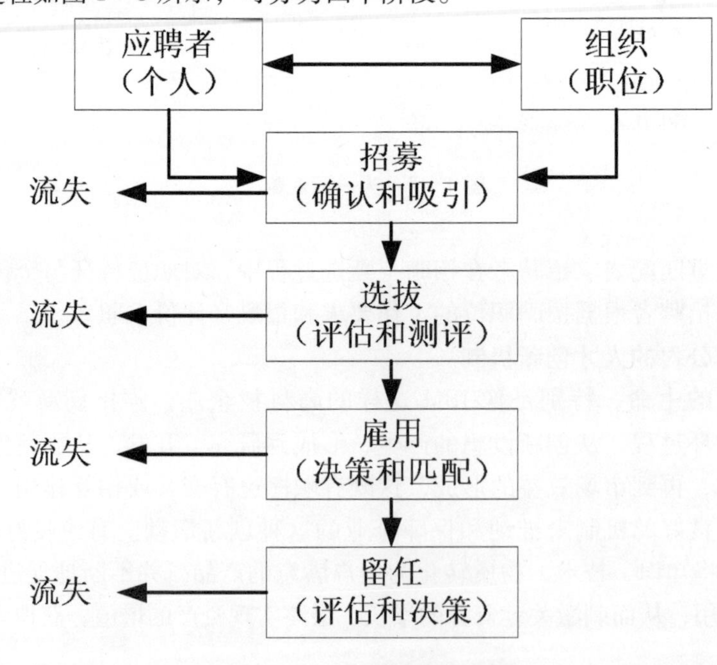

图1－8 人力资源配置流程

● 招聘：包括组织和应聘者双方对招聘或竞聘项目的确认和吸引。

● 选拔：组织须使用各种选拔技术评估应聘者的 KSAOs 和动机，应聘者也将通过各种途径收集组织信息并进行评估。

● 雇用：组织和应聘者之间作出初步匹配决策的阶段。

● 留任：组织与应聘者形成正式雇佣关系后，还须通过留任管理才能维持现有的人力资源配置情况。

三、人—团队匹配

人—团队匹配是指新员工和其所直属的工作小组（团队）之间的匹配，包括辅助匹配和互补匹配。辅助匹配是指团队成员之间拥有相似的价值观和信念，其对团队的凝聚力、成员之间的合作以及团队维持有很大的影响。互补匹配是指团队成员之间有互为补充的能力和个性特征，其将影响团队可胜任的工作任务方向和范围。例如：一个咨询小组要有善于交际、领导能力强、技术熟练等能力各不相同的人。

四、人—组织匹配

组织希望员工的知识、技能、能力与职位要求匹配，也希望员工的目标与组织的战略发展规划一致；而员工除在组织中工作外，也希望能融入团队、融入组织。这就涉及组织的文化、价值观与员工的个性特征及价值观相匹配的问题。

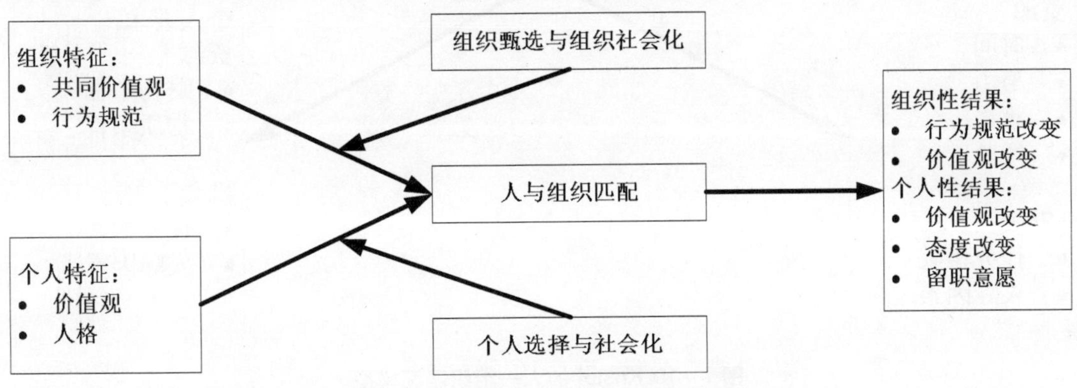

图 1－9 Chatman 的人—组织匹配模型

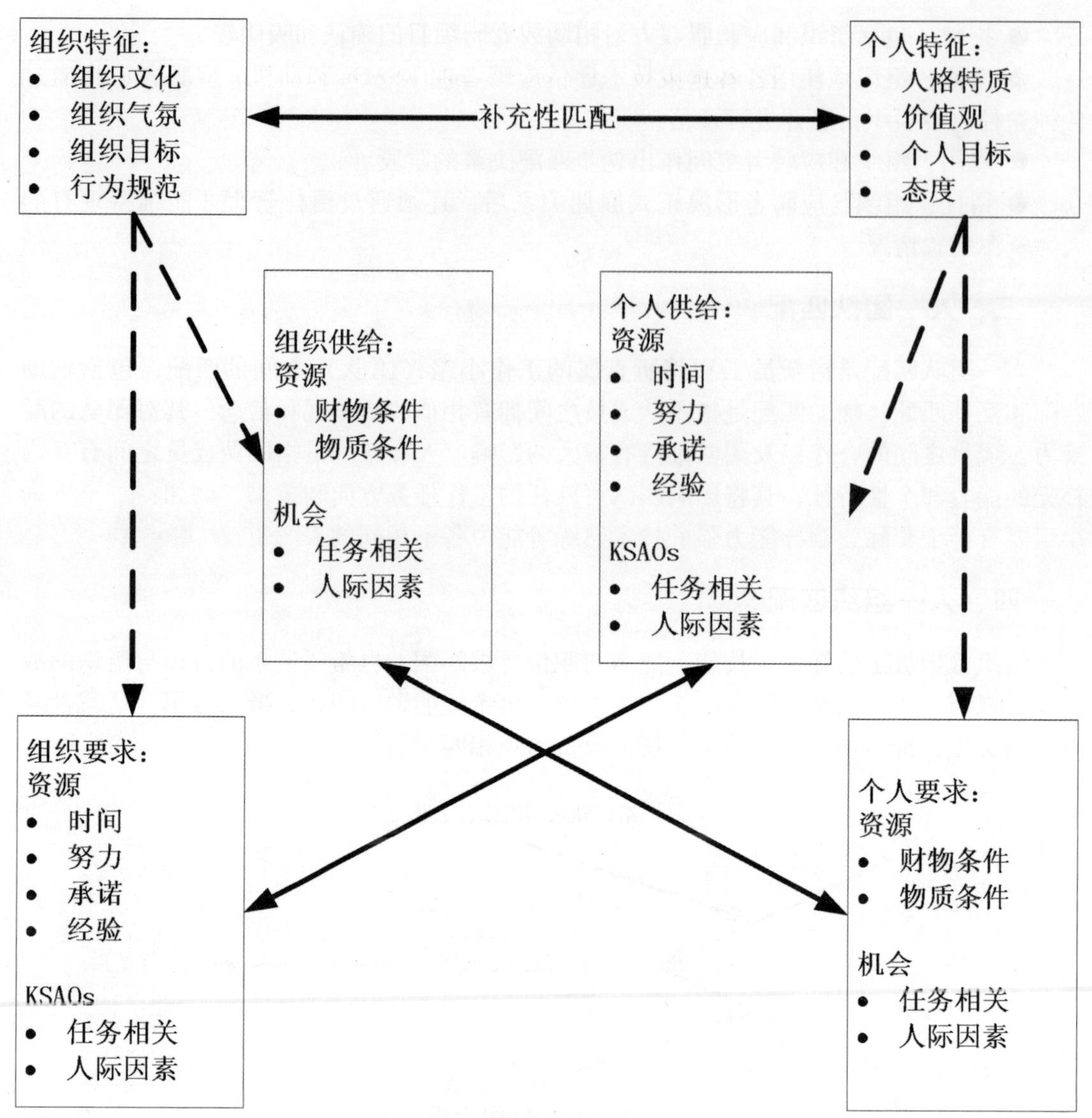

图 1－10 Kristof 的人—组织匹配模型

五、人—职匹配、人—团队匹配、人—组织匹配的异同

人—职匹配、人—团队匹配、人—组织匹配都能影响员工的工作动机和组织工作任务的完成，但三者的表现形式和侧重点各有所不同，如表 1－8 所示。

表 1－8　人—职、人—团队和人—组织三种匹配的比较

匹配类型	分析水平	动机成分	组织有效性成分
人-职匹配	个体	自我效率	工作的熟练程度
人-团队匹配	团队	社交便利	团队的合作 团队的增效
人-组织匹配	组织	有效激励	满意程度 工作态度

在实际操作中，一般优先考虑人—职匹配，以利于职位具体工作任务的完成，在此基础上再考虑人—团队匹配及人—组织匹配。

【关键术语】

组织战略　人力资源战略　人—职匹配　人—团队匹配　人—组织匹配

【思考题】

1. 组织战略包括哪些类型？
2. 如何制定人力资源战略？
3. 如何根据组织战略制定合适的人力资源战略？
4. 如何建立和应用人—职匹配模型？

第二章 人力资源规划

【学习目标】

学习完本章后，你应该能够：

1. 了解人力资源规划的概念；
2. 掌握人力资源规划的内容；
3. 了解人力资源需求预测；
4. 掌握人力资源需求预测的过程及方法；
5. 了解人力资源供给预测；
6. 掌握人力资源需求预测的过程及方法；
7. 掌握人力资源规划的编制及评估过程。

【案例】

G 公司的困境

G 公司是广东省交通集团下属一大型公路工程建设公司，成立于 1990 年，公司主要承接省内外高速公路建设及路面维护工程，年均业务收入 20 亿。自 2006 年以来，公司承接了广东省内若干高速公路的路基、桥梁、隧道的建设项目，业务高速增长，但问题也随之而来。公司现有公路工程一级建造师、试验检测工程师、注册造价工程师、注册安全工程师、注册岩土工程师等关键技术人才储备严重不足，具备国家高速公路工程建设相关资质要求的项目经理人数远远不能满足项目的需求，极大地影响了公司已承接项目的施工进度和质量，而现有项目经理也纷纷抱怨工作任务过重。

为改善这一状况，公司也曾对外进行公开招聘，但由于目前具有相关专业资格人才在市场上十分短缺，应聘者寥寥无几。2009 年，公司决定招聘一批路桥建设专业大学毕业生作为技术骨干进行培养，希望以此解决公司的人才困境问题。然而当公司招聘人员于 12 月前往相关高校进行招聘时，却发现所有对口专业的应届毕业生都早已与其他同行公司签订了就业协议，公司再次陷入无人可招的尴尬局面。

【你会怎么做】

你认为 G 公司为何会出现这样的问题？有可能对其业务发展带来什么影响？该如何解决？

人力资源规划是一种战略规划，着眼于为未来的组织生产经营活动配备人力资源，通过持续系统地分析组织在不断变化的条件下对人力资源的需求，开发制定与组织长期效益相适应的人力资源管理策略。

本章主要介绍人力资源规划的流程、人力资源需求预测与人力资源供应预测，以及人力资源规划的编制。

第一节　人力资源规划概述

一、人力资源规划的含义

人力资源规划是指根据组织发展战略、目标及内外环境的变化，预测未来的组织任务和环境对组织的要求，并为这些任务和要求提供人力资源的过程。它包括预测组织未来的人力资源需求和供应状况、制订行动计划及控制和评估计划的过程。

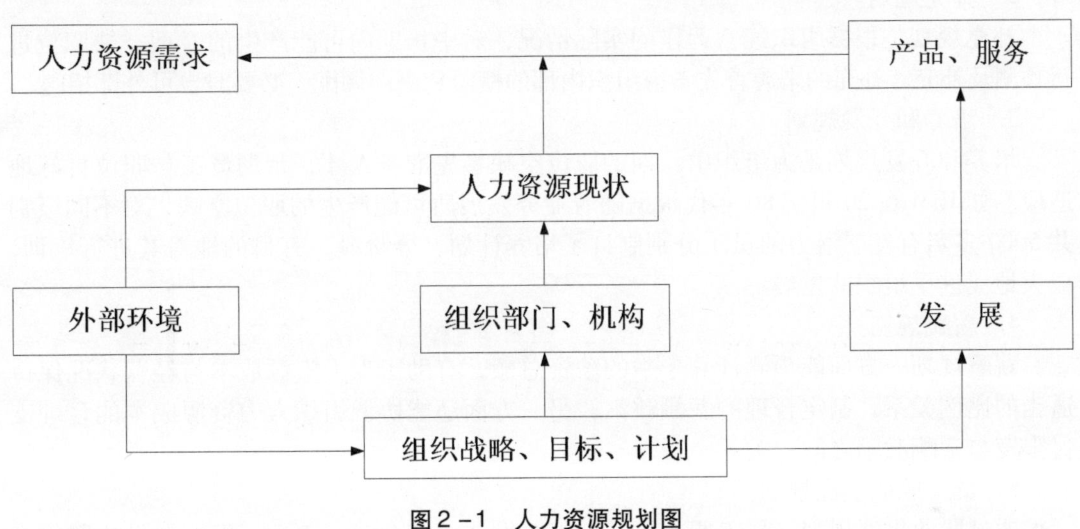

图2－1　人力资源规划图

人力资源规划最基本的目标是：协助组织未来在不同的岗位上，都配备有适当的人才，满足其对人员数量、质量、层次和结构四方面的要求。

二、人力资源规划的类型和内容

（一）人力资源规划的类型

人力资源规划是多种多样的，其中按照规划期限的不同，可以分为短期规划、中期规划和长期规划。

短期规划的跨度一般为1年左右，对各项人事活动的要求比较明确，而且任务具体，目标清晰，可以直接与组织当前某个项目的目标挂钩，或根据组织内外部环境的突变及时调整，迅速准确地反映组织的需要。

长期规划是指5年以上的具有战略意义的规划，具有较为广泛的适用性，目的主要在于为组织长期的人力资源发展和使用指明方向，更多的是对组织内外部环境的发展趋势进行预测，阐述人力资源发展目标、基本原则和政策。

而中期规划则一般为对组织未来 3 ~5 年人力资源供需配备的规划，介于短期规划和长期规划之间。

（二）人力资源规划的内容

人力资源规划在内容上，可分为人力资源总体规划和具体业务规划。

人力资源总体规划是指在计划期内人力资源管理的总目标、总政策、总实施步骤及总预算的安排。

人力资源业务规划是总体规划的开展和业务的具体化，主要包括晋升规划、补充规划、培养和开发规划、薪酬规划、员工生涯规划以及人力资源预算规划等。

1．晋升规划。

晋升规划是，按照能力选拔人才到合适工作岗位，既可调动员工的积极性，也符合劳动力使用的经济原则。

2．补充规划。

补充规划是根据组织经营运作的实际情况，对中长期内可能产生的合理空缺职位进行预测及补充。补充的来源首先考虑组织内部的横向和纵向调配，必要时也可外部招聘。

3．培养和开发规划。

培养和开发规划是为组织中长期的职位空缺事先准备人才，帮助员工与职位更好地适应。如 IBM 在 20 世纪 80 年代根据随着业务发展所可能产生的职位空缺，对不同级别共 5000 多名有发展潜力的员工分别制订了培养计划，分阶段、有目的地对其进行培训，极大地促进了组织的发展。

4．薪酬规划。

薪酬规划一方面能预测计算未来的薪资总额，有助于人力资源成本与经营状况保持适当的比例关系，制定合理的薪酬政策；另一方面还能协调组织人力资源成本的合理支付限度与薪酬激励之间的关系。

5．员工职业生涯规划。

通过职业生涯规划将员工职业发展与组织发展相结合。一方面，组织要设法留住有发展前途的员工；另一方面，员工通过职业生涯规划在工作中得到成长。

6．人力资源预算规划。

人力资源预算规划用于解决所有规划的费用问题，制定人力资源总预算。

三、组织的不同发展阶段对人力资源规划的要求

人力资源规划应当按照组织各个发展阶段的不同要求而有所侧重。组织的发展一般分为四个阶段：

（一）创业阶段

创业阶段的人力资源规划，既要重视短期的人力资源需求，明确组织当前最关键的技术、管理岗位，以及其需要的人才类型、数量、素质等，也要为长期的人力资源储备需要作好规划，明确目标。

（二）发展阶段

在发展阶段，人力资源规划的主要任务是为组织提供各种人才，并建立合理的人才

结构。在发展阶段，组织要注意避免盲目地大批招聘员工。

（三）稳定阶段

此时组织的人员状况也相对稳定，人力资源管理系统比较完善。人力资源规划应着重于维持组织人力资源的平衡状态，系统有序地管理和配置人力资源。

（四）衰退阶段

进入衰退阶段，组织的经营和业务范围逐渐缩小，人力资源一般处于供过于求的状态，人力资源规划便应更多地着重于人力资源退出计划的规划和制定。

四、人力资源规划的工具——人力资源信息系统

组织通过运用人力资源信息系统，可以更为全面、直观地了解和掌握自身的组织结构和人力资源结构，为其人力资源规划提供重要的辅助信息。

一般来说，人力资源信息系统包含以下两方面的信息。

（一）工作信息

- 职位基本信息，如职位名称、类型、级别、在组织中的位置、报酬等；
- 主要工作内容与工作任务；
- 任职资格要求，如教育背景、工作经验、专业技能、专业资格等要求；
- ……

（二）员工信息

- 个人基本情况，如姓名、性别、出生年月等；
- 教育背景，如教育程度、专业领域、特殊技能、各类资格证书等；
- 组织外部工作经历，如以往工作过的组织、任职职位、管理经历、薪酬水平等；
- 组织内部工作经历，包括以往的工作部门、实习或特殊培训等；
- 绩效评价，包括上次评价时间、评价或成绩报告、历次评价原始资料等；
- 当前薪酬资料，包括工资类别、等级、工资额、上次加薪日期等；
- 发展空间，如对组织有潜在价值的爱好或特长、职业生涯规划等；
- ……

这些信息也可以整理成表格形式，如表2－1。

表2－1　人力资源信息系统示例

工作信息	
职位名称及级别	职位关系结构
职业发展路径	职位任职资格
职位报酬	以往流动情况
职位空缺情况	候选人名单

员工信息	
个人基本资料	入职时间
现任职位	现任职位类型

员工信息	
现任职职位级别	当前薪酬与福利信息
以往薪酬与福利信息	教育背景
专业技能	已获取的资格证书
接受过的培训	曾获荣誉或奖励
绩效评估结果	需要接受的培训
职业兴趣与目标	个人发展规划
组织内部职位发展与变动情况	以往的工作经验
发展需要	出勤情况及其他

第二节　人力资源需求预测

一、人力资源需求预测概述

人力资源需求预测是指以组织的战略目标、发展规划、经营状况和工作任务为基本出发点，综合考虑外部和内部因素的影响，评估组织未来某一时间点对人力资源的数量、质量、结构等方面需求的活动。

从时间上来说，组织对人力资源的需求可分为三种类型：第一，当前人力资源需求，即因人员流动或经营发展而出现职位空缺，该空缺职位对人员的需求；第二，未来流失性人力资源需求，即组织因员工退休或辞职等事件，可能出现的人员需求；第三，未来发展性人力资源需求，即组织按照自身的发展规划而需要新增设部门或职位，从而产生人员需求。

二、影响组织人力资源需求的因素

总的来说，影响组织人力资源需求的因素分为三类：组织外部环境因素、组织内部环境因素以及人力资源自身的因素。

组织外部环境因素包括，社会与经济的发展、国家政策的变化以及科学技术的发展等。这些都将影响组织的业务和经营状况与方向，导致组织人力资源需求的变化。组织内部环境因素则主要为现有的人力资源状况和未来的发展规划。人力资源自身的因素则如，员工的退休、辞职、合同终止、解聘、意外死亡或疾病等导致的职位空缺。另外，人们的能力素质、工作喜好、价值观等的变化而导致的人力资源自身层次和结构情况的变化，及其对人力资源流动性的影响，最终也会反映到组织对人力资源的需求之中。

三、人力资源需求预测的基本步骤与流程

人力资源需求预测一般可分为四个基本步骤：

（一）确定当前人力资源需求

● 通过职位分析确定组织的职位编制和人员配置。

● 对组织现有的人力资源进行盘点，统计人员缺编、超编的情况，并考察在职员工是否符合其职位要求。

● 整合上述调查结果，统计出组织当前的人力资源需求。

（二）确定未来发展性人力资源需求

● 以组织的发展规划为基础，对任务至各部门、各具体职位的工作计划与任务进行分析和确定。

● 根据各部门职位的工作量变化状况，分析其设置的合理性、变化趋势及对人力资源需求的变化。

● 整合上述调查结果，统计出组织未来发展性的人力资源需求。

（三）确定未来流失性人力资源需求

综合组织历史数据及对未来环境变化的预测结果，对预测期内组织的人力资源的流失情况进行估算，得出组织未来流失性的人力资源需求。

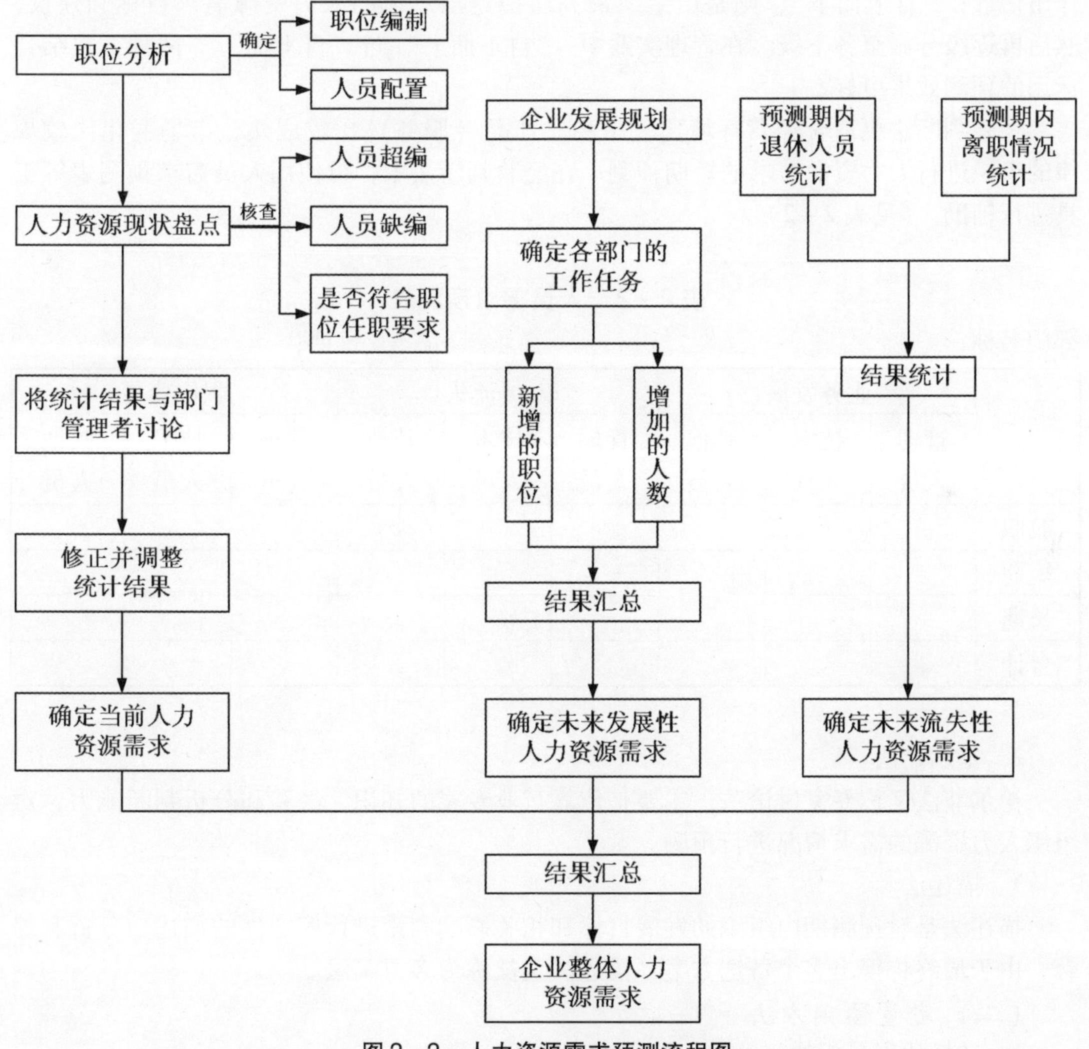

图2－2　人力资源需求预测流程图

（四）确定整体人力资源需求

最后，将组织的当前人力资源需求、未来发展性人力资源需求及未来流失性人力资源需求统计结果汇总，即得出组织整体的人力资源需求预测结果。

四、人力资源需求预测的方法

预测方法直接关系到人力资源需求预测结果的准确性，组织人力资源需求预测方法可分为两大类——定性预测法和定量预测法。

（一）定性预测法

1．经验判断法。

经验判断法是指管理者通过了解组织人力资源现状，结合自身管理经验对组织的人力资源需求加以预测。经验判断法分为“自下而上”或“自上而下”两种方式。

“自下而上”，是指由直接用人部门根据以往的工作经验和未来业务量对人员需求作出估计；“自上而下”，则是由组织最高层拟定出总体的人力资源需求目标和建议，然后再逐级分派至各下级。在管理实践中，“自下而上”与“自上而下”两种方式结合运用的预测效果更好。

经验判断法更适合经营环境比较平稳、产品（服务）比较成熟、市场变化比较规律的组织进行人力资源需求的短期预测。在经验判断法中，可使用人员需求预测表等工具进行辅助。（见表2－2）

表2－2 人员需求预测表

部门名称：　　　　　　　　　　　　　　　　　　　　　日期：

	业务发展			人员流失			职位变更		
	管理人员	技术人员	其他人员	管理人员	技术人员	其他人员	管理人员	技术人员	其他人员
兼职									
短期									
长期									
合计									

2．德尔菲法。

德尔菲法又称专家讨论法，主要是依靠行业专家的知识、经验和分析判断能力，对组织人力资源的需求情况进行预测。

3．描述法。

描述法是对预测期内组织的发展目标和相关影响因素进行假定性的描述、分析和综合，由于最终将得出多个备选方案，描述法又被称为多方案法。

（二）定量预测方法

1．转换比率分析法

转换比率分析法，是一种适合于短期需求预测的方法，需以劳动生产率不变或者规律变化为前提。首先推断组织业务增长量，然后就其业务特性、所需技术、行政支援等，对组织所需要的关键技能或员工短缺的数量作出估计，再以此为基础估计其他辅助人员的数量。其计算公式如下：

需求员工数量 =（目前的业务量 + 计划期业务的增长量）/［目前人均业务量 ×（1 + 生产率的增长率）］

以某一个从事生产为主的组织为例，假设在其他所有情况不变的情况下，组织要求未来的产品生产量增加 1%，一线生产工人的数量也就要增加 1%，以保证生产任务的按时、按量、按质完成。

2. 简单趋势预测法。

简单趋势预测法，是通过过去的人力资源变化趋势，来预测其未来的人力资源变化趋势。

表 2－3　人力资源需求预测

职位名称	当前人数	流入			流出			辞职	留任人数
		晋升	换岗	降职	晋升	换岗	降职		
A	100								71
B	20								22
C	200								140
D	15								22
合计	335								255

在表 2－3 中，可以看到，组织中各个职位上的员工人数都可能由于晋升、换岗、降职或辞职而发生变化，通过当前人员数目与留任人员数目的对比便可以算出组织的人力资源流动率。假设在未来一段时间里，组织的人力资源流动率仍保持着这个水平，若组织仍希望维持其当前的人力资源状况，则这一流动率便为组织对人力资源的需求率。

3. 劳动定额法。

劳动定额法是基于组织所规定的，员工在单位时间内应完成工作量，在已知组织未来工作任务总量的前提下，通过组织未来的工作任务量推算其人力资源需求量。其具体计算公式如下：

$$N = \frac{W}{q\ (1+R)}$$

其中，N 为人力资源需求量；W 为组织的工作任务量；q 为组织现行的工作定额标准；R 为组织在预测期内可能出现的生产率变化系数。更具体来说，$R = R1 + R2 + R3$；$R1$ 为组织技术进步引起的生产率提高系数；$R2$ 为经验积累导致的生产率提高系数；$R3$ 为由个体年龄增大及某些其他社会因素所引起的生产率降低系数（通常为负值）。

第三节 人力资源供给预测

一、人力资源供给预测概述

人力资源供给预测是指为满足组织未来对人力资源的需求，根据其内部条件和外部环境选择适当的预测技术，对未来可从组织内部和外部获得的人力资源的数量、质量以及结构进行预测的过程。人力资源供给预测可分为内部人力资源供给预测及外部人力资源供给预测，其预测步骤如下：

（一）组织内部人力资源供给预测

● 对组织现有的人力资源状况进行盘点，了解其数量、质量、结构和分布情况。

● 分析组织的人力资源管理及调整政策，根据过往人力资源调整、变更数据，统计出人力资源各项历史流动比率。

● 与组织高层管理者、相关人力资源管理部门，及其他用人部门的管理者会谈，了解组织未来可能出现的其他人力资源调整情况。

● 通过综合分析，得出组织内部人力资源供给预测。

（二）组织外部人力资源供给预测

● 分析影响外部人力资源供给的地域性因素，包括：组织所在地区对人力资源的吸引程度，其整体供应和需求现状；组织薪酬、福利及其他方面对所在地区人力资源的吸引程度。

● 分析影响外部人力资源供给的全国性因素，包括：全国大学毕业生总数及其专业和地区分配情况；国家在就业方面的法规和政策；本行业全国人力资源整体供应和需求状况，从业人员的薪酬水平及差异。

● 综合分析结果，得出组织外部人力资源供给预测。

（三）汇总组织内部与外部人力资源供给预测的结果

汇总结果即为组织整体人力资源供给预测。上述过程可表示为图2－3。

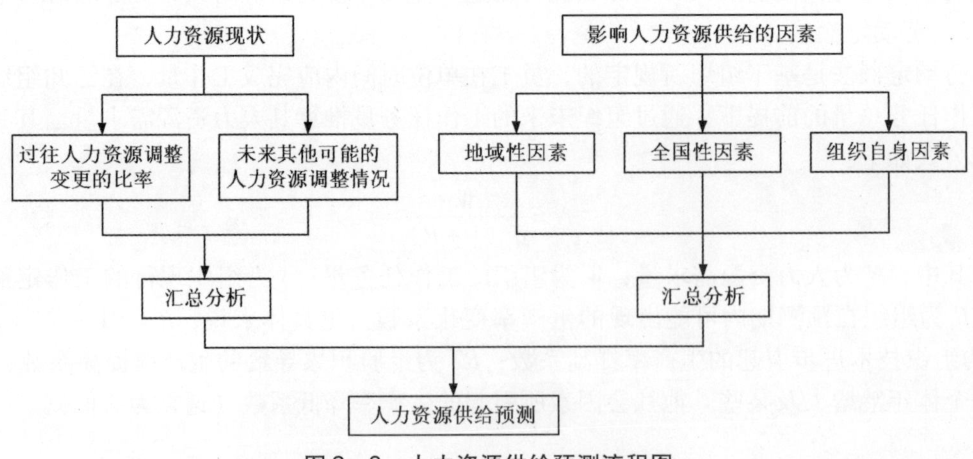

图2－3 人力资源供给预测流程图

组织的内部和外部人力资源供给状况受多种因素影响。其中，影响内部人力资源供给的因素包括：行业状况、组织经营状况、组织的人力资源管理政策及组织现有人力资源的结构等。影响外部人力资源供给的因素则包括：宏观经济形势、国家政策法规、地区人力资源市场供需情况、行业人力资源供需状况、个体就业心态与择业偏好等。

二、组织内部人力资源供给预测

内部供给是组织补充人力资源的首选，优先考虑人力资源需求的内部供给来源，能促进和提高员工的积极性，有助于保持组织经营工作的连贯性，并有利于组织文化的形成和延续。

（一）组织内部人力资源供给预测的内容与步骤

预测组织未来的内部人力资源供给不仅要分析现状，还必须考虑人员在组织内部的运动模式，即人力资源的流动状况。组织内部人力资源的流动状况通常有以下几种形式：人力资源的自然流失（伤残、退休、死亡等）、内部流动（晋升、降职、换岗等）以及外部流失（辞职、解聘）等。因此，对组织内部人力资源供给的预测一般要包括五方面的内容：

1. 分析组织目前的人力资源状况，如人力资源的部门分布、技术知识水平、工种、年龄构成等，全面掌握和了解组织人力资源现状。

2. 分析目前组织人力资源流动的情况及原因，预测其未来流动的趋势，以便提前制定相应的措施避免不必要的流动，或及时给予替补。

3. 掌握组织进行人员提拔和内部调动的情况，保证其工作和职务的连续性。

4. 了解组织现有工作条件（如作息制度、轮班制度等）的改变和出勤率的变动情况，并分析其对内部人力资源供给的影响。

5. 分析组织内部人力资源供给的潜在来源和渠道，如富余人力资源的安排、对现有人力资源潜力的发掘和发挥等。

一般来说，对组织内部人力资源供给的预测，可按照以下步骤进行：

1. 对组织内现有人力资源进行调查

调查的内容包括：各类员工的年龄、性别、工作简历和教育背景等方面的信息资料；组织各个工作职位所需要的知识和技能及人员变动情况；员工潜力、个人发展目标及工作兴趣爱好等情况；员工的专业知识、专业技术、专业资格、管理经验等信息资料。

2. 分析组织内部人力资源流动情况

组织中现有人力资源的流动情况有以下几种：第一，停留在原职位；第二，换岗至平行职位；第三，晋升或被降职；第四，辞职或开除；第五，退休、伤病或去世。

3. 确定组织内部人员供给情况

综合组织内部人力资源现状及其流动情况，可预测未来一段时间组织内部人力资源供给的数目和类型。人力资源档案是有效的预测工具，其信息来源是职位分析、绩效评估、教育和培训记录等。

组织预测内部人力资源供给时还应注意特殊个体。如，已宣布即将退休、继续深造的员工，或近期内有结婚、休假等计划的员工。定期调查员工工作满意度情况也有助于组织预测未来的内部人力资源供给。

（二）组织内部人力资源供给预测方法

1. 人员核查法。

人员核查法通过人力资源档案搜集员工的工作能力、技能特征等信息。

表2－4 人力资源档案示例

<table>
<tr><td colspan="6">编制日期： 年 月 日</td></tr>
<tr><td>姓名</td><td></td><td>职位</td><td></td><td>职位编号</td><td></td></tr>
<tr><td>所属部门</td><td></td><td>直接上级</td><td></td><td>入职时间</td><td></td></tr>
<tr><td colspan="6">1. 教育背景（高中以上）</td></tr>
<tr><td>时间</td><td>学校</td><td>所获学历</td><td colspan="3">专业</td></tr>
<tr><td></td><td></td><td></td><td colspan="3"></td></tr>
<tr><td></td><td></td><td></td><td colspan="3"></td></tr>
<tr><td colspan="6">2. 所受的培训</td></tr>
<tr><td>培训时间</td><td>培训机构</td><td>培训内容</td><td colspan="3">培训效果</td></tr>
<tr><td></td><td></td><td></td><td colspan="3"></td></tr>
<tr><td></td><td></td><td></td><td colspan="3"></td></tr>
<tr><td></td><td></td><td></td><td colspan="3"></td></tr>
<tr><td colspan="6">3. 工作经验</td></tr>
<tr><td>工作时间</td><td>担任职务</td><td>主要工作职责</td><td colspan="3">证明人</td></tr>
<tr><td></td><td></td><td></td><td colspan="3"></td></tr>
<tr><td></td><td></td><td></td><td colspan="3"></td></tr>
<tr><td></td><td></td><td></td><td colspan="3"></td></tr>
<tr><td colspan="6">4. 绩效评估</td></tr>
<tr><td>评估时间</td><td>评估内容</td><td>评估结果</td><td colspan="3">评估人</td></tr>
<tr><td></td><td></td><td></td><td colspan="3"></td></tr>
<tr><td></td><td></td><td></td><td colspan="3"></td></tr>
<tr><td></td><td></td><td></td><td colspan="3"></td></tr>
<tr><td colspan="6">5. 所掌握的技能</td></tr>
<tr><td colspan="6">6. 可能晋升的职位</td></tr>
<tr><td colspan="6">7. 职业发展方向及规划</td></tr>
<tr><td colspan="6">8. 个人特长</td></tr>
<tr><td colspan="6">9. 兴趣爱好</td></tr>
</table>

2．管理人员晋升计划。

很多组织采取内部晋升管理人员，因此预测其人力资源内部供给的关键是确定各管理职位上的候选人情况，包括胜任状况和发展潜力等。

依据员工绩效评估结果进行预测存在四种情况：①能力达到上一级职位要求，可立即晋升；②具备潜在胜任能力，培训后有望晋升；③无法胜任现有职位，可能换岗或降职；④缺乏发展空间但基本胜任现有职位，予以留任。第一、第二种情况均可为上级职位提供人力资源，同时产生本职位空缺；第三种情况将导致职位空缺，需进行人力资源补充。第四种情况是空缺已获得填补，将暂时保持稳定。管理人员晋升计划能将员工个人发展与组织目标紧密结合。

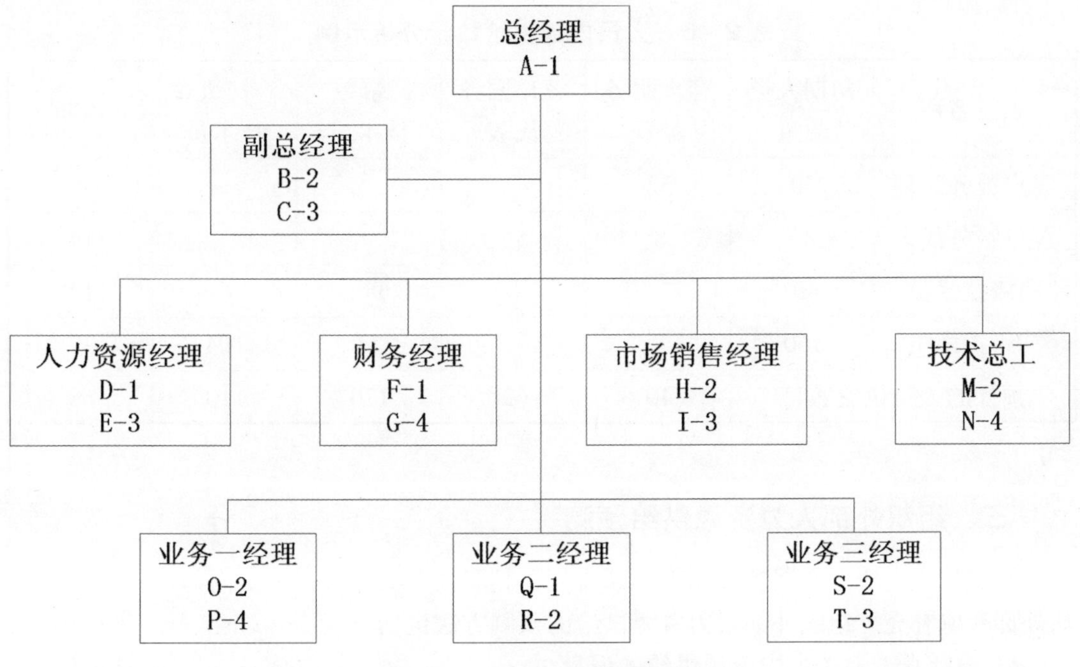

图2－4　管理人员晋升计划图

注：字母 A～T 代表该职位的员工；数字 1～4 表示该员工的工作表现：1－绩效优秀，可以晋升；2－绩效良好，需要培训；3－绩效一般，基本胜任；4－绩效较差，不适合该职位。

3．马尔科夫分析法。

马尔科夫分析法也叫转换矩阵法。具体操作见表 2－5 与表 2－6。表 2－5 中，同级职位间交叉点的数值为留任率，由低一级职位到高一级职位的交叉点数值为晋升率，由高一级职位到低一级职位的交叉点数值为降职率。表中最后一列数据表示不同职位的流动率或组织人力资源流失率，可预测各职位最终的员工人数和流失总人数。

表2-5 人员流动概率分析示例

职位名称	人员流动概率				
	客户服务经理	客户服务代表	高级技术员	初级技术员	离职
客户服务经理	0.80				0.20
客户服务代表	0.10	0.70			0.20
高级技术员		0.05	0.80	0.05	0.10
初级技术员			0.15	0.65	0.20

表2-6 人员内部供给数量分析示例

职位名称	初期人员数量	客户服务经理	客户服务代表	高级技术员	初级技术员	离职
客户服务经理	40	32				8
客户服务代表	80	8	56			16
高级技术员	120		6	96	6	12
初级技术员	160			24	104	32
预计的人员供给数量		40	62	120	110	68

三、组织外部人力资源供给预测

组织的人力资源会因各种原因不断流失，其职位空缺无法完全由内部供给，须不断从外部获取补充。组织外部人力资源供给的预测方法包括：

1. 直接调查有关人力资源供给的信息。

组织可直接调查所需人力资源的外部供给状况，及时获取目标人力资源供给动态。

2. 分析已获取的外部人力资源及应聘者。

通过分析外部人力资源的行业和组织来源、流动原因及应聘者的数量和质量等，组织可了解其自身对外部人力资源的吸引程度。

3. 查阅现有的资料。

国家和地区的相关统计部门、人力资源管理部门以及行业管理部门会定期地发布一些重要的统计数据，如组织所在行业的经济增长率的提高，可能带动人力资源需求的增加，就会相对地减少本组织人力资源供给。另外，国家和地区相关政策和法律法规的变化也值得关注。

组织还应针对不同的外部来源选取不同的预测方法，包括：

1. 各高校及大中专院校等的应届毕业生。

高校、大中专院校及职业技术学校等的应届毕业生供给较为稳定、集中，其数量和专业层次、学历等均可通过各级教育部门获取，易于预测。

2. 其他组织在职人员。

其他组织在职人员是外部高级综合人才的最主要来源，但较难获取。预测其供给时组织须考虑多方面因素，诸如社会因素、个人择业心理、自身经济实力及同类组织的薪酬、福利水平等。

3. 失业人员、流动人员。

组织可借助国家及地区的统计数据，综合考虑城镇失业人员和流动人员的就业心理、国家就业政策、政府对人力资源的控制措施等各种因素，预测其供给情况。

4. 复员转业军人。

复员转业军人由国家指令性计划安置就业，较易预测。

第四节 人力资源规划编制

一、人力资源规划编制的流程

人力资源规划应遵从组织的战略目标以及管理、发展和经营状况，随着组织内外部经营环境变化而变化。组织人力资源规划的编制包括六个核心步骤：

（一）人力资源需求预测

根据组织人力资源的发展现状，确定人才需求。

（二）搜集信息资料

结合人力资源信息系统和职位分析结果，根据组织人力资源规划期限、范围和性质，通过开展人力资源调查，搜集预测工作所需的信息和资料。

（三）人力资源供给预测

组织人力资源供给预测包括两方面：一是内部供给预测，二则是外部供给预测，其中内部供给是组织人力资源供给的主要来源。

（四）确定组织人力资源净需求

组织人力资源需求预测总量与同期内部供给预测总量之差，即为组织人力资源的净需求总量。组织的人力资源净需求量既针对数量，还包括结构和素质的调整要求。

（五）确定组织人力资源目标

组织的人力资源目标即人力资源工作所要达到的最终结果，如，须何时补充多少空缺职位，最终平衡人力资源供需等。

（六）制定具体行动规划

组织人力资源需求的满足，最终有赖于人力资源供需平衡总规划和各项具体业务规划的制定和实施。

表2-7 人力资源计划示例（一年）

职位名称	现有员工数量	未来一年员工数量	未来一年员工留任量	人员短缺与盈余
A	100	110	71	-39
B	20	15	22	+7
C	200	250	140	-110
D	15	25	22	-3

不同的供求预测结果，应采取不同的人力资源行动规划指导政策和操作措施，包括：

- 具体实施计划；
- 相关部门、职位的责任及职权；
- 监控体系；
- 应急（调整）方案。

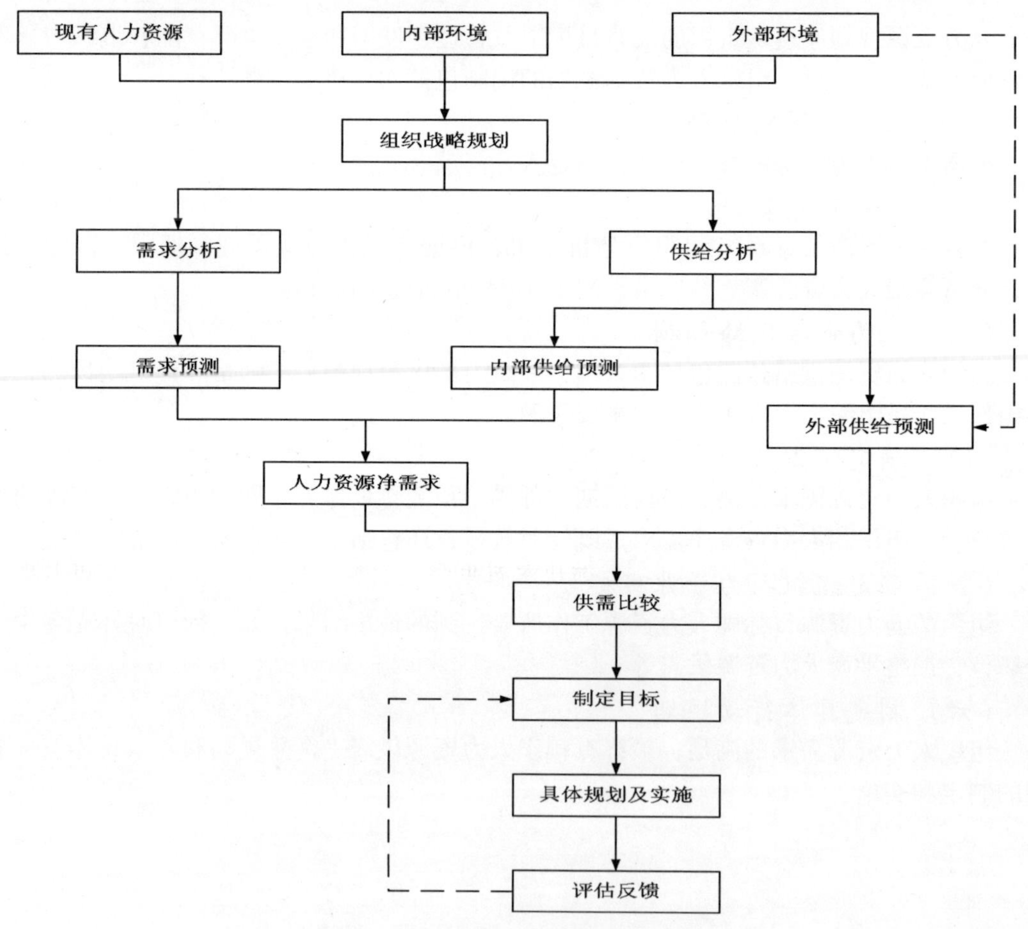

图2-5 人力资源规划编制流程图

二、人力资源规划的评估

规划期结束时，应全面检验整体人力资源规划的结果，而在规划实施期间，也要对结果进行动态的预测与评估，审核的具体问题可包括：

（一）规划所依据信息的质量，包括其广泛性、全面性、详尽性、可靠性等，及时找出信息误差及其原因，并予以更正。

（二）规划所选择的主要影响因素与组织人力资源需求的相关度，及所选方法在使用时间、范围、对象特点与数据类型等方面的适用程度。

（三）规划人员熟悉及重视人力资源问题与规划的程度。

（四）规划人员与提供数据、使用规划的部门及其管理者之间的工作关系。

（五）信息交流的难易程度（如规划人员询问情况是否方便）。

（六）决策者对人力资源规划结果、行动方案和建议的利用程度。

（七）人力资源规划在决策者心目中的价值。

（八）规划实施的可行性，如预测结果是否符合经济、社会、行业的环境条件，能否获取所需人、财、物、信息、时间等方面的支持。

具有连续性的审核和评估工作能进一步提高人力资源规划的可靠性。评价人力资源规划时，还可再深入探讨如下几个因素：

- 实际招聘人数与预测的人力资源需求量比较
- 劳动生产率的实际水平与预测水平比较
- 实际的与预测的人力资源流动率的比较
- 实际执行的行动方案与规划的行动方案比较
- 实施行动方案后的实际结果与预测结果比较
- 劳动力和行动方案的成本与预算的比较
- 行动方案的受益与成本的比较

另外，在评估时还要征求和重视人力资源规划的直接使用和受益者——用人部门管理者和基层管理者的意见和反馈。

三、人力资源规划的结果——人力资源供需平衡

组织的人力资源更易出现供需失衡状态而非自然平衡，人力资源规划能帮助其明确具体的人力资源供需状况，制定相应政策以重新寻求供需相对平衡的状态。表2－8是不同发展时期组织常见的人力资源供需情况。

表2－8 组织发展过程中的人力资源供需状态

组织发展时期	人力资源供需情况	人力资源状态
扩张阶段	组织人力资源需求旺盛，人力资源供给不足	供不应求，人力资源短缺

组织发展时期	人力资源供需情况	人力资源状态
稳定、发展阶段	组织人力资源在表面上呈现出稳定态势，但仍存在晋升、换岗、降职、离职、退休等调整变化	供需平衡，或出现结构性失衡
衰退阶段	人力资源需求减少，供给变化不大	供过于求

从表2-8中可看出组织人力资源供需的三种状况，其中结构性失衡是指人力资源供需在其总体数量上达到平衡，但在具体部门、职位上，在不同层次、类型的人力资源之间，或在人力资源的质量方面，供需不平衡。

面对上述不同情况，组织用以调整或保持人力资源供需平衡的政策和措施可分为两类：

（一）针对供不应求

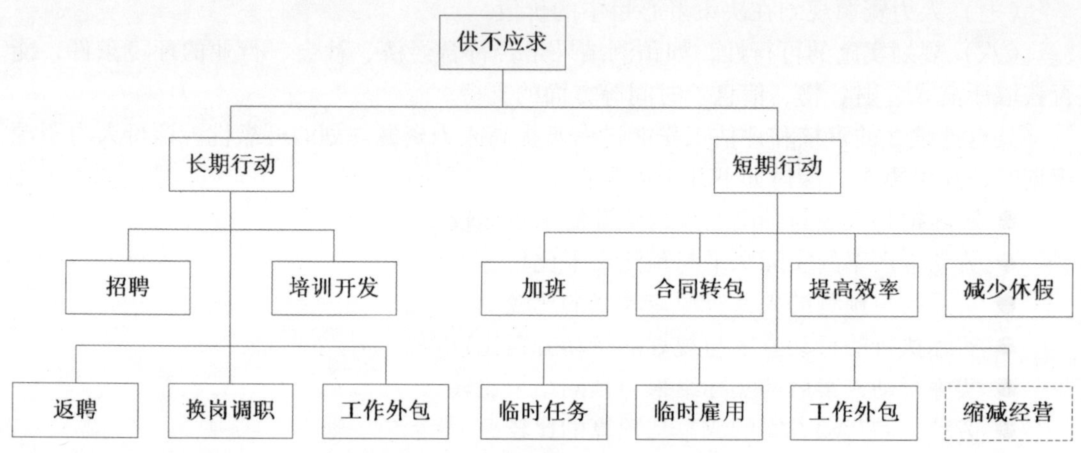

图2-6 供不应求的解决方案

（二）针对供过于求

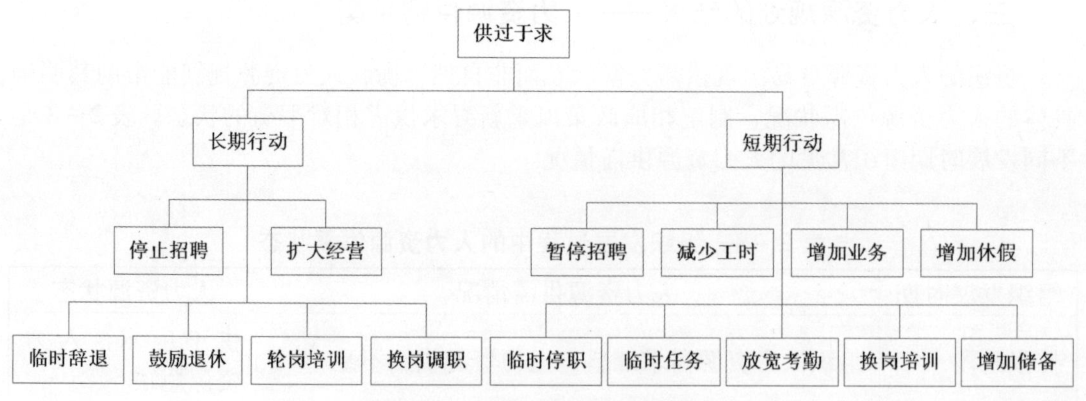

图2-7 供过于求的解决方案

【关键术语】

人力资源规划　人力资源需求预测　人力资源供给预测　人力资源供需平衡

【思考题】

1. 如何为组织选择不同类型的人力资源规划？
2. 人力资源需求和供给预测的方法各有何优缺点？如何选择？
3. 人力资源规划对组织的意义是什么？该如何看待这一工作？

第三章 职位分析

【学习目标】

学习完本章后，你应该能够：

1. 掌握职位分析的过程和方法；
2. 了解职位分析对组织招聘工作的意义和作用；
3. 掌握职位说明书和任职资格所包括的内容；
4. 了解职位说明书编写的要点；
5. 了解胜任特征与胜任特征模型；
6. 懂得如何建立胜任特征模型。

【案例】

C 公司的危机

C 公司是我国中部省份的一家房地产开发公司。近年来，当地经济迅速增长，房产需求强劲，公司得到飞速发展，规模持续扩大，从一家只有二三十人的小型二手房租售中介公司逐步发展为一家中型房地产开发公司。随着公司的发展和壮大，员工人数的增加，众多的组织和人力资源管理问题逐步突显出来。

公司现有的组织架构是基于创业时的规划，随业务扩张需要逐渐扩充而成的。随着公司的发展，员工数量也不断地攀升，但是部门之间、职位之间的职责与权限缺乏明确的界定，因职权不明而扯皮推诿的现象越来越多。各部门纷纷抱怨自身事情太多、人手不够，指责其他部门人浮于事、效率低下，该情况严重影响了公司任务按时、按质、按量地完成。

在招聘方面，各部门对自身的招聘要求也都含糊不清，往往在新员工入职一段时间后，又向招聘主管抱怨员工与职位要求不符。以前，员工的晋升由总经理直接决定，但现在总经理已无法与每个基层员工和部门主管打交道，晋升人员只能参考部门经理的意见，结果导致基层员工和部门经理之间的私人感情成为了晋升的决定性因素。另外，公司也缺乏科学的绩效考核和薪酬制度，考核中的主观性和随意性非常严重，薪酬分配也不能充分体现员工价值与能力。

这些问题严重挫伤了公司员工的士气，影响了其工作的效果，人才流失问题也日益严重。

【你会怎么做】

你认为 C 公司种种问题的根源是什么？该如何解决？

职位分析是人力资源管理的基础职能，它为人力资源管理的招聘、培训、考核、福利、薪酬等职能活动提供支持。

本章介绍了职位分析的相关内容，以及职位说明书和任职资格；以招聘为导向的职位分析强调的重点，并简要介绍胜任特征的概念和应用。

第一节 职位分析概述

一、职位分析的含义

职位分析又称工作分析，是采用科学手段与技术，系统收集、分析、整合与目标职位相关的信息，明确职位职责和对任职者的要求，全面评价职位的过程。系统的职位分析包括下列项目（6W2H）：

- WHO：任职者，包括其所必须具备的资质条件。
- WHAT：职位的工作内容和职责。
- WHOM：顾客，包括外部及内部顾客。
- WHY：职位设置对组织经营运转的意义。
- WHEN：工作时间要求。
- WHERE：工作地点、环境。
- HOW：工作的程序、规范及所需职权。
- HOW MUCH：组织所须提供的其他各项条件。

职位分析是现代人力资源管理的基础，可促进组织进一步建立科学的招聘、培训、考核及薪酬体系。

二、职位分析的目的及意义

职位分析的主要目的有两个：一、理清组织中各职位的工作，审视职位体系的合理性；二、明确各职位对任职者的要求。

职位分析结果中的职位描述和职位规范有助于组织公平、客观地进行招聘、培训、薪酬设定、绩效考核、员工关系管理等各项人力资源管理工作：

1. 在编制人力资源规划时，有助于组织了解其人员需求。
2. 在人员招聘时，有助于了解各职位所需人才的资历。
3. 在核定薪酬等级时，可按其职位工作职责核定薪酬水平。
4. 在对员工进行培训及发展时，可针对其工作所需的技能加以培训。
5. 在考核员工绩效时，可根据职位工作的效益要求评定其等级。

另外，职位分析的结果可帮助组织合理规划各部门的职位安排和人员配备，并根据经营发展趋势预测人力资源需求。

三、职位分析的内容

一般来说，职位分析主要包括两方面内容：

（一）职位描述

职位描述就是确定职位的具体特征，包括：

1. 基本信息。

职位名称、任职者、所属部门、直接上级职位、职位级别等。

2. 职位设立目的。

职位设立对于组织的意义和作用。

3. 工作职责和内容。

包括工作职责、任务、完成工作所需资料、机器设备与材料、工作流程等。

这是职位描述中最重要的部分，须按轻重程度列出该职位的主要职责及其具体工作活动、衡量标准、发生频率以及所占总工作量的比重等。

4. 职位权力与责任。

如财务权、决策权、建议权、管理权等。

5. 工作联系。

该职位在工作中与内部其他职位的正式联系和上下级关系，与外部政府机构、供应商、客户之间的沟通关系、沟通频率和沟通方式等。

工作联系反映职位工作两方面的情况：独立性：需要任职者独立决策，还是遵从上级指示；复杂性：任职者是否要分析并解决问题，是否需要创造性等。

6. 工作条件和环境。

工作条件包括职位的工资报酬、奖金制度、工作时间、工作季节性、晋级机会、进修和提高的机会等。工作环境则分为物理环境和社会环境。

7. 劳动强度和工作饱满的程度。

比如工作姿势、体力要求、弹性或固定工作时间、工作负荷、加班频率等。

8. 职业发展道路。

职位可能的晋升或轮换路径等。

（二）职位要求

职位要求即职位所要求具备的知识、技能、能力、兴趣、体格和行为特点等心理及生理要求。

具体可列举如下：

1. 学历和教育背景要求。

2. 工作经验。

3. 专业知识、资格与培训要求。

4. 职位所需技能：沟通能力、领导能力、决策能力、写作能力、外语水平、计算机水平、创造力等。

5. 体能要求：职位的体力消耗程度，压力、耐力、精神紧张程度等。

四、职位分析的原则

职位分析工作需要大量人力、物力和财力，涉及许多专业技术知识，并牵涉到众多部门和单位。为促进其顺利实施和开展，提高其结果的科学性、合理性和可靠性，应遵守以下原则：

1．基于战略，强调衔接。

职位分析要基于组织战略、适应组织变革、配合流程效率的提高，推动职位描述与任职资格要求的合理化与适应性。

2．基于现状，强调发展。

职位分析既要基于职位现状强调客观真实，还要充分考虑组织的外部环境、战略转型、技术变革、流程再造、工作方式转变等对职位的影响和要求，强调职位对未来的适用性。

3．基于工作，强调匹配。

职位分析须依据职位要求，强化任职者的职业意识与职业规范，还须体现职位对人的适应，实现人与职位的动态协调与匹配。

4．基于分析，强调系统。

职位分析应全方位系统地把握职位对组织的贡献、与其他职位的关系、在流程中的位置与角色以及各要素间的相互制约关系等信息。

5．基于稳定，强调动态。

在保持组织管理连续、稳定的基础上，组织职位设置与职位说明书也要根据组织的战略、经营与管理变化进行调整，建立职位说明书的动态管理机制。

五、职位分析的步骤

为使职位分析执行顺畅、结果有效，在启动前应对其流程有所规划，有计划地获取资料并进行分析，一般可按图 3－1 的步骤开展：

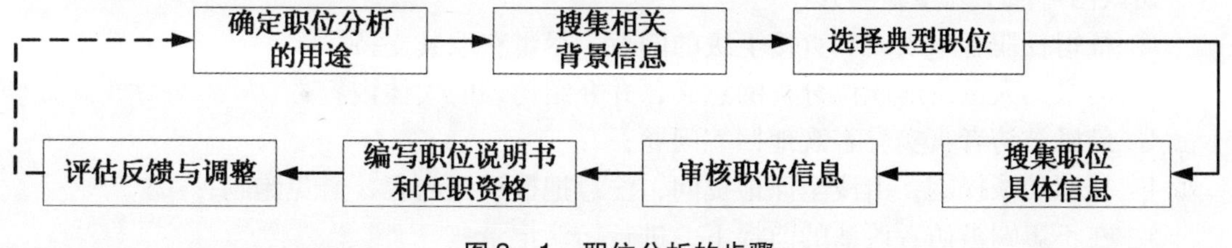

图 3－1　职位分析的步骤

（一）确定职位分析的用途

首先要明确组织进行职位分析的目的及目标。

（二）搜集相关背景信息

搜集与职位有关的组织结构图、工作流程图和职位说明书等背景信息。

（三）选择典型职位

依据组织整体职位设计及其背景资料，选择对典型职位进行分析，有利于减少工作成本和时间投入。

（四）搜集职位具体信息

搜集典型职位的工作内容和工作环境，及其对员工的知识、技能、经验、能力及其他特征要求等方面的信息，对具体的职位进行描述和分析。

（五）审核职位信息

与任职者及其直接主管核对并修正搜集到的信息，审查所获信息是否准确、完整，有利于最终分析结果的有效性和可行性。

（六）编写职位说明书和任职资格

将获得的信息予以整理并编写成职位说明书和任职资格说明。

（七）评估反馈与调整

组织内外环境和经营活动的变化都会带来职位的变化，在职位分析完成后跟踪评估其使用情况并根据反馈结果进行调整，有利于保持其适用性和有效性。

第二节　以招聘为导向的职位分析

一、职位分析的方法

职位分析的方法丰富多样，按目前常用的收集职位信息的方法分类，有访谈法、问卷调查法、观察法、关键事件法、工作日志法等。

（一）访谈法

访谈法是搜集职位分析所需信息，确定职位工作任务和权责的常用职位分析方法之一，在职位分析的过程中，一般可进行三种类型的访谈：

1. 对各任职者进行个人访谈；
2. 对担任同一职位的任职者群体进行群体访谈；
3. 对完全了解被分析职位的主管人员进行主管人员访谈。

访谈法可照下列步骤展开：

1. 征得任职者本人及其直接上级的同意，尽量获取其支持；
2. 向被访人员讲解职位分析的意义，并介绍访谈的大体内容；
3. 鼓励被访者真实、客观地回答问题；
4. 按照访谈提纲，由浅至深地提问，注意把握访谈内容，避免跑题；
5. 在不影响被访者谈话的前提下，进行访谈记录；
6. 访谈记录确认无误后，完成信息收集工作，向被访者致谢。

访谈法易于操作，通过与任职者及其主管进行面谈，可以搜集到大量有关工作活动和行为的信息，并能通过追问来弄清楚模糊信息。但其主要问题在于：访谈结果的质量依赖于访谈者个人素质和专业技能，且访谈者可能搜集到扭曲信息。这种扭曲信息可能是被访者无意造成的，也可能是其有意造成的，须认真分析加以辨别。同时，大规模的访谈需要大量的人力和时间投入，对组织工作带来一定的影响。

【例3－1】职务分析面谈问题样本

基本资料：职位名称、主管部门、所属部门、工作地点、直接主管、监督者等。

（1）本职位设置的目的是什么？

（2）按顺序列举说明本职位的工作责任及其重要性（每日、固定时期、偶尔负担）。

(3) 对于本职的工作来说，哪些教育或知识是必需的？能如何获得？

(4) 本职位要求任职者具备哪些经验？如：需要的工作实习期或在职培训期的时间等。

(5) 任职者负担的管理职责有哪些？每项工作所花费时间的百分比是多少？如工作指导、布置工作、检查工作、制订计划等。

(6) 本职位有哪些工作联系对象？这些联系是怎样建立的？在部门内部还是部门外部？次数是否频繁？联系内容及形式？哪些联系对部门有用？

(7) 本职位需要接受哪些监督和管理？接受的程度如何？

(8) 任职者独立决策的权限与范围有多大？作出的决定是否要他人审核？由谁审核？

(9) 最容易犯的错误有哪些？举例说明，并指出它们是操作上的，还是观念上的，或两者皆有。这些错误多长时间才能被发现，谁能发现，常在哪些环节上极容易被发现？纠正这些错误存在哪些障碍？在纠正错误过程中可能存在什么细节问题？

(10) 任职者是否要对一些数据加以保密？保密的程度如何？对组织利益的影响？

(11) 描述工作顺利进行时必需的生理条件、物理条件，如任职者工作期间站、走、负荷的时间各是多少等？

(12) 为使工作顺利进行，对任职者的心理方面有哪些要求？

(13) 列出工作中所使用的机器或设备。

(14) 本职位还有哪些方面需要补充说明，请列出。

(二) 问卷调查法

问卷调查法是让任职者以书面形式回答相关职位问题的调查方法，包括定量的结构化问卷调查、定性的半结构化问卷调查和非结构化问卷调查。问卷调查法比较适用于脑力工作者、管理工作者或工作不确定因素很多的员工，如软件设计人员、行政经理等。

在实践中，定性的半结构化调查问卷是各类调查问卷中使用较多的一种。其优点在于简便、快捷，能迅速对职位信息进行全面、完整的调查收集，并可根据不同的组织及职位特征和要求进行个性化设计，适用范围较广。其缺点则包括：无法与任职者面对面地交流信息，较难了解被调查对象的态度和动机等较深层次的信息；可能不易唤起被调查对象的兴趣；信息搜集的质量会受到被调查对象书面表达能力和态度的影响。要解决这些问题，可在问卷调查前对被调查对象进行培训辅导，或在调查完成后针对关键信息或不明确的问题进行访谈。

【例3-2】半结构化调查问卷示例

职位调查问卷

职位名称：	所属部门：
职位编号：	职位级别：
填写人签名：	审核人签名：

1. 设置目的：

2. 职位职责：

职位职责	负责程度（完全/部分/支持）	工作结果	衡量指标

3. 可能出现的工作失误：
4. 直接上级职位：
5. 直接下级职位：
6. 外部沟通部门：
7. 内部沟通部门：
8. 所需学历：
9. 所需专业：
10. 所需工作经验与年限：
11. 所需能力模型（程度：1~5）

指担任本职位的员工所需要的各种能力，以及这些能力的相对重要性（以1~5表示相对重要性程度，5代表“非常重要”，3代表“一般”，1代表“不重要”。）

所需能力	程度	所需能力	程度	所需能力	程度

12. 所需使用的工具设备：

（三）观察法

观察法是由观察者在相关职位工作现场通过实地观察、交流、操作等方式收集职位信息的过程。

观察前先进行访谈既有利于把握观察的方向，也能帮助双方相互了解，建立合作关系，促使随后的观察较为自然、顺利。但使用观察法，要考虑几方面问题：

- 成本，要观察职位涉及的各项主要工作，所需时间较长，成本较大。
- 观察者的专业能力及对所观察职位的熟悉程度。
- 如何在不影响被观察者工作的情况下，观察到其真实的工作情景。
- 观察法的适用范围。

观察法主要适用于以操作技术为主、工作周期较短、工作重复性较强的职位，以脑力工作为主或工作不确定因素较多的职位，则难以通过观察法进行分析。

（四）关键事件法

关键事件法是一种常用的行为定向方法。该方法要求主管、任职者以及其他熟悉该职位工作的人员记录其工作行为中的“关键事件”——决定工作成功或者失败的行为特征或事件，由此获得职位分析资料。

收集大量关键事件后，可分析并总结出胜任职位的关键特征和行为要求。关键事件法既能获得有关职务的静态信息，也可以解职务的动态特点。

（五）工作日志法

该方法是让任职者用工作日志的方式记录每天的工作活动作为工作资料，要求任职者在一段时间内对自己工作中所做的一切进行系统的活动记录。

二、职位分析方法的选择

访谈法、问卷调查法、观察法等，都有其适用情境和优点，也有其不足之处，应根据组织具体的目的和实际情况，有针对性地选择，具体可归纳为：

（一）根据目标进行选择

职位分析的目标不同，选用的方法也应不同。如，用于招聘，就应选用关注任职资格特征的方法。

（二）根据职位特点进行选择

如，以操作机械设备为主的职位，可使用观察法，而以脑力活动为主的职位就不适合。又如，调查问卷法要求被调查者具有一定的书面阅读和表达能力，使用时就必须考虑任职者的文化层次问题。

（三）根据实际需要进行选择

有些方法可得到较多信息，但花费的时间或资源也较多。如访谈法，可较直接地从任职者处获得信息，且访谈者与被访者存在交流，能够较深入挖掘有关工作的信息，但其需要较多时间；而问卷调查法样本大、范围广、效率高，很适合组织作大规模职位分析时采用。卡西欧（Casio，1992）整理分析了不同目标前提下适用的部分职位分析方法。

表3－1　职位分析方法与适用目的

方法 目的	访谈法	问卷调查法	观察法	关键事件法	工作日志法
职位说明书	√	√	√	√	√
开发招聘测试题	√	√	√	√	√
开发招聘面试题	√	√	√	√	√
职位评价	√	√			
培训	√	√		√	
绩效评估	√	√		√	√
职业生涯规划		√			

表3－2则归纳了不同职位分析法的优、缺点。

表3－2　职位分析的优缺点

分析法	优缺点	
谈法	优	1. 可获得比较全面的职位信息资料； 2. 可以进一步和相关任职者沟通，有利于获得信任和工作支持； 3. 不拘于形式，内容较有弹性，并可随时进行追问补充； 4. 收集方式相对简单； 5. 时间和地点的安排相对灵活。
	缺	1. 有可能由于受访者怀疑、误解或访谈者缺乏专业技巧等原因，导致得到扭曲不实的信息； 2. 需要分析的职位繁多时，要耗费大量的工作时间，妨碍生产； 3. 要求访谈者具备较好的能力素质和专业技能。
问卷调查法	优	1. 可大规模同时进行，方便快捷； 2. 结果易于整理； 3. 可使用统计方法进行量化分析。
	缺	1. 要求任职者具备较好的书面表达能力； 2. 难以保证对职位信息搜集的完整性； 3. 任职者填写问卷的态度对结果影响很大。
观察法	优	根据任职者自己的陈述内容，直接到工作现场深入了解情况。
	缺	1. 干扰正常工作，以及任职者正常的心理及行为活动； 2. 无法感受或观察到特殊的突发工作事件； 3. 如果职位偏重脑力劳动，则观察成效十分有限； 4. 耗时较多、成本较高。

分析法		优缺点
关键事件法	优	1. 针对任职者的关键工作行为，能深入了解工作的动态性； 2. 针对行为进行观察和衡量，其结果便于应用。
	缺	1. 须花费大量时间收集、整合、分类资料； 2. 不适合描述日常工作。
工作日志法	优	1. 可充分了解职位工作，有助于与任职者访谈； 2. 采取即时记录工作活动的方式，可避免遗漏； 3. 可以收集到比较详尽的信息。
	缺	1. 过于依赖任职者本身的态度，可能出现夸张、掩饰、隐瞒等现象，影响信息的真实客观性； 2. 费时费力，干扰任职者的正常工作。

三、根据职位分析结果设立招聘标准

由职位分析得出职位描述和任职要求是组织设定招聘标准的基础。职位描述中有关职位的工作概要和工作职责，可直接作为撰写招聘广告的信息来源，吸引求职者；而职位要求中有关职位所需学历、专业、工作经验、知识、技能及能力等，是组织甄选应聘者的依据。

职位对任职者的要求可分为两类："硬件"要求，如学历、专业、工作经验、资格证书等；及"软件"要求，如知识、技能、能力、其他个体特征等。在招聘过程中，"硬件"要求可在简历分析、背景调查、笔试等环节直接筛选人才，"软件"要求则可作为组织确定面试或人才测评的考察方向和要点，便于组织抓住关键，进一步甄选出合适的人才。

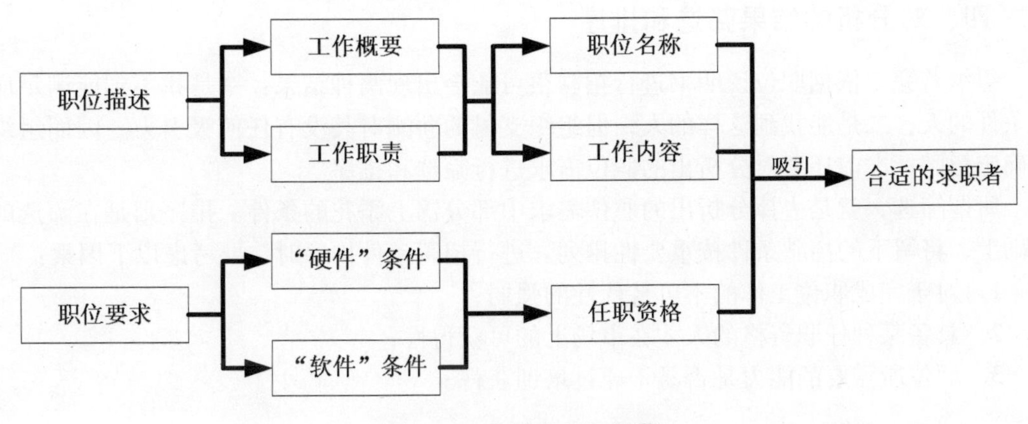

图3－2　职位分析与招募

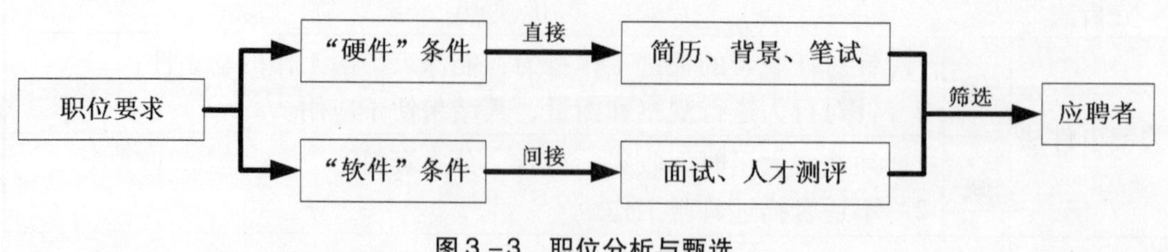

图3－3 职位分析与甄选

第三，职位分析可明确职位工作所提供的外在报酬，如薪酬、福利、晋升机会等，和内在报酬，如工作挑战性、影响力、自主性、能力提升、自我实现等，及报酬的数量、稳定性和与其他职位间的差异等，这些信息既可用于组织吸引求职者，同时需求和动机与职位报酬相匹配也是人—职匹配的关键。

表3－3 外在报酬和内在报酬

外在报酬	内在报酬
● 基本工资 ● 绩效工资 ● 福利 ● 工作时间安排 ● 晋升机会 ● 工作稳定性 ● ……	● 工作复杂性 ● 任务特征 ● 影响力 ● 自主性 ● 外部工作评价 ● 自我实现 ● ……

四、对分析的结果筛选和排序

组织若完全依据职位说明书进行招聘很可能会出现两种结果：一是找不到能满足所有条件的人；二是能找到这样的人，但组织支付的薪酬对其没有任何吸引力。因而组织在确定招聘标准前还要对分析出的职位需求进行筛选和排序。

所谓筛选，就是去掉分析出的职位需求中部分锦上添花的条件。排序则是在筛选的基础上，将留下的招聘条件按重要性排列。进行招聘条件排序时，要考虑以下因素：

1. 对于完成职位工作的不可替代性的强弱；
2. 具备某种任职资格的人才在市场上的可获得性；
3. 职位所需要的能力是否易于通过培训获得。

五、从职位所在团队分析招聘标准

两个同样的职位，在不同的团队中，对于任职者的要求也会有较大的差异，而造成这种差异的原因正是团队本身的特点。从团队的角度确定任职资格、制定招聘标准的时候，通常考虑以下几点：

1．团队本身的特点。

为团队招聘新成员时，要考虑新成员的长处能否弥补团队的短处，同时其不足能否通过团队的力量加以改善。

2．团队发展的阶段。

团队组建初期着重于迅速获取战斗力，选择风格一致或相似的团队成员，能较快地实现这个目标。

在团队的平稳发展阶段，选择不同类型的应聘者加入能使团队更完善，且此时加入互补型成员，团队本身也会有足够的时间和耐心与之磨合与融合。

团队在快速变革阶段最重要的任务是尽快完成转型，风格一致的新成员能够较快地与原有成员融合，有助于团队的顺利转型。

3．团队自身的要求和组织高层的希望。

团队负责人通常希望招聘到与现有风格相近似的新成员，但从组织高层或组织人力资源管理的角度，可能更倾向于选择与现有的团队风格互补的新成员。

六、从组织文化和价值观分析招聘标准

不同的组织文化和价值观，也会影响员工的风格。职位要求决定着对应聘者“硬件”的要求，组织文化和价值观则影响着对应聘者“软件”的要求。因此在分析制定招聘标准时，还须考虑组织文化、价值观、组织所处行业特点等方面的情况。但如何把文化、价值观和行业特点这些精神层面上的要求设计成招聘问题，转化为可以考察的具体行为和表现，并制定相应的判断标准，较好地辨别应聘者在这些方面的能力素质，则是一项颇具挑战性的工作。

总的来说，以招聘为导向的职位分析，须强调三方面的内容：一是职位的主要工作内容和职责；二是职位所需的学历背景、工作经验、知识、技能与能力等各项任职资格要求及其具体等级或水平；三是职位工作可提供的薪酬、福利、晋升机会、工作挑战性、自主性、影响力、自我实现等各项外在及内在报酬。

第三节 职位说明书与任职资格

一、职位说明书与任职资格概述

典型的职位说明书包括职位的基本资料、工作概要、直接上级和直接下级职位、监督范围等内容。任职资格则是对员工在执行职位工作时所需具备的知识、技术、能力和其他特征的要求，常融合在职位说明书中。

职位说明书是人力资源管理的重要基础工具之一，其对组织意义包括：

- 有助于实现组织优化；
- 可帮助员工各司其责、上下目标一致；
- 是制定绩效管理标准的依据之一；

● 是确定职位价值级别的前提；
● 是招聘、制订培训和个人发展计划的依据。

二、职位说明书与任职资格的内容

职位说明书的详尽程度或项目可视其使用目的而定，如，用于指导工作时，则须对工作内容详加说明；用于职位评价时，则应着重职位工作性质及职权。

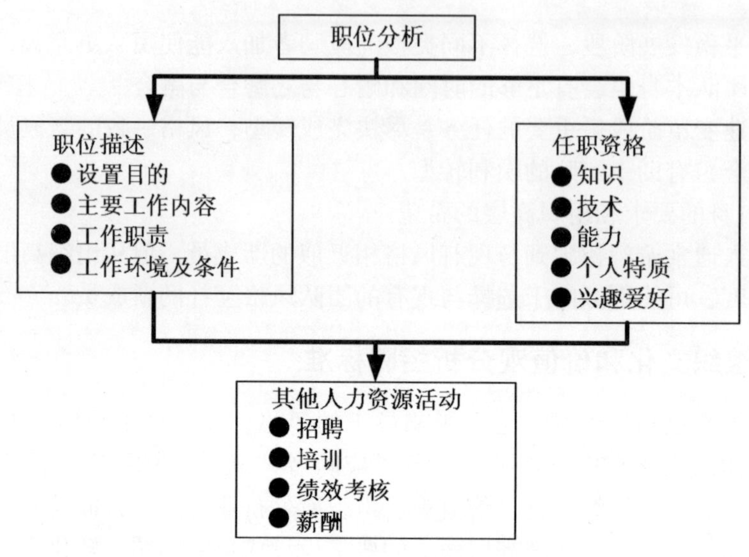

图3-4 职位描述与任职资格

【例3-3】职位说明书示例

人力资源部经理岗位说明书

职位名称：人力资源部经理	所属部门：人力资源部
职位编号：RS-001	职位级别：经理
填写人签名：	审核人签名：

一、职位描述

1. 设置目的：

根据公司发展战略需求，设计人力资源管理模式和相关激励政策，开发人才，实现人力资源开发在行业内处于市场领先的目标。

2. 工作职责：

工作职责	负责程度（完全/部分/支持）	工作结果	衡量指标
2.1 招聘管理			
2.1.1 负责组织拟定公司内部和外部招聘管理制度及招聘流程，确保制度和流程的有效运作	完全	制度、工作流程	制度与流程的规范性，科学性，可操作性
2.1.2 组织人员进行外部招聘和内部选拔工作	负责	招聘计划	计划的执行情况和偏差率
2.2 绩效管理			
2.2.1 组织制订绩效考核制度及标准	部分	制度、标准	制度标准规范性、科学性、完善性、可操作性；激励效果；绩效评估工作满意度
2.2.2 每月组织考核各部门绩效	部分	部门绩效结果	绩效考核满意度
2.3 薪酬管理			
2.3.1 组织制定企业薪酬体系，及时修订企业奖金制度	完全	薪酬制度、奖金制度	编制及时性、制度合法性、规范性、科学性、合理性、可操作性；对员工的激励效果；薪酬、福利、奖金制度满意度
2.3.2 控制年度工资总额使用计划	完全	年度使用计划	计划合理性、可行性，与公司战略目标的配合性；动态调整及时性
2.3.3 月底审核工资、奖金发放情况	完全	工资发放表	审核规范性、及时性、准确性；对出现问题解决及时性；解决方案合理性、可行性
2.3.4 监督个人所得税的核算与缴纳。对人事、劳资、培训等报表的准确性负责	部分	各类报表	报表准确率

2.4 部门管理			
2.4.1 部门工作			
a. 制定本部门工作目标	完全	工作目标	部门年、季、月度工作目标按计划完成率
b. 建立及健全部门岗位责任制	完全	岗位责任制	制度合法性、规范性；岗位责任是否落实
c. 控制部门预算，降低费用成本	完全	预算控制	部门预算准确率、部门预算达成率
2.4.2 下属培养			

3. 可能出现的工作失误：

(1) 对员工的考核评价不够准确；

(2) 职位设置容易出现因人设岗；

(3) 各种制度的公平性出现偏差。

4. 职位组织关系：

4.1 直接上级：分管副总经理

4.2 直接下级：人力资源助理、薪酬专员、绩效专员、培训专员

4.3 公司内部接触：财务部、办公室、营运部

4.4 公司外部接触：

二、职位要求：

1. 知识学历：

1.1 最低学历要求：大学本科

1.2 专业要求：人力资源管理

1.3 所需专业资格要求：中级技术职务任职资格

1.4 所需基本专业知识：现代人力资源管理知识，党、国家和公司人事劳资政策等

1.5 所需提高的专业知识：现代人力资源管理系统知识

1.6 外语：英语的基本阅读、听、说能力

1.7 计算机：能熟练操作 Windows Office

2. 工作经验与年限：从事人力资源管理工作或相关管理工作五年以上

3. 培训：

3.1 所需基础培训：人力资源管理专业培训

3.2 所需提高培训：财务管理、沟通和表达能力、计算机知识

4. 能力模型（程度：1~5）

指担任本职位的员工所需要的各种能力，以及这些能力的相对重要性（以1~5表示相对重要性程度，“5”代表“非常重要”，“4”代表“重要”，“3”代表“一般”，“2”代表“不重要”，“1”代表“不重要”）。

所属能力	程度	所属能力	程度	所属能力	程度
组织能力	4	领导能力	4	沟通能力	4
指导能力	4	分析能力	4	协调能力	4

5. 所需使用的工具设备：电脑
6. 身体特征（是否健康）：健康

【例3-4】职位说明书模板

<table>
<tr><td>岗位名称</td><td colspan="2"></td><td>岗位编号</td><td></td></tr>
<tr><td>所属部门</td><td colspan="2"></td><td>岗位定员</td><td></td></tr>
<tr><td>直接上级</td><td colspan="2"></td><td>工资等级</td><td></td></tr>
<tr><td>直接下级</td><td colspan="2"></td><td>薪酬类型</td><td></td></tr>
<tr><td>所辖人员</td><td colspan="2"></td><td>岗位分析日期</td><td></td></tr>
<tr><td colspan="5">职位描述：</td></tr>
<tr><td rowspan="5">职责一</td><td colspan="4">职责表述：</td></tr>
<tr><td rowspan="4">工作任务</td><td colspan="3"></td></tr>
<tr><td colspan="3"></td></tr>
<tr><td colspan="3"></td></tr>
<tr><td colspan="3"></td></tr>
<tr><td>……</td><td colspan="4">……</td></tr>
<tr><td rowspan="7">职责五</td><td colspan="4">职责表述：</td></tr>
<tr><td rowspan="6">工作任务</td><td colspan="3"></td></tr>
<tr><td colspan="3"></td></tr>
<tr><td colspan="3"></td></tr>
<tr><td colspan="3"></td></tr>
<tr><td colspan="3"></td></tr>
<tr><td colspan="3"></td></tr>
<tr><td>权力</td><td colspan="4"></td></tr>
<tr><td>责任</td><td colspan="4"></td></tr>
</table>

工作协作关系：	
内部协调关系	
外部协调关系	
任职资格：	
基本要求	
教育水平	
专业	
经验	
知识	
个人素质	
其他：	
使用工具/设备	
工作环境	
工作时间特征	
所需记录文档	
考核指标	

三、如何编写职位说明书

编写职位说明书首先需要规范格式、内容和语言。其中格式部分包括：

1. 表头格式——注明职位名称、所属部门、级别、编号，并注明拟写人、审核人（部门）和批准人（部门）。
2. 责任范围——描述职位承担的主要责任和影响范围。
3. 实施管理——描述实施管理的性质、管理人员或员工类型。
4. 复杂程度——描述职位工作的难易程度。
5. 沟通关系——描述完成工作所需要的联系，包括联系的重要性和发生频率、信息交流的渠道等。
6. 知识技能——描述职位所需的知识和学历要求、培训经历和工作经验等。
7. 操作技能——描述完成职位工作所需的各项技能水平。
8. 工作环境——描述完成工作所需的条件支持，及工作环境对任职者精神和体力等方面的影响。

在撰写内容和语言上则须规范解决以下问题：

1. 充分分解部门职责，避免部分职责没有具体职位承担。

（1）汇总部门所有职位的职责，对比各职位的职责后，明确各职位的分工；

（2）不同级别的职位担负同一工作不同层次职责的，必须进行分级描述；

(3) 部门经理和业务主管通常还须承担组织建设的相关职责。

2. 全面合理地划分职责领域。

(1) 准确理解职位主要职责;

(2) 可参考部门工作领域对本职位进行划分;

(3) 对负责部门单个工作领域的职位, 须根据具体的职责合并属性同类项。

3. 规范职责描述的语句表达, 避免描述内容不全面、重复和交叉的现象。

(1) 统一按"动词+内容+目的"的方式进行规范、准确、全面地描述, 有利于避免重复、交叉并能体现职位价值及提取绩效衡量指标。

(2) "应承担职责及目的"包括做哪一类工作, 负什么责任, 完成职责的目的等内容。

4. 规范职位概要描述的语句表达, 并注意描述的全面性。

(1) 准确理解职位主要职责;

(2) 按要求描述;

(3) 根据主要工作领域来确定职位概要描述中的主要内容。

【例3-5】职位说明书关键职责词典——动词举例

领导决策层	管理执行层	专业执行层
制定、筹划、预测、指导、听取、提出、协调、控制、授权……	拟订、提交、制订、安排、主管、听取、督促、控制、布置……	策划、设计、提出、协调、参与、建议、提议、贯彻……

5. 按照职位标准, 明确学历、经验、能力等要求。

(1) 职位说明须针对职位, 避免受现任任职者的情况影响。

(2) 规范学科专业描述。

6. 明确定义各项内容, 避免知识、技能之间互相混淆、重叠。

第四节 胜任特征模型的建立

一、胜任特征与胜任特征模型

随着市场竞争的加剧和高级人才的供不应求, 组织的成功比以往任何时候都更加依赖于其员工(尤其是具有高专业技术和能力的员工)的技术和能力表现。1973年哈佛大学教授麦克莱兰(McClelland)提出"胜任特征(Competency)"概念, 从品质和能力层面论证了个体与岗位工作绩效的关系, 受到许多组织关注。

同一组织中不同职位的工作对任职者的胜任特征内容和水平的要求都不同; 不同组织或行业中相同或类似职位对任职者的胜任特征的要求也不相同。任职某一特定职位所必须具备的胜任特征的总和即"胜任特征模型(Competency Model)"。

胜任特征模型的建立是在高绩效的标准前提下, 对绩优者和绩差者实行"行为事件访谈（Behavioral Event Interview，BEI）”，要求被访者列出其工作中关键事件的详细背景及解决方法，从中归纳并比较要素指标的发生频率和相关程度，抽取出权重较大的特征进行归类。建立职位胜任特征模型有助于组织人力资源管理水平的全面提升。

美国学者斯潘塞（Spencer）1993 年提出了“冰山模型”（图 3－5），以描述个体胜任特征的组成。“冰山模型”将个体胜任特征按不同的表现形式划分为“冰山以上的表面部分”和“冰山以下的深藏部分”，并将胜任特征归纳为七个层面。

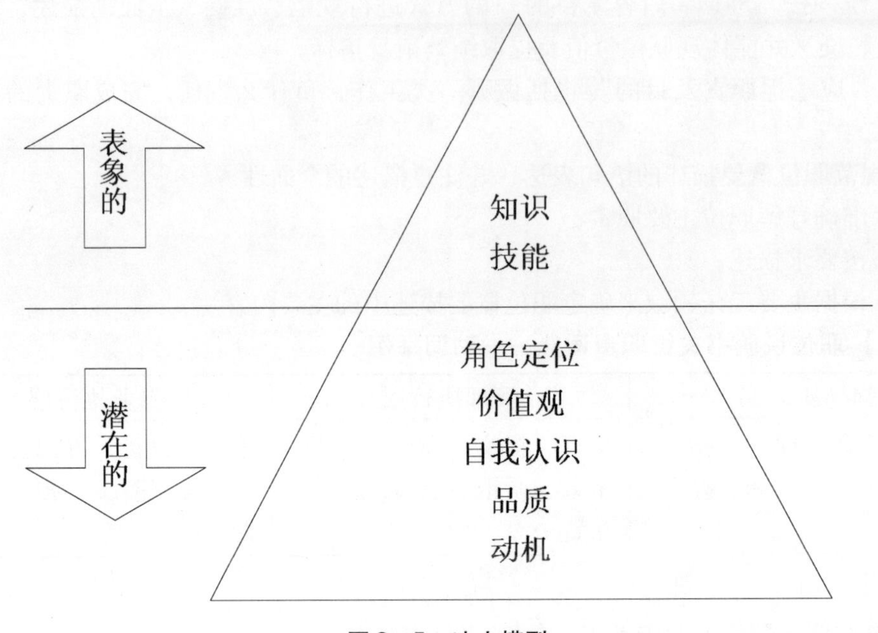

图 3－5 冰山模型

表 3－4 “冰山模型”胜任特征的七个层面

胜任特征	定义	内容
知识	指个体在某一特定领域拥有的事实型与经验型信息。	如：管理知识、财务知识、文学知识等
技能	指个体能够结构化地运用知识完成某项具体工作的能力，即对某一特定领域所需技术与知识的掌握情况。	如：表达能力、组织能力、决策能力、学习能力等
角色定位	指个体对职业的预期，即想要做些什么事情。	如：管理者、专家、教师
价值观	指一个人对事物是非、重要性、必要性等的价值取向，以及基于态度和价值观的行为方式与风格。	如：合作精神、献身精神

胜任特征	定义	内容
自我认识	指个体对自身的认识和看法。	如：自信心、乐观精神
品质	指个体持续而稳定的行为特性。	如：正直、诚实、责任心
动机	指在个体内的自然而持续的想法和偏好，动机会驱动、引导和决定个体的外在行动。	如：成就需求、人际交往需求

其中，“冰山”的上部，即图3－5中的第1、2项，包括基本知识、基本技能，是外在的，易于了解、测量或可通过培训改变、发展的个体特征。这部分特征可通过专业资质证书、专业知识考试、面谈、简历等具体形式直接考察。

“冰山”的下部，即图3－5中的第3、4、5、6、7项，属于个体在社会化过程中发展起来的独特的价值观、理念、动机、工作态度等内在特征，不易经由培训改变，但却是影响个体胜任工作与否的重要因素。

比如幼儿园老师，其最重要的胜任特征，并不是其知识的渊博或能歌善舞等表面特征，而是爱心、耐心、热爱与孩子交流相处的个性等内在特点。纵使个体有再丰富的幼儿教育知识，钢琴弹得再好，如果不具备爱心，不喜欢小孩，孩子一不听话就失去耐性甚至反感，对于幼教这类职位来说都是不胜任的。

这些内在特征难以通过传统方法直接进行观察和测量，而须采用情境模拟测评设置一定的情境事件引发个体的行为反应，再通过对其行为的观察和分析进行评估。情境模拟测评的主要手段包括公文测试、无领导小组讨论、结构化面试、演讲、角色扮演、管理游戏等。

二、建立胜任特征模型的意义

全球化、信息化以及市场需求的多样性与多变性，使组织间的竞争日益激烈。组织要想获取竞争优势必须高度重视人力资源，尤其在组织管理决策活动中地位特殊的高层管理者。传统人力资源管理通过职位分析确定高层管理者所需具备的任职要求（包括知识、技能、能力和其他特点），并据此进行高层管理者的选拔、培训和评价活动。

但实践证明，组织需要更科学的方法来促进高层管理人员的招聘、培养和评价。基于胜任特征模型进行的招聘、培训、薪酬设计、职业规划等活动，可提高用人效率，降低人才的流失率，具备重要的应用价值，相比传统的职位分析结果有以下几方面的优点。

（一）研究对象

胜任特征模型的建立主要是对职位任职者的分析研究，找出做好该职位工作的关键能力、知识、能力和人格特质。

（二）对能力的期望

胜任特征模型主要集中反映杰出任职者的优秀行为所表现出的关键能力，强调获得高绩效的胜任特征。

（三）表现的内容

胜任特征模型主要是集中反映该职位杰出任职者潜在的特征。

（四）战略意义

胜任特征模型更强调组织的战略规划和组织文化对员工的要求和引导作用，比如：组织要求创新或团队精神，必然会把创新能力和团队精神加入每一个职位的胜任特征模型中；人力资源管理部门作为服务部门，必然会将服务意识作为本部门每一位员工的胜任特征的重点。在战略上，胜任特征模型比传统的职位分析更有引导作用和指导意义。

以上分析也归纳出了胜任特征模型最主要的两个特点：其一，描述的是优秀员工所表现出的典型胜任特征和能力；其二，更注重组织战略规划和文化的要求。

另外，胜任特征模型的呈现形式是行为描述，这些行为对任职者和组织的成功均具有重要作用，因此也正是在招聘中需要寻找的行为。胜任特征模型的结果还可用于组织现有人力资源的调整，配置不同能力的员工到合适的职位，达到最佳的人—职匹配。

三、构建胜任特征模型的方法

构建胜任特征模型的常用方法有三种：战略演绎法、标杆研究与参考法及行为事件访谈（BEI）。

战略演绎法是建立胜任特征模型不可缺少的重要手段，在模型初步建成后，组织战略同样也是检验模型的重要标准。战略演绎不但促进胜任特征模型方向与组织发展一致，还有助于胜任特征模型在组织内的顺利执行。采用战略演绎法构建，并且经过组织高层决策者充分沟通的胜任特征模型，代表了组织决策高层者的高度参与和认可，是建立胜任特征模型不可或缺的步骤。

对业务模式与行业内的标杆组织非常相似，对于那些未来各方面的发展战略规划都比较明确的组织来说，可直接采用标杆参考法与战略演绎法相结合的方式构建胜任特征模型。

建立胜任特征模型的另一个途径是行为事件访谈（BEI）。通过 BEI，抽取足够的优秀员工和普通员工进行对比，以此归纳带来优异业绩的胜任特征，是建立胜任特征模型最有效严谨的方法。

图 3－6 是某公司所建立的胜任特征模型，分为组织、业务部门、团队及职位四个层面。首先是处于组织层面的通用胜任特征要求，即为实现组织使命和战略目标，所有组织员工都必须具备的胜任特征，包括创造力、技术专长、关注顾客和结果导向；其次是业务部门层面的胜任特征要求，如设计部门的设计工程师所需具备的特定胜任特征；第三，需参与团队工作的职位所需具备的跨职位的一般胜任特征，如技术团队中各职位均须具备的团队导向、适应力和沟通三类胜任特征；第四层则为技术团队中各不同职位其自身所需的具体胜任特征。

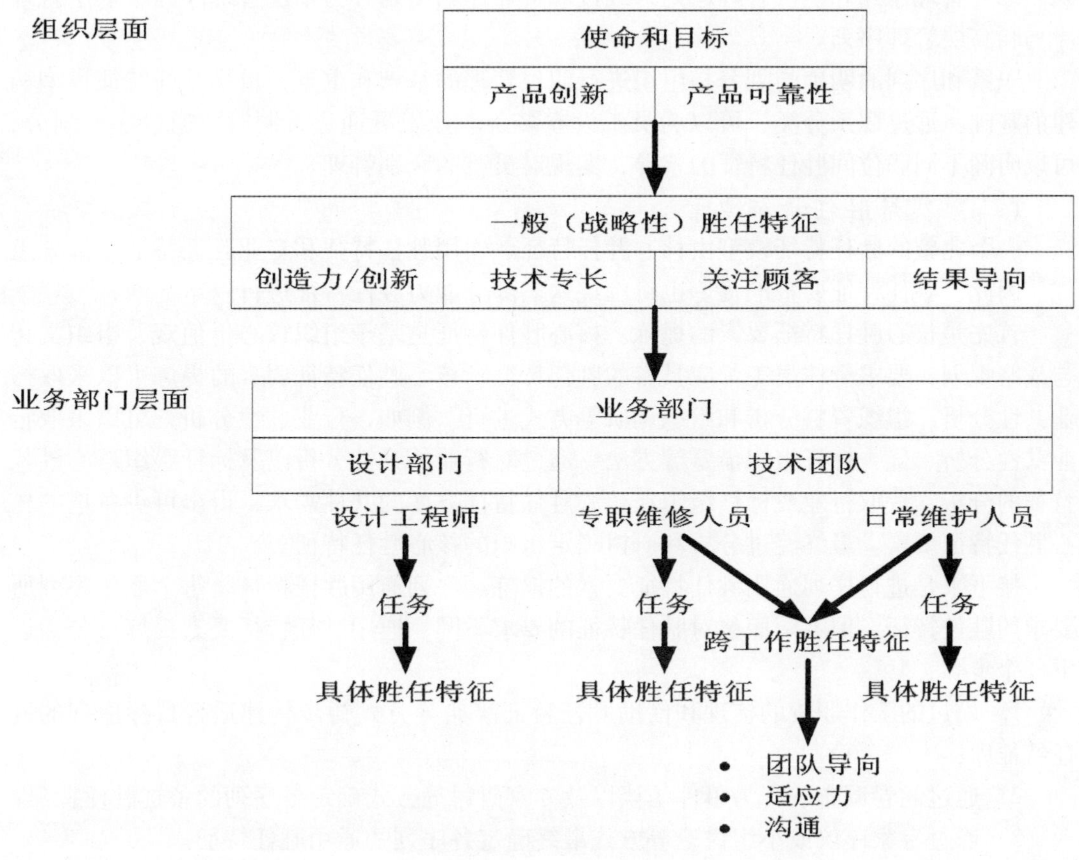

图3-6　某公司胜任特征模型

四、建立胜任特征模型的流程

胜任特征模型的构建大致可以划分为三个步骤：职系与序列划分、胜任特征要素提炼和胜任特征要素评级。

（一）职系与序列的划分

“职系”是指职责繁简难易、轻重大小及所需资格条件不同，但工作性质相似的所有职位集合，即一种专门职业（如管理职系、操作职系等）。“序列”是指现有组织结构中具有相同或相近专业资质要求的职位群组。每个序列具有其独特的胜任特征的结构组合和描述，一个职系包含一个或多个序列，一个序列只能在一个职系当中。划分职系和序列的目的是通过设立不同的职业通道，指明组织中的职业发展路径。

在进行具体职系划分时，可以工作性质相似为原则，通过分析组织业务链来确定职系的划分。例如，通过对某公共交通集团业务链进行分析，将其所有职位划分为管理职系、技术职系、操作职系和后勤职系。序列的划分以胜任特征要求相近为标准，可以通过业务类别和职责对比归类这两种方法来确定。例如，根据职位说明书在对职位胜任特征初步判断的基础上，将某组织管理职系下面的所有职位按业务类别划分为财务管理序列、综合管理序列和生产管理序列，或按职责对比归类划分为基层管理序列、中层管理序列和高层管理序列。

职系和序列的明确与划分是组织进行职位管理的基础和重点，也是胜任特征模型构建的基础。通过职系分类，可以为员工设立多条职业发展通道，同时，通过序列划分，可以明确不同职位间胜任特征的差异，实现对员工的区别管理。

（二）提炼胜任特征要素

一个完整的胜任特征模型由核心胜任特征、通用胜任特征和专业胜任特征三部分组成。因此，胜任特征要素的提炼也将围绕这三部分能力胜任特征进行。

首先是核心胜任特征要素的提炼。核心胜任特征是基于组织核心价值观、组织文化与战略规划，要求全体员工都应具备的胜任特征。核心胜任特征要素的提炼可以采取行业共性分析、组织资料分析和组织调研等方式进行。例如，行业共性分析，可以采取行业共性分析、优秀标杆组织借鉴等方法，通过对行业的共性分析以及标杆组织核心胜任特征的分析，获取行业或标杆组织在核心胜任特征方面的共性需求，得出可供备选的核心胜任特征要素。最终经过分析和研讨确定组织的核心胜任特征。

接下来是进行序列通用胜任特征要素的提炼。序列通用胜任特征是每个职位序列所要求的胜任特征，但不同职位对胜任特征的要求不同。通用胜任特征要素提炼可分为以下三个步骤：

1. 通过的工作职责的梳理和借助胜任特征辞典等方式初步构建适合目标序列的胜任特征库；

2. 通过问卷调查、行为事件访谈以及专家研讨等方式确定各序列的备选胜任特征；

3. 通过专家评议或小组讨论等方式最终确定各序列的通用胜任特征。

最后是进行序列专业胜任特征的提炼。专业胜任特征是某个特定角色和职位所需要的特殊的胜任特征，通常情况下，专业胜任特征是针对特定职位来设定的。首先通过访谈、对职位说明书进行职责分析等方式初步确定各职位的专业胜任特征库；然后与专家进行充分交流与探讨，对职位应具备的专业胜任特征项进行筛选、补充、调整，最后确定各序列的专业胜任特征。

通过对核心胜任特征、通用胜任特征以及专业胜任特征三个层面胜任特征的提炼，最终得出各个职位的能力胜任特征模型。

（三）职位胜任特征要素评级

首先对各项胜任特征条目进行定义，并表述出其在不同程度和状态下的行为特征，划分出不同的等级，例如，团队合作精神的初级、中级、高级分别是什么表现。等级描述旨在为员工的等级评价提供标准。

其中，核心胜任特征和通用胜任特征是根据胜任特征的特点在行为的强度、幅度等标准中选择最适合的分级标准，来对胜任特征进行分级描述，可以划分为 1 级、2 级、3 级和 4 级等不同级别。例如，通用胜任特征中沟通能力的 1 级可描述为“基本的沟通能力：谈话或书面表达基本能抓住要点；表达观点与传递信息基本简洁清晰；表现出愿意倾听的态度，不随意打断他人的谈话；听出他人的感受或含意，能够提出问题以对说话者进行分析判断”等。

专业胜任特征分级描述是以知识或技能的掌握程度和处理问题的复杂程度为标准进行分级描述，可以划分为学习级、指导级、应用级和专家级等不同的级别。例如，指导级可描述为："能精通某一方面的知识、流程或工具的使用；能够应用该方面知识处理富有挑战性的和复杂的事项；能够指导小范围的团队展现该方面的知识"等。

最后，对各职位胜任特征进行评级，确定其等级标准。如，某职位核心胜任特征中诚实守信的等级要求为 2，通用胜任特征中预见能力的等级要求为 1.5，专业胜任特征中变革推动能力的等级要求为 3 等。

要将胜任特征模型运用于组织实践，还要对其进行验证，包括统计学验证及对实际运用效果的考察。

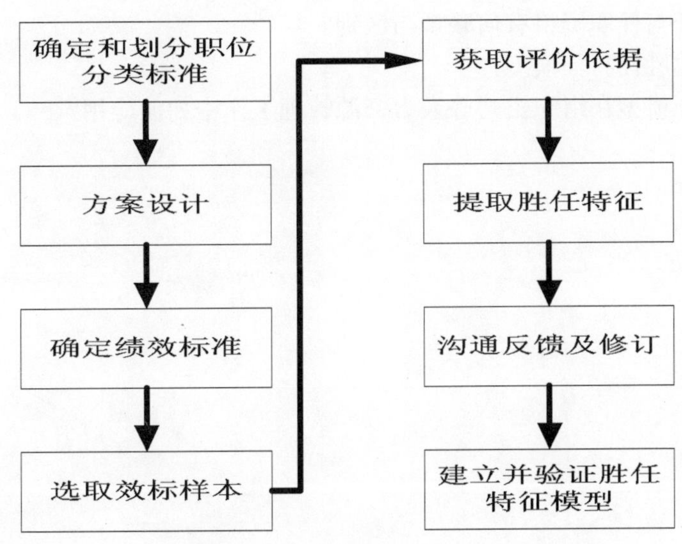

图 3－7 建立胜任特征模型

五、胜任特征模型在招聘中的应用

按上述步骤建立胜任特征模型后，便可将其投入组织的招聘实践。在传统的招聘甄选中，组织的出发点往往是短期的职位需求，基于空缺职位的当前工作与要求来甄选应聘者，而缺乏对未来发展的规划。在预测与判断应聘者工作绩效时，也是以其过去的工作绩效表现为基础，主要考察应聘者的知识、技能等外在特征，而较少测量其价值观、动机等难以改变的深层次胜任特征。

基于胜任特征模型进行的招聘，除采用当前的职位标准与要求对应聘者进行评估之外，还关注其所具备的外部和内部核心胜任特征及可发展的空间。胜任特征模型可将组织的战略、经营目标、职位与任职者联系起来，帮助组织甄选出符合组织当前运作及长期发展的人才。尤其在进行高层管理职位、高级技术职位或其他关键职位招聘时，运用胜任特征模型进行甄选的优势更为明显。

另外，胜任特征模型还可应用于组织的薪酬管理、绩效管理、员工培训、职业发展等多个方面。

【关键术语】

职位分析　职位说明书　任职资格　胜任特征　胜任特征模型

【思考题】

1. 组织该如何进行职位分析？具体包括哪些内容和步骤？
2. 职位分析的方法有哪些？分析其优缺点。
3. 职位说明书一般包括哪些模块？其编写应注意哪些问题？
4. 职位说明书和任职资格对组织的员工招聘工作有何意义？
5. 胜任特征与任职资格有何联系与区别？
6. 如何构建胜任特征模型？
7. 胜任特征模型在组织招聘等人力资源管理工作中如何应用？

第四章　招聘规划

【学习目标】

学习完本章后，你应该能够：

1. 简述组织可以采用的招聘方法；
2. 掌握招聘职能在不同部门间的分配；
3. 明确招聘规划的内容；
4. 掌握人才吸引策略和招聘备选策略；
5. 了解各项招聘组织工作。

【案例】

罗泰公司的人员流动问题

罗泰公司的大部分员工都在工厂工作。工厂经理李瑞负责员工的聘用，由他招聘到所需要的人员后，将人员招聘情况通知部门主管。

在选聘员工时，李瑞会与每名应聘者进行几分钟的面谈。而在这之前，他的秘书则负责审查应聘者的过往经历、受教育程度，并通过证明人核查情况。应聘者一旦被聘用，就须先到工厂去完成一些诸如填写申请表和接受简要的身体检查等正式手续，然后接受十分钟的工作指示，就正式开始进行所分配的工作。新员工无论何时遇到困难，都会得到一些指导和帮助。

罗泰公司员工的流动速度超过该行业的平均水平，每个月都有部分员工辞职，招聘工作也一直在进行。离开的员工或是不能适应工作环境，或是因为不能满足工作的要求。由于公司一直在盈利，人员流动问题并未造成太大麻烦，但李瑞还是意识到这一情况存在问题。

【你会怎么做】

你认为罗泰公司存在怎样的问题？有可能带来什么影响？该如何解决？

组织的招聘工作直接影响其拥有人力资源的数量和质量。当今社会，人力资源是组织最为关键的竞争资本之一，组织的员工素质和人才配备将直接影响其当前运作状况及未来发展。组织的招聘工作在实际运作之前，应进行系统规划并建立明确目标，这样才能帮助组织更好地管理和优化人力资源。招聘规划可以帮助人力资源职能人员和管理人员在招聘和选拔策略方面作出一定的选择，采取相关行动以获取组织所需人才。组织可通过人力资源规划，确定需要补充的各种职位空缺，并通过职位分析确定空缺职位的任职者所应具备的资格条件。

招聘工作的耗资是非常大的，包括广告和宣传资料的直接成本费用、职业介绍费、开发和使用测试的费用，以及从事招聘和处理资料、面试、出差、准备测试等工作人员的工资等，因此需要明确招聘工作的预算是多少，这些预算能为组织带来什么竞争优势；为了吸引足够多的求职者来应聘，人员招聘应该在何种范围内开展，如全国性的劳动力市场，还是仅仅只在当地招聘。

当组织出现职位空缺时，需要明确是优先采用内部招聘、外部招聘，还是两种途径同时采用；招聘过程需要分哪些阶段，各个阶段如何管理；如何找到足够多的应聘者以备选拔，如何能开发有效的选拔程序，或者如何制定组织内部晋升与发展的通道以填补组织可能出现的管理职位空缺等。

本章将介绍招聘规划的策略、计划的制订、流程的设计、招聘方针以及招聘工作的开展。

第一节　招聘规划的策略

一、自行培养或者直接买入

组织制定的招聘策略可以是雇用技能较低的初级员工，对他们进行培训和教育以促进其发展；或者招聘和雇用技能较高的员工或专家。这就是自行培养和直接买入策略的区别。两种策略均要求组织人力资源政策的其他职能要能相适应：如雇用技能较低的员工，组织相应地要加强培训与教育；如果雇用技能较高的员工和专家，组织相应地要付出更高的薪酬，同时也要加强对技能较高的员工和专家的绩效考核。

雇用高技能员工和专家的好处在于他们具有必要的技能，入职后可以马上开始工作而几乎不需要什么培训。同时，有一些组织可能倾向于实施自己的培训计划，招聘几乎不具备工作经验的毕业生，进行培训后实施组织文化的标准化。例如，宝洁公司有一套详尽的培训计划，这一计划不仅提高了所需的技能，而且能增强员工的社会化和对组织的奉献精神，同时能有效地培育组织文化。

二、参与招聘工作的人员

有些组织认为招聘工作只是人力资源部门的工作，所以参与到招聘活动中的人员范围很窄，只限于人力资源部经理和招聘人员；另外一些组织认为招聘到适合的人员加盟组织是非常重要的工作，所以公司最高管理层也会亲自参与与招聘有关的事宜，如审核招聘计划，参与招聘面试，提供上岗指导培训，介绍组织发展历史、价值观、理念等组织文化。这些组织的高层管理人员之所以花费大量的时间用于人员招聘，是因为他们认识到人力资源对于组织经营成功以及组织的成长生存来说，起着至关重要的作用。下表是招聘职能在用人部门和人力资源管理部门间的分配。

表4－1　用人部门和人力资源管理部门的职责分工

工作环节	用人部门	人力资源管理部门
招聘计划	分析业务发展趋势；设置职位；提出年度人员需求计划	收集、整理人员需求申请表；协助用人部门分析招聘的必要性和可行性；制定招聘预算
招聘要求	提供职位说明书；确定录用标准	设计招聘流程；指导用人部门撰写招聘职位的职位说明书和任职资格说明，整理各部门招聘要求；确定使用的甄选技术；指导用人部门使用测评方法
信息发布	建议招聘渠道	选择招聘渠道；整理、制作、发布招聘信息
应聘者甄选	参与甄选活动	收集、筛选应聘资料；承担通用能力测评工作；组织招聘相关培训
录用	商谈工作安排与薪酬；作出录用决策；指定指导人	资格审核；背景调查；给予录用建议；发送录用（落选）通知；审核录用薪酬；办理入职手续
入职培训	提出培训需求；参与新员工培训工作，承担基本技能辅导	组织新员工培训
试用期考核与跟踪	考察试用期绩效；决定转正人员	跟踪招聘效果；制定改进措施；签订正式录用合同
评估	参与招聘评估；参与人力资源规划的修订	评价招聘活动，撰写招聘活动工作总结；修订招聘方案

三、招聘预算

招聘工作的开支是非常大的。招聘成本中包括广告和宣传资料的直接成本、职业介绍费用、人员安置费用、资历核实成本费用、开发和使用甄选测试的成本费用，还包括从事招聘、处理书面材料、面试、为招聘而出差、进行测试、培训、上岗引导等工作的员工所消耗时间及相关成本费用。

招聘的高额费用表明建立一个结构较好的招聘预算的重要性。需要注意的是，在制定招聘预算时，一个自上而下的或自下而上的程序均能用于收集规划预算所需的信息。在自上而下的方式中，招聘活动预算是由高层管理者根据组织的经营计划和收入计划而制定的。在自下而上的方式中，招聘活动预算是以各个业务部门特定的需求为基础的。当强调控制费用时，前者效果较好。当招聘预算是由业务部门来承担时，后者效果较好。现实的做法是将这两种方法整合成一个项目导向的预算方案，高层管理者与业务部门负责人同时参与到这个预算过程中。

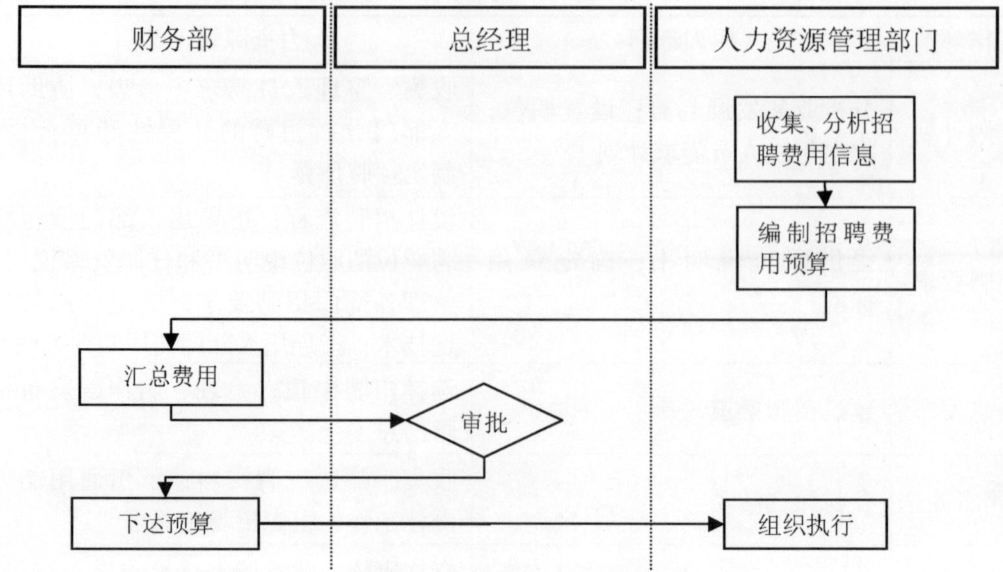

图 4－1 招聘预算管理流程图

表 4－2 2010 年某公司在广州市公开招聘的经费预算表例样

序号	项 目	内 容	数 量	单 价	合 计	备注	总支出
1	公开招聘的信息发布	在广州经理人网发公告					
		在其他相关媒体发公告					
2	命题	书面评价试题					
		结构化面试测评试题					
		无领导小组讨论试题					
3	设计试题（书面评价、面试测评）/书面评价评卷	食宿费					
		交通费					
		试题设计、评卷专家劳的务费					
		工作人员劳务费					
4	试卷印刷	书面评价试题					
		结构化面试测评试题					
		无领导小组讨论试题					
5	书面评价面试测评考务	考场场租					
		考场布置费用					
		考官及考务人员劳务费					
		考官及考务人员误餐费					
6	其他	资料、接待等其他费用					

四、招聘途径

组织内部的职位空缺有些是可以由组织内部的人员来填补的，即采用内部招聘的方法；同时有些职位空缺不能由内部人员填补，需要进行外部招聘。内部招聘方法包括公布职位空缺，在组织内发布职位空缺信息，以及在组织的数据库中进行搜索，在现有员工中寻找具有完成某项工作所需技能的人选。这种招聘方法在填补职位空缺的时候依靠内部来源，并且鼓励从内部晋升。外部招聘方法包括在报纸和网络上刊登职位空缺的广告，依靠外部来源来填补职位空缺。组织是选择内部招聘的方法还是外部招聘的方法，取决于组织战略中鼓励从内部晋升和调动的程度。从内部招聘的好处在于让员工看到职业发展的机会，还会达到提高员工工作满意度和激励的效果。另外，由现有的员工填补职位空缺，可以最大限度地确保这些员工都受过组织文化的熏陶，减低因不适应组织文化而造成人员流失的风险。

表4－3 内部招聘与外部招聘的优缺点

	内部招聘	外部招聘
优点	有利于调动员工的工作积极性，激励性强； 完善的内部晋升体系有利于吸引外部人才； 对人员了解全面，选择准确性高，有利于保证选聘工作的准确性； 有利于应聘者迅速开展工作； 费用较低； 组织仅仅需要在基本水平上雇用； 组织对成员的培训投资获得回报；	具备外部竞争优势； 能够为组织输送新鲜血液； 来源广，有利于招聘高质量人才； 把新的思想、方法和经验带入组织，有助于拓宽组织的视野，有利于组织创新、增强组织活力； 激励现有员工保持竞争力，发展技能； 人才现成，节省培训投资； 宣传组织形象；
缺点	可能导致组织内部“近亲繁殖”； 可能会因操作不公等造成内部矛盾； 来源少，难以保证招聘质量； 易出现思维定势，缺乏创新性； 可能导致组织内部一系列职位的调整； 未被提升的人可能士气低落； 可能导致钩心斗角；	应聘者对组织缺乏深入了解，进入角色慢，可能不适应组织文化，需要更长的适应期； 组织对应聘者缺乏了解，决策风险大； 对内部员工积极性造成打击； 筛选难度大，时间长； 招聘成本大，工作量大； 可能未能选到合适的人才；

五、集中招聘与分散招聘的策略

组织的招聘可以是集中化的，也可以是分散化的。一个集中化的招聘职能是指由一个中心小组协调完成招聘活动，通常是组织内的人力资源管理部门人员。一个分散化的招聘系统是指招聘活动由单个的业务单元或单个的经理协调完成。在大多数规模较大的组织中，招聘职能是集中化的。尽管这些最终的雇佣决策要落在业务单元，大多数组织集中了与招聘和筛选应聘者相关的管理活动。

集中化招聘的一个优点是可以避免重复的工作。例如，当在一个学校招聘时，只须登一个广告而不是为多种业务单元刊登多种广告。另一个优点是集中化的方法可以保障在业务单元中，能够始终一致地解释招聘政策。同时，在同一行业，集中化的职能有助于确保遵守相关的法律与法规。

也有一些组织具有分散化的招聘职能。分散化招聘的一个优点是，在招聘人数不多时，能够以更及时的方式开展招聘。同样，招聘目标可能更能针对业务单元的特殊需要，因为与集中化招聘相比，分散化招聘测评的内容可能更接近于业务单元的日常运转。

第二节　招聘计划的确定

一、招聘需求的提出

在招聘活动前应明确招聘的职位、人数，预测需要吸引应聘者的数量。应根据不同的职位性质，制定不同的招聘方法、渠道、测评技术和录用决策。

组织每年进行下一年度业务规划时，都需要根据业务需要来进行未来的人员需求预测。在本书第二章中，我们讨论过人员需求预测，其中谈到管理人员自上而下和自下而上的两种预测方法。高层管理者按业务发展的趋势和本组织的规模、工作效率预测人员需求；基层管理人员按业务实际需要预测人员需求，逐步汇总形成组织的年度人力资源需求计划。人力资源部组织编制、审核人力资源需求计划，并编制组织的年度人力资源招聘计划，报组织高层管理者审批。

根据审核批准后的年度招聘计划表（如表4－4），用人部门填写《人员需求申请表》。《人员需求申请表》是指导招聘者进行招聘活动的规范性文件，必须列明空缺职位的工作职责、任务和任职资格要求。

表4－4　年度招聘计划表

时间：　　　　　　编号　　　　　第　　号

<table>
<tr><th colspan="3">需要补充的人员</th><th rowspan="2">所需条件</th><th rowspan="2">招聘方式</th><th rowspan="2">人数</th><th rowspan="2">招聘日期</th></tr>
<tr><th colspan="2">类别</th><th>工作内容</th></tr>
<tr><td rowspan="6">高层主管</td><td></td><td></td><td></td><td></td><td></td><td></td></tr>
<tr><td></td><td></td><td></td><td></td><td></td><td></td></tr>
<tr><td></td><td></td><td></td><td></td><td></td><td></td></tr>
<tr><td></td><td></td><td></td><td></td><td></td><td></td></tr>
<tr><td></td><td></td><td></td><td></td><td></td><td></td></tr>
<tr><td></td><td></td><td></td><td></td><td></td><td></td></tr>
</table>

需要补充的人员			所需条件	招聘方式	人数	招聘日期
类别		工作内容				
技术人员						
中层管理人员						
基层职员						
技术工人						
其他						

制表：　　　　　　　　　　　　　　　　　　　　　　复核：

目前，各类组织越来越重视招聘需求的统计和汇总工作。招聘需求的统计是由各个业务部门根据其上一年的业务状况和下一年业务发展的需求，基于组织的业务拓展、组织结构调整规划，统计本部门下一年度对各类人才的需求，并根据实际业务的发展、业务量的增长、工作的分配情况，制定具体的招聘规划。在这一过程中，用人部门的经理起主要作用，人力资源管理部门从人事的角度给出建议，若出现较大分歧由用人部门作最终决定，而计划外的招聘则须上级部门批准。

招聘需求的汇总则是根据各职能部门递交的人员需求申请表，基于组织业务发展和职位空缺情况，汇总确定组织次年的整体招聘需求，制定年度员工招聘需求表，以保证及时填补职位空缺，并为组织的部分关键管理职位储备人才。

表4－5　人员需求申请表

<table>
<tr><td>申请部门</td><td></td><td>招聘岗位</td><td></td><td>拟招人数</td><td></td></tr>
<tr><td>申请原因</td><td colspan="5">□员工辞退 □员工离职 □业务增量 □新增业务 □新设部门 □其他</td></tr>
<tr><td>薪酬</td><td></td><td>期望到岗时间</td><td></td><td>填报日期</td><td></td></tr>
<tr><td>岗位职责</td><td colspan="5"></td></tr>
<tr><td>任职资格</td><td colspan="5">性别：
年龄：
学历：
专业：
职称：
工作经验要求：
工作技能要求：
能力与素质要求：
其他补充：</td></tr>
<tr><td colspan="2">部门负责人签名</td><td colspan="2">人力资源管理部门意见

签名</td><td colspan="2">公司主管领导审核意见

签名</td></tr>
</table>

二、招聘规模

明确招聘需求后，为了招聘到足够的高质素人才，招聘者需要预计应该进行哪些招聘活动，以吸引到足够多的潜在应聘者。招聘规模、方式会影响应聘者的数量和质量，从而影响招聘者的招聘结果。

如果应聘者的数量不够，招聘者难以有效挑选、选拔出合格的员工。招聘者可以借用金字塔模型来帮助他们确定，为了雇用到一定数量的新员工，需要吸引多少人来申请工作。如下图，金字塔模型显示，为了招聘到5名合格的员工，可能需要吸引至少30名应聘者参加笔试，笔试后可能通知15名候选人参加面试，再从面试的候选人中挑选出10名合格的申请者进入合同谈判、签约阶段，最后才能确定5名录用的员工。而在此之前的招聘宣传工作，则应更多地吸引应聘者（例如200名）前来求职。招聘活动吸引的有潜力的求职者越多，招聘者越能从中挑选、选拔出组织需要的人员。

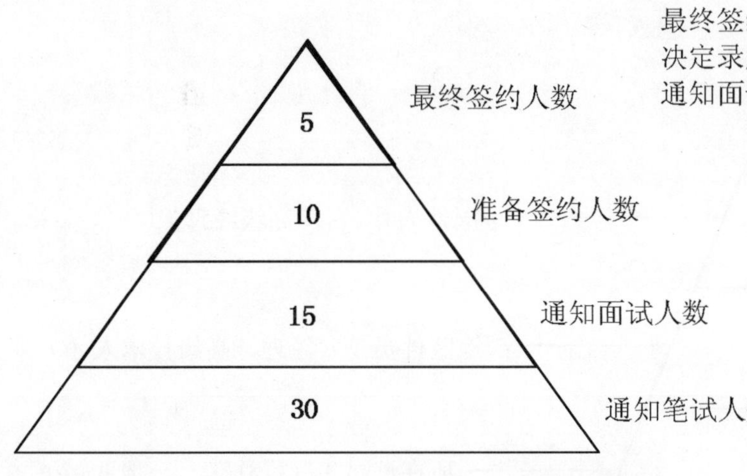

图4－2　招聘金字塔模型

三、招聘地点与范围

劳动力市场状况和所需招聘人员的层次、技能和数量也是影响招聘活动的重要因素。

劳动力市场是指求职者以技能、劳动力交换组织报酬的地方。劳动力市场是一个多层次的概念，可分为世界性的、国家性的、区域性的，或者是局部的。不同范围的劳动力市场能提供的劳动力类型有差异，招聘者应根据人才分布规律、潜在应聘者活动范围、组织的地理位置、人力资源供求状况及成本等因素确定招聘区域范围。例如：

- 在全国范围招聘组织的高级管理人才或专家教授；
- 区域市场上招聘中级管理人员和专业技术人才；
- 在组织所在地方招聘一般工作人员和技术工人。

组织之所以在这样的地理范围内进行选择，是因为在不同的范围，劳动力的供给是不同的，尤其是不同的市场倾向于提供具备不同胜任特征的劳动力。

表4-6 按地理范围和人才群体划分的劳动力市场

地理范围	人才群体/职业					
	生产工人	文职和办公人员	技术人员	科学家和工程师	管理人员	高级管理人员
地方市场	可能性很大	可能性很大	可能性很大	可能性较小	可能性较小	可能性较小
区域市场	只在短缺或紧急情况下	只在短缺或紧急情况下	可能性很大	可能性很大	可能性很大	可能性较小
全国市场	无必要	无必要	可能性很大	可能性很大	可能性很大	可能性很大

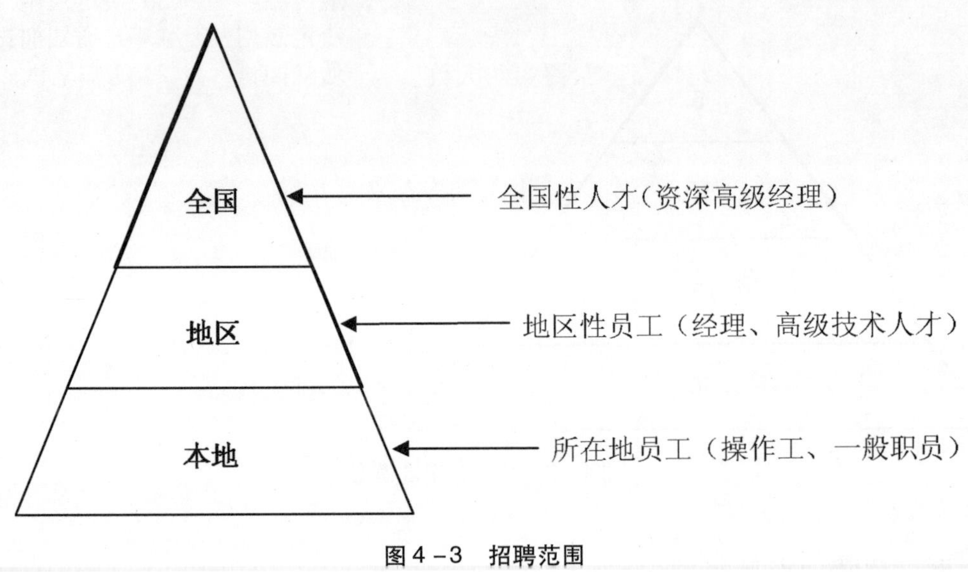

图4-3 招聘范围

四、招聘时间规划

招聘时间的规划要以整体招聘规划和招聘策略为依据，对招聘的开始时间、过程时间进行预测和计划，制定出合适的招聘工作时间安排，以确保被录用人员能及时上岗。

(一) 提前招聘的时间

出现职位空缺时，尽管用人部门希望能马上填补职位空缺，但是要招聘者立即招聘到合格的任职者是不太可能的，而招聘在职者的层次和类型不同，所需的时间长短也不同。一般来说，招聘中高层管理人员需要提前6~8个月进行，招聘一般职员需要提前1~2个月进行。如果能提前半年申报所需招聘职位，就有助于人力资源部按照招聘需求的轻重缓急加以分类，基于组织的招聘流程，规划招聘所需的时间，制订招聘计划，规划招聘的整体进程，尽力按时填补职位空缺。另外，避开人才供应低谷期，在人才供应高峰期进行招聘，也有助于组织提高招聘效率。

（二）时间序列

在一个成功的招聘计划中，招聘的各个阶段应以清晰、有条理的方式确定下来，基于人员管理流程来设计整个招聘程序。随后的招聘活动很大程度上依赖既定的程度，以完成空缺职位的填补。下表是普通职位招聘的各个阶段所需时间的预测表。具体的招聘步骤示意图请参见本书第六章《外部招聘》第三节《外部招聘的流程》。

表 4 –7　招聘阶段时间预测表

顺序	招聘的各个阶段	平均天数（天）
1	信息发布、收集求职材料到预约面试	10
2	预约面试到甄选结束	11
3	背景调查到录用审批	7
4	通知录用到人员报到	17
合计		45

第三节　招聘流程设计

一、招聘阶段

招聘阶段是结合组织的具体环境，考虑招聘预算的限制，根据职位要求，发布招聘信息，募集工作申请者。

招聘阶段的工作目标是通过以合理的投入来吸引足够数量的合格应聘者，以供选拔。

二、甄选阶段

甄选阶段是对招聘阶段获得的应聘者进行甄别与筛选的过程。这一阶段需要结合空缺职位的职位说明书，确立空缺职位的测评指标体系、测评方式，在此基础上实施甄选计划。

甄选阶段的目标是，将转化职位所需任职条件成为甄选指标，运用合适的测评技术，有效地识别和评估应聘者，为录用决策提供信息。

三、录用阶段

录用阶段是对甄选阶段所获得的应聘者的信息进行分析处理，作出录用决策的过程。这一阶段须依据组织关于录用的制度和规则，对拟录用者进行体检和背景调查，确定薪酬，作出录用决定。

四、评估阶段

评估阶段是对招聘活动的评估和审核的过程。这一阶段主要是运用招聘评估体系，评价招聘活动的成效。包括对招聘成本、数量、质量、时间的分析，并把分析撰写成招聘总结。

评估阶段的工作目标是总结招聘活动中的成功经验，发现招聘过程中存在的问题，对之后的招聘活动提出改进和完善的建议。

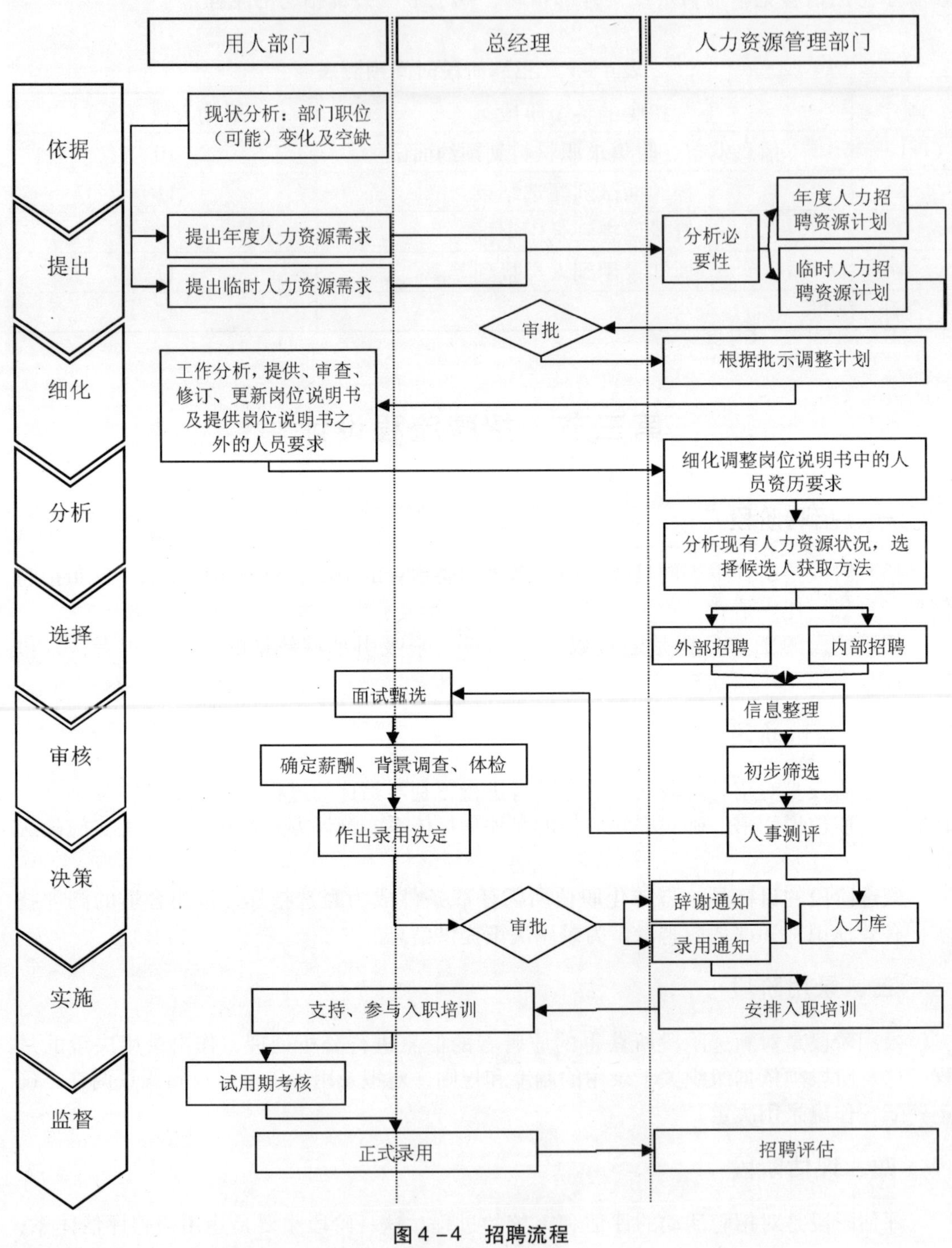

图4－4　招聘流程

表4－8　广州市企业公开招聘经营管理者工作流程表

业务名称	操作流程
确定方案	1．方案制订：公招单位制订公招实施方案；
发布公告	2．形成公告：公招单位将公招实施方案转换成公告； 3．公告发布：公招单位在广州经理人网等媒体上发布公招公告，公告时间一般不少于15个工作日；
报名与资格审查	4．网上报名及初审：报名人员通过广州经理人网进行网上报名，填写报名登记表；公招单位进行初审； 5．提交材料及复审：不能使用互联网报名的，直接到公招单位填写报名登记表，并提交相关报名材料；初审合格的报考人员，向公招单位提交有关材料。公招单位进行复审； 6．报名情况公布：公招单位将报名、资格审查及测评安排等有关情况在广州经理人网等媒体上公布，并及时通知报考人员；
测评	7．职位分析：广州市企业经理人才评价推荐中心（以下简称“评价中心”）对公招职位进行职位分析并形成职位说明书； 8．确定命题方案：评价中心根据职位说明书确定书面评价和面试测评命题方案； 9．试题命制：评价中心命制书面评价试题和面试测评试题； 10．组织书面评价：公招单位在评价中心的指导下组织书面评价； 11．试卷评阅：书面评价结束后，评价中心组织专家集中封闭评阅试卷； 12．面试测评人选确定：公招单位按书面评价成绩从高分到低分确定面试测评人选，面试测评人选与公招职位的比例一般为5∶1； 13．面试测评人选公布：公招单位将书面评价成绩通知应试者本人，并在广州经理人网等媒体上公布进入面试测评人员的书面评价成绩； 14．成立面试测评评委会：面试测评评委会由有关领导、专家和组织人事干部等组成，一般为7～9人，其中外单位人员应占一定比例； 15．面试测评考官培训：面试测评前由评价中心对面试测评考官进行培训，培训内容包括面试测评程序、面试测评评分要求、面试测评考官职责以及面试测评注意事项等； 16．组织面试测评：公招单位在评价中心的指导下组织面试测评； 17．测评成绩公布：公招单位应当将面试测评成绩、书面评价与面试测评的综合成绩通知应试者本人；

业务名称	操作流程
体检	18. 确定体检人员名单：公招单位按书面评价和面试测评的综合成绩从高分到低分确定体检人选，体检人选与公招职位的比例一般为3∶1（体检不合格者，其名额按照综合成绩从高到低替补）； 19. 组织体检：公招单位按规定选定体检医院、确定体检项目和体检标准，组织体检人选进行体检； 20. 确定考察对象：体检合格者确定为考察对象；考察对象与公招职位的比例一般为3∶1； 21. 考察人选公布：在广州经理人网等媒体上公布进入组织考察人员的综合成绩；
组织考察	22. 组织考察组，制订考察工作方案：公招单位组织考察组，制订考察工作方案；同一职位的考察对象由同一考察组考察； 23. 沟通情况，征求意见：考察组与考察对象所在单位的人事部门、党委主要领导成员就考察工作方案沟通情况，征求意见； 24. 发布考察预告：公招单位根据考察对象的情况，在广州经理人网、公招单位电子政务外网及考察对象所在单位等发布考察预告； 25. 全面考察：考察组采取发放征求意见表、民主测评、实地考察、查阅档案及有关资料、专项调查、同考察对象面谈等方法，广泛深入地了解情况； 26. 综合分析，交换意见：考察组综合分析考察情况，同考察对象所在单位的党委主要领导成员交换意见，核实情况； 27. 汇报考察情况：考察组向公招单位组织（人事）部门汇报考察情况，提出任用建议； 28. 撰写考察材料：考察组根据考察情况拟定考察材料；
决定任用	29. 拟任建议：公招单位组织（人事）部门根据考察结果和测评成绩，提出拟任建议； 30. 任用决定：公招单位党委、董事会讨论作出任用决定； 31. 任前公示：公招单位对拟任人员进行公示； 32. 任职手续办理：公示后未发现影响任用问题的，办理任职手续。破格提拔和越级提拔的，必须报经上级组织（人事）部门审核同意； 33. 公招结果公布：公招工作结束后，公招单位在广州经理人网等媒体上发布公招结果公告； 34. 正式任职：试用期满，公招单位对试用人员进行考核，决定是否任职。
文件归档	35. 公招单位按照《中华人民共和国档案法》的有关规定，做好公招文件资料整理归档工作。

第四节　招聘方针

一、人才吸引方针

为了吸引到足够的应聘者，组织需要研究分析人才吸引方针。首先，调研现有员工情况。其次，分析组织过往的招聘情况和效果，确定组织在招聘中的优势和劣势。第三，了解那些发展良好的组织，特别是同类组织有哪些共同特点，通过对比发现差距，提出改进意见和制定相应措施。

表4－9　影响应聘者工作决策的因素

<table>
<tr><th colspan="2">影响因素</th><th>原　因</th></tr>
<tr><td rowspan="2">工作机会</td><td>机会数量</td><td>如果应聘者可以选择的工作机会较多，其作出工作决策的速度与果断性就会下降。</td></tr>
<tr><td>机会吸引力</td><td>应聘者会将目前的工作机会与其他工作机会相比较。</td></tr>
<tr><td rowspan="6">组织的吸引力</td><td>薪酬</td><td>薪酬是吸引应聘者的一个重要因素，向员工支付比现有市场通行工资水平更高的薪酬，可以使组织在招聘方面具有独特的优势。</td></tr>
<tr><td>福利</td><td>是否让人有应聘者非常渴望得到的福利项目。</td></tr>
<tr><td>晋升机会</td><td>应聘者在组织未来的晋升前景影响其工作选择。</td></tr>
<tr><td>地理位置</td><td>组织的地理位置是否在应聘者可以接受的范围之内。</td></tr>
<tr><td>人员与文化</td><td>组织的人际氛围和文化氛围是否与应聘者自身条件相适应。</td></tr>
<tr><td>组织形象</td><td>组织的知名度和声誉是组织在生产、管理、市场、技术等各方面的综合反映，对应聘者决策产生重要影响。</td></tr>
<tr><td rowspan="4">工作的吸引力</td><td>工作内容</td><td>工作内容是否是应聘者感兴趣的、是否具有新颖性和挑战性、是否有成就感、是否对社会作出贡献，都是应聘者考虑的因素。</td></tr>
<tr><td>工作环境</td><td>工作时间、工作物理环境、工作强度等因素影响应聘者的决策。</td></tr>
<tr><td>工作责权</td><td>是否有充分的责权满足成长与锻炼的需要。</td></tr>
<tr><td>与生活的平衡</td><td>能否平衡生活，能否照顾家庭，能否平衡自己的爱好。</td></tr>
<tr><td rowspan="2">招聘活动</td><td>宣传推广效果</td><td>组织的招聘广告和招聘推广活动是否具有吸引力。</td></tr>
<tr><td>招聘者的形象与行为</td><td>招聘者的形象、行为、职业素养、专业水平、对待应聘者的态度将影响应聘者的决策。</td></tr>
</table>

除了解自身招聘活动的优缺点外，还可搜集竞争对手的情报来调整招聘规划。

表4－10 招聘情报

1．优秀的应聘者为什么向竞争对手申请工作，而不愿意向我们申请？ 2．竞争对手采用怎样的招聘方法、招聘渠道、测评技术？ 3．应聘者为什么查询竞争对手的组织网站？该网站是怎样的，有什么吸引人的地方？ 4．若应聘者不来我们组织求职，他们会转向哪家组织？我们组织与其他组织之间的薪酬差额是多少？ 5．我们组织在招聘中最终取胜的因素是什么？哪些因素促使一些应聘者最终选择竞争对手提供的职位？影响我们组织招聘活动的不良因素是什么？ 6．在竞争对手的广告、网站及其他招聘方式中，哪一项对应聘者的影响最大？ 7．竞争对手负责招聘的领导是谁？招聘团队是如何协调与分工的？ 8．竞争对手有怎样的用人政策？

二、招聘备选

招聘备选方针是指能够替代招聘活动，满足组织人力资源需求的方式。招聘的备选包括人力资源派遣、人事外包、加班加点、应急工等方面。

（一）人力资源派遣

人力资源派遣是指派遣机构根据组织的人员需求，将符合组织要求的员工派遣至组织工作。人力资源派遣活动涉及的内容主要包括人员招聘、入职手续、日常服务、离职手续四个部分。

组织使用人力资源派遣的优势在于：缓解人才供求矛盾、降低用人成本支出、人事管理便捷、减少人事纠纷。

（二）人力资源外包

人力资源外包是组织根据需要将某一项或几项人力资源管理工作或职能外包出去，交由其他组织进行管理，以降低人力成本，实现效率最大化。人力资源外包的主要是培训外包、招聘外包、工作分析与设计外包，还可以是绩效管理、薪酬福利、人力资源规划、员工关系管理、员工职业规划等职能的外包。

人力资源外包对组织的帮助可包括提高效率、规避风险、节省成本、促进发展：

1．帮助人力资源部门从繁重的重复性事务中解脱，专注于核心的战略性工作，从而提升人力资源管理的高度和核心竞争力；

2．提供接触新管理技术的机会，提高响应的速度与效率；

3．规范操作，有效遏制随意性的薪资、员工管理，对管理工作的规范性、公正性起到促进作用；

4．降低成本、缓解资金压力；

5. 避免大量投资于人才所带来的不确定风险。

（三）加班加点

组织在面临劳动力短缺的时候，也许不愿意增加全职或兼职的员工。在这种情况下，组织可以选择让现有的员工工作更长的时间。加班加点是解决工作量中短期增加最常使用的方法。

当组织决策者认为，短期的工作量增加并不会持续太久时，加班加点的做法就明显要好于招聘新的员工。加班的优点在于雇主由于避免招聘、选择和培训等费用而获益；员工可以得到较高的报酬。如果加班加点的时间过长，或持续时间过长，会降低员工的工作满意度或引起其他的劳资问题。

（四）应急工

应急工能够满足组织一时的工作任务要求，还可以避免因雇用长期员工所需要的各类费用。应急工通常包括兼职工、临时工和独立签约人。

兼职工可分为内部兼职工和外部兼职工。兼职工适合工作量变化不大的工作，兼职人员大都有喜欢灵活多变的工作时间、希望增加收入的特点。

临时工多承担短期性、季节性、非核心的工作。在经济衰退时期，临时工相当于人力资源的即时存货。

独立签约人通常具备组织所需要的专业知识和技能，他们以独立签约的方式灵活自由地为多家组织提供服务。

第五节　招聘组织工作

一、对招聘者的要求

招聘者是组织与应聘者接触的第一个环节。招聘者的职业素养和行为方式，影响应聘者对组织的基本评价与判断，因此对招聘者进行选择以及有针对性的培训是必要的。

（一）招聘者的基本素质

招聘者须具备热情、公正、认真、诚实的品质以及良好的形象意识；须熟悉组织的历史、背景、经营理念；熟悉组织行业概况、行业地位、市场表现、发展前景；熟悉组织各项规章制度；了解并能够运用相应的甄选技术。

招聘者的特点（品貌兼优、见闻广博和受过良好训练）会影响应聘者的知觉，但不影响其接受工作的意愿。工作职能（人力资源与直线经理）和招聘者的性别都不会对应聘者产生影响。但是，招聘者主观条件（比如，表达能力和进取心）对应聘者的面试结果产生重要影响。

（二）招聘者需要避免的误区

在招聘中存在的问题会给组织的招聘活动带来障碍，招聘的失误使组织承担着员工流失等风险。

表 4-11 目前在招聘中存在的误区

误 区	原 因
单一的招聘渠道	人才流动速度加快，员工对组织的忠诚减少，组织要想招聘到优秀的员工，招聘渠道的多样化是至关重要的。
含糊的招聘要求	某些招聘者会以详细但重点不明的职位说明书指导招聘活动，这些职位说明书对该职位工作事无巨细地作了说明，且可能包含有歧义的内容。
同类偏见	人们往往对与自己相似的人给予高度评价。
招聘标准过高	许多组织出现用人要求与职位需要脱节的现象。
招聘活动过度授权	通常招聘团队中的主考官职位应该高于招聘的职位，但因业务繁忙，往往将编制职位说明书的任务交给下属或人力资源部，或者让没有做好招聘准备、不清楚评估标准、不具备正确动机的一般员工进行第一轮筛选。这些因素导致应聘者认为组织对招聘活动的轻视。
缺乏对招聘活动的培训	首先，招聘者提问无关问题，导致难以准确评估应聘者。其次，招聘者话说得太多，将特定的面谈时间，用来推销职位，而不是认真地评估应聘者的技能，这样容易掉进印象片面的陷阱，并且忽视了应聘者的反应。再者，招聘过程缺乏记录，事后难以准确地验证曾谈及内容的真实性。
只根据简历作出判断	有的应聘者的简历非常优秀，又因为经过精心的准备，在面试的过程中问题回答得很出色，这些却可能是伪装出来的。
完全相信背景调查	证明人所提供的信息可能是虚假的，老板和同事通常只会赞扬即将离开的人，他们只强调应聘者优异的方面而不会报告不足的一面，他们关心的是维持与应聘者的人际关系。
非结构化面试	面试如果没有清晰的结构和明确的判断标准，面试官会对不同的应聘者提出不同的问题，也会使用不同的标准评估同一职位的应聘者。
缺乏对人员测评技术的了解	许多人员并不知道如何设计并进行合理的招聘活动，认为招聘就是简单的提问和进行判断。多种甄选方法的合理组合，对于保证招聘活动的质量非常重要。
缺乏客观准确的评价标准	评判应聘者的业绩时应考虑所处的情境因素，建立客观的评价依据，而不是简单地作出判断。

二、招聘信息的发布

招聘信息的编写目的是吸引合适的应聘者，同时宣传组织形象和价值观。上至高层管理者、下至相应职能部门和用人部门都必须重视招聘活动的宣传工作。

招聘信息的载体包括媒体广告、文字小画册、内部工作布告、影像资料、宣传册子、信件等。

（一）招聘信息的 AIDA 设计原则

招聘信息可依据 AIDA 的原则设计。即：要能引起应聘者对信息的注意（Attention）；要能引起应聘者对工作的兴趣（Interest）；要能引起应聘者申请工作的愿望（Desire）；要能鼓励应聘者积极采取行动（Action）。

（二）撰写招聘信息的原则

- 真实：组织保证信息的客观、真实；
- 合法：信息内容符合国家和地方的法律、法规，避免出现类似性别歧视、年龄歧视、城乡歧视等内容；
- 简洁：简洁明了，重点突出招聘职位名称和任职资格等内容；
- 准确：降低不合格申请者的数量，并有利于应聘者与组织形成心理契约。

（三）招聘信息的内容

- 组织简介：主要阐述组织的形象、性质、业务范围；
- 职位信息：包括职位名称、所属部门、主要工作职责、任职资格；
- 人事政策：包括需要重点突出的组织政策；
- 工作条件：包括工作时间、工作物理环境、工作强度；
- 须应聘者提供的材料：中英文简历、证书复印件、照片、薪金要求、联系方式；
- 申请资料要求和联系方式：说明投寄申请资料的要求、步骤以及组织联系方式。

表 4－12　招聘信息中的细节

细节	必要性（%）	细节	必要性（%）
工作地点	69	相关经历	40
任职资格	65	个人素质	32
薪金	57	工作前景	8
职务	57	公司班车	8
责任	47	员工福利	6
组织政策	40		

（四）撰写有效招聘广告的技巧

1. 设计广告使其能抓住求职者的注意力，促使他们深入阅读，如使用大字标题等，但也不能过于标新立异。
2. 不要以无法兑现的承诺误导求职者，要据实列出晋升机会、挑战、责任等。
3. 详细陈述职位要求和所需任职资格（即：教育、经验和个人特点等）。
4. 描述为组织工作的优点。
5. 合理投放广告，广告规模应与职位的重要性及所需求职者数量相匹配。

6. 确保广告的内容表述语法正确、易读，印刷字体清晰明了、有吸引力。

7. 为求职者提供一个获取更多信息的渠道（如：网站或电话号码）。

【例 4-1】奥力来康体设备有限公司的招聘广告

奥力来集团（Active Lifestyle Group）是亚洲最大的、历史最悠久的专业健身设备经营、销售、服务公司之一，在过去的三十多年里相继在新加坡、马来西亚、印度尼西亚、中国大陆、中国香港、越南等国家和地区开设了十余家公司，向数以万计的客户提供专业、周到的服务。

奥力来康体设备有限公司是中国与新加坡合资的公司，成立于 2001 年，专业代理、经营国际顶端健身及康体设备。公司致力于将世界一流的专业服务水平引入中国，让客户深刻体验全程无忧式服务，包括前期概念设计、市场分析定位、设备组合选择、专业装修咨询、设备定期保养、快速反应维修等，全力推广客户服务新标准，倡导“快乐客户”新概念。公司目前在上海、北京、广州分别设有分公司，并于其他一些主要城市开设了相关的办事机构和服务网点，计划进一步扩展服务区域从而建立完善的销售渠道和服务网络。

奥力来以倡导“积极人生，激情生活”为理念，将以不懈的努力，助您打造全新健康、精彩生活!

市场营销经理

职责：

①根据市场具体情况，作出市场预测，确定目标市场。②提出并参与制订、修订对外销售和开发的客源计划。③负责营销计划的筹划和方案的实施。④负责市场开发，指导各经营部门开发市场，不断提高公司的竞争力和影响力。⑤负责公司年度市场计划的起草，包括市场营销计划，广告宣传、促销及公共关系的发展计划。⑥督导公司对内、对外的各项公关和广告宣传活动，并作出酒店销售活动、广告宣传活动及公关活动的预算。

要求：

①为人正直、诚恳、自信，富有团队合作精神，有较强的表达能力、协调人际关系的能力和独立工作能力。②具有良好的客户沟通能力，关系管理能力。③具有迎接挑战的信心和对工作的激情，能承受工作压力。④有极强的人际沟通技巧和客户亲和力。⑤具有三年以上市场营销方面经验，对于健身行业有所了解。⑥具有良好的英文沟通能力，能够用英语与外籍人士交流。⑦本科学历，市场营销相关专业，性别不限。

欢迎有志之士前来应聘。简历请投递到电子邮箱，附照片之简历优先甄选。

公司地址：北京朝阳区朝阳门北大街乙 12 号天辰大厦 608

电子邮箱：activeshanghai@ vip. sina. com

三、招聘渠道分析

选择的招聘渠道，应能保证组织以合理的成本，吸引到足量的合格应聘者。

表4－13 招聘渠道的有效性

有效性排名＼职位类别	行政办公	生产作业	专业技术	市场销售	经理
1	报纸（84）	报纸（77）	报纸（94）	报纸（84）	内部晋升（95）
2	内部（94）	自荐（87）	内部（89）	员工推荐（76）	报纸（85）
3	自荐（86）	内部（86）	校园（81）	内部（75）	私人中介机构（60）
4	员工推荐（87）	员工推荐（83）	员工推荐（78）	私人中介（44）	猎头公司（63）
5	政府就业机构（66）	政府就业机构（68）	自荐（64）	自荐（52）	员工推荐（64）

注：括号内数字是调查样本中采取该招聘渠道的组织的百分比。

（一）招聘途径包括：

1. 高级管理人才的招聘途径：由于高级管理人才的聘用直接影响到组织的经营结果，这类人才一般由享有国际声誉的人才顾问公司（猎头公司）推荐，这样可以有目标地寻求合适的对象。

2. 中级管理人才的招聘途径：由于中级管理人才涉及的范围较广，层次较多。他们的招聘一般通过网上招聘和报纸招聘完成，少量使用内部推荐和猎头招聘。招聘对象一般为本地人才，少量是各组织中流动的人才。

3. 专业人才的招聘途径：专业人才包括设计、销售、市场推广、财务、人事管理等专业人才。这种人才通常具备较高学历，具有专业背景，并且习惯使用互联网作为沟通工具。使用网络招聘对吸纳这些人才成功率相当高。

4. 辅助人员的招聘途径：对于辅助人员，如后勤部门、行政部门等部门的人员，主要采用网络招聘和人才市场招聘，以节省费用、增加应聘人数、快速筛选。

（二）选择招聘渠道时应遵循以下原则：

1. 高级管理人才和关键专业技术人才应遵循内部优先的原则。

组织核心竞争力的关键来源之一是稀缺、难以培养、难以获取的高级管理人才和关键专业技术人才。高级管理职位和关键专业技术职位要求任职者技能熟练、经验丰富，更需要其认同组织文化、熟悉组织经营管理流程，更适合优先从内部培养发展。

2. 组织在快速成长阶段应遵循外部招聘为主的原则。

处于成长期的组织发展速度较快，仅靠内部选拔与培养难以满足经营发展和规模扩大的需求，应采取以外部招聘为主的策略，广开渠道，吸引和招纳各类人才。

3. 遵循以组织文化导向选择人才的原则。

若组织想维持现有的组织文化，可优先从内部选拔人才，内部员工较外部应聘者更能认同组织经营理念、核心价值观、行为准则等。若组织想改善或重塑组织文化，则可偏重从外部招聘人才，借由新员工带来的新思想、新观念和新行事风格，促进组织文化的变革和改进。

4. 外部环境剧烈变化时应采用内外紧密结合的方式开展招聘工作。

当外部环境发生剧烈变化、原有技术和管理方式大幅革新时，组织现有员工可能难以满足发展变化的要求，此时须从外部引进关键技术和管理人才。同时，统一的组织文化有助于组织在环境剧变时保持平稳，因而还必须考虑从内部提拔任用合适的员工，使其能够与新招聘的员工形成组织所需的团队力量。

四、人才测评工具的选择

（一）必要性及使用情况

面对应聘者，识别其是否具有目标职位所需要的胜任特征，需要运用恰当的人才测评技术进行评估。招聘者根据组织发展战略，针对职位需求及可操作性，选择各种测评手段，对应聘者的胜任特征进行测评。

表 4－14　各种甄选方法使用的频率和效果调查

甄选方法	使用频率（满分 5 分）	效果（满分 5 分）
面试	4. 85	4. 61
求职简历	4. 63	4. 00
专业知识/技能考试	3. 82	3. 96
体检	3. 83	3. 90
工作样本（实际操作）	2. 85	3. 60
推荐材料	2. 99	3. 31
评价中心	2. 33	3. 17
背景调查	2. 46	3. 15
心理测验	2. 25	3. 13

注：使用频率和效果均采用 5 分制打分。1 代表“很少使用”（或“效果很差”），5 代表“经常使用”（或“效果很好”）。

从表中可看到，使用较多的是面试、求职简历、体检、专业知识/技能考试。使用效果较好的甄选方法依次是面试、求职简历、专业知识/技能考试、体检。使用效果与使用频率相一致。

（二）不同职位层级的差异

组织对高层管理者、中层管理者、一般员工提出的要求有所不同，因此需要针对这些要求，设定不同的测评。

表 4－15 不同职务级别的测评要素与测评方法

职务级别	测评要素	测评方法
一般员工	个性特征、实际操作能力、工作经验、价值取向	简历分析、人格测验、价值观评定、结构化面试
中层管理者	能力特点、个性特征、职业适应性、知识经验	结构化面试、评价中心、人格测验
高层管理者	工商管理能力、创造性思维能力、较高的成就动机、灵活机敏但有原则、人际敏感性与沟通能力、开放和变革意识	评价中心、人格测验、动机测验、领导行为评估、管理潜能开发

（三）不同职系的差异

组织的各部门作为组织职能和业务的承担者，对组织整体目标实现的贡献不同，其活动的性质、难度、作用、技能和机制等都有所不同，因而对各个职位任职者的要求也有所差异。

表 4－16 不同职系的测评要素与测评方法

职系	测评要素	测评方法
生产职系	个性特征、组织协调能力、综合分析能力、兴趣取向、行为风格、工作履历	人格测验、兴趣偏好测验、价值观测验、结构化面试
营销职系	个性特征、人际敏感性、沟通能力、动机需求、语言表达、工作履历	人格测验、敏感性与沟通能力测验、需求测验、生活特征问卷、无领导小组讨论、结构化面试
财务职系	个性特征、思维分析能力和综合决策能力、工作履历	人格测验、数量分析能力测验、结构化面试
人事行政职系	个性特征、人际技巧、行政处理能力、工作履历	人格测验、无领导小组讨论、领导行为评定、结构化面试
技术职系	个性特征、创造性、思维推理能力、工作履历	人格测验、逻辑推理测验、抽象推理测验、结构化面试

【例 4 -2】员工招聘实施细则示例

制度名称	员工招聘实施细则	受控状态	
		编　　号	

第一章　总则

第一条　目的

为规范员工招聘录用程序，充分体现公开、公平、公正的原则，保证公司各部门各岗位能及时有效地补充到所需要的人才，使其促进公司得以更快地发展，特制定本制度。

第二条　适用对象

公司所有招聘的员工

第三条　权责单位

1．人力资源部门负责本制度的制定、修改、解释、废止等工作。

2．公司总经理负责本办法制定、修改、废止等的核准。

第四条　招聘录用的原则

公司招聘坚持公开招聘、平等竞争、因岗择人、择优录用、人尽其才、才尽其用的原则。

第二章　招聘小组成员构成

第一条　企业成立招聘组负责对人员的筛选，其小组成员至少由三人组成，分别来自人力资源部、用人部门的员工以及企业领导或聘请的外部人力资源专家。招聘对象的不同，其面试考官的人员构成也不一样，具体内容如下表所示。

不同招聘对象的面试考官的构成

职位	初试	复试	核定
普通员工	人力资源部人员	人力资源部人员 + 用人部门主管	用人部门主管
基层管理人员	人力资源部主管 + 用人部门主管	部门经理 + 人力资源部经理	部门经理

第二条　对于中高层管理人员及公司所需的特殊人才，面试考官一般由人力资源部经理、总经理、外部聘请的专家组成，总经理拥有最终决定权。

第三章　招聘需求

第一条　招聘工作一般是从招聘需求的提出开始的，招聘需求由各用人部门提出，其主要包括：需要多少人，需要招聘什么样的人，将在什么时候需要他们等内容。

第二条　各部门、下属子公司根据业务发展、工作需要和人员使用状况，向人力资源部提出员工招聘要求，并填写人员需求申请表，报人力资源部审批。

第三条　突发的人员需求。当企业新增加了业务而企业目前又乏此工种人才或人才不足时，应及时将人员需求上报人力资源部。

第四条　储备人才。为了促进公司目标的实现，须储备一定数量的各类专门人才，如大学毕业生、专门技术人才等。

第四章　招聘渠道

第一条　公司招聘分为内部招聘和外部招聘。内部招聘是指公司内部员工在获知内部招聘信息后，按规定程序前来应聘，公司对应聘员工进行人员选拔并对合适的员工予以录用的过程。外部招聘是指在出现职位空缺而内部招聘无法满足需要时，公司从社会中选拔人员的过程。

第二条　内部招聘。公司所有的正式员工都可以提出应聘申请，且公司鼓励员工积极推荐优秀人才或提供优秀人才的信息，对内部推荐的人才可以在同等条件下优先录取，但不降低录用的标准。

第三条　外部招聘。外部招聘的方式主要有通过招聘媒体（报纸、电视、电台）发布招聘信息、参加人才招聘会、利用职业介绍所等。

第五章　人员甄选

第一条　简历的筛选，招聘信息发布后，公司会收到大量应聘人员的相关资料，人力资源部工作人员对收集到的相关资料进行初步审核，对初步挑选出的合格应聘者，以电话或信函的方式（面试通知书）告知他们前来公司参加下一环节的甄选。

第二条　笔试。根据招聘情况的实际需要，可在面试之前对应聘者先进行笔试，笔试的内容一般包括以下内容：一般智力测验、专业知识技能、领导能力测验（适用于管理人员）、综合能力测验和个性特征测验。

第三条　面试。面试一般分为初试、复试两个环节，根据招聘职位的不同，也会有第三轮甚至第四轮面试，这种情况一般适用于公司中高层人员的招聘或公司特殊人才的招聘。

1. 初试，主要是对应聘者基本素质、基本专业技能、价值取向等方面作出的一个基本判断。

2. 复试，根据第一轮面试的结果，人力资源部对符合空缺职位要求的应聘者安排复试，主要是对应聘者与岗位的契合度进行考察，如应聘者对岗位所须技能的掌握程度、胜任该岗位所需具备的综合能力等方面。

第六章　背景调查

第一条　背景调查是就应聘者与工作有关的一些背景信息进行查证，以进一步确定应聘者的任职资格。

第二条　经公司甄选合格的人员，在公司决定录用之前，视情况可对其作相关的背景调查，调查的主要内容包括：员工学历水平、工作经历、综合素质等，这样可以一定程度上降低公司的用人风险。

第七章　人员录用

第一条　员工录用通知。对于通过笔试、面试环节的选拔，经公司考核合格的应聘人员，企业在作出录用决策后的三个工作日内，向其发出录用通知；对未被公司录用的人员，人力资源部也应礼貌地以电话、邮件或者信函（主要是落选通知书）的形式告知对方。

第二条 员工报到与试用。

1. 报到。被录用员工在接到公司的录用通知后，必须在规定的时间内到公司报到。若在发出录用通知的 15 天内不能正常按时报到者，公司有权取消其录用资格，特殊情况经批准后可延期报到。

2. 试用与转正。

(1) 公司新进人员到人力资源部办理完相关报到手续后，进入试用期阶段，试用期为 1 ~6 个月不等。若用人部门负责人认为有必要时，也可报请公司相关领导批准，将试用期酌情缩短。

(2) 用人部门和人力资源部对试用期内员工的表现进行考核鉴定，考核主要从其工作态度、工作能力、工作业绩三个方面进行。

(3) 员工试用期即将结束时，须填写员工转正申请表，公司根据员工试用期的表现作出相应的人事决策。

(4) 办理转正手续，同时用人部门和人力资源部要做好为转正员工定岗定级，提供相应待遇、员工职业发展规划等工作。

第八章 招聘工作的总结与评估

第一条 招聘工作的总结与评估主要包括如下三项工作。

1. 招聘工作的及时性与有效性

2. 招聘成本评估

3. 对录用人员的评估

第九章 附则

第一条 本制度自发布之日起实施。

相关说明					
编制人员		审核人员		批准人员	
编制日期		审核日期		批准日期	

【关键术语】

招聘规划 招聘策略 招聘流程 招聘方针 招聘组织工作

【思考题】

1. 招聘规划有哪些内容?
2. 招聘计划如何确定?
3. 组织招聘流程有几个阶段?
4. 招聘组织工作有哪些内容?

第五章　内部招聘

【学习目标】

学习完本章之后，你应该能够：

1．掌握招聘的方法和来源；

2．了解内部招聘流程；

3．了解内部招聘的优缺点；

4．掌握内部招聘的途径与方法。

【案例】

困难的招聘

某信息电子产品研发公司的一个部门需要招聘新员工，人力资源部在收到详细需求后与用人部门讨论。讨论过程中双方在招聘方式上出现争议，人力资源部认为内部招聘应该能解决问题，用人部门却坚持通过对外招聘的方式解决。用人部门认为人力资源部不懂技术，也不了解项目的实际情况，且公司招聘制度也规定用人部门拥有决策权，因此采用哪种招聘方式应由自己决定，人力资源部的职责应该是根据用人部门的需求组织和实施招聘活动。人力资源部却认为他们正在行使监督的职责。

最后，人力资源部经理找到副总经理，希望他出面作出裁决，副总经理听取双方的意见后，最终认可了人力资源部的观点，要求首先通过内部招聘来解决问题，实在不行再考虑外部招聘。

之后，就出现了有趣的现象。用人部门在内部招聘过程中，表面上积极配合，并且派出了强有力的专业技术人员参与面试。但无论应聘者是谁，他们总是能找到一些理由来证明应聘者不是合适的人选。结果当然是人力资源部在预定的时间内无法完成招聘任务，用人部门从而把责任推给人力资源部门。

【你会怎么做】

你认为究竟应该由谁来最终决定招聘的途径和方式？为什么？

根据组织长期的人力资源规划和近期（一年或半年）的人员招聘计划，人力资源管理部门可以明确具体的人员招聘要求（数量、质量、时间），接着需要规划人员招聘的活动与实施方案。在设计人力资源招聘活动的时候，需要重点考虑的问题是：人力资源招聘的方法和来源。

组织可以通过各种方式向潜在的候选者传递其职位空缺信息，包括在内部的公告板上发布招聘信息，或通过人力资源管理部门对外公布招聘信息。不同的方式能够覆盖到不同的求职者。组织现有员工为内部资源，而现在还没有为组织工作的潜在求职者则为外部资源。

内部招聘的目的是从已在组织中任职的员工中进行识别和吸纳。内部招聘过程首先会涉及一系列的管理问题，如组织的职位流动政策、职位流动路径，以及招聘指导等。其次，内部招聘还须制定指导策略和招聘流程，明确组织应在何时、从何处、如何寻找称职的内部应聘者，包括开放式、封闭式内部招聘系统的选用，所采用的信息发布与推荐方法，如工作公告、技能库、提名、员工举荐、内部临时人才储备等，以及有关优先时间和时间序列的考虑。

本章介绍了内部招聘的方法和来源、相关机制的建立、途径和方法以及操作流程。

第一节　招聘方法和来源

一、招聘方法和来源概述

组织可以通过各种方式让潜在的应聘者了解组织的职位招聘机会，如可以在组织内部的公告栏或内部办公系统发布有关职位空缺的详细需求信息（内部资源），也可以到外部招聘市场发布信息，吸引组织外部的求职者（外部资源），或者两种方式同时采用（可能成本会大一些）。

有研究项目对外部来源和内部来源的应聘者的工作效果进行研究分析，试图了解不同招聘来源的员工是否会产生不同的雇佣结果，如在工作绩效、流动率水平、忠诚度以及工作满意度等方面是否存在显著差异。如果研究结果能够证明不同来源的求职者确实会导致不同的雇佣结果和不同的绩效或匹配结果，那么组织就应根据发展战略的要求，把人力资源招聘的目标锁定在那些合适群体上（内部资源或外部资源）。研究结果表明，不同来源（内部或外部）招聘的新员工在这些方面并没有表现出明显的不同。因此，这两种招聘途径仍然是组织可以同等考虑的方案。

内部招聘方法包括公布空缺职位、在组织中散发各种备忘录，以及在组织的数据库中进行搜索、在现有员工中寻找拥有具备某种工作所需技能的人选。这种招聘方法在填补空缺职位时依靠内部来源并且鼓励从内部晋升。外部招聘方法包括在媒体上刊登招聘广告，并依靠社会外部来源的求职者来填补空缺职位。组织是采用内部招聘的方法还是采用外部招聘的方法，取决于空缺职位的特征（一般最基本的入门级职位只能用外部招聘）、组织人力资源政策（高层是否鼓励内部提拔与晋升）和人力资源劳动力市场供应状况（有些职位无法从外部市场找到合适的人选，只能内部逐步培养、晋升）。

内部招聘和外部招聘方法的优缺点是互换的，即内部招聘的优点可能就是外部招聘的缺点，反之亦然。例如，由组织内部的员工来填补空缺职位，可以最大限度地保证这些内部人员受过组织文化的熏陶，熟悉组织的基本要求，而外部人员则可能存在不适应组织文化，不了解组织风格等问题。另外，就招聘的公平性而言，如果内部招聘系统被认为是不公平的，就会对士气产生影响。外部招聘有助于为组织带来新的观念和方法，就像带来新鲜血液一样，避免组织内部“近亲繁殖”造成的观念陈旧。

二、决定招聘途径的因素

组织在招聘过程中决定采用哪种招聘来源时，应该考虑到很多因素，包括：

（一）空缺职位所需的劳动力数量

如果需招聘填补的空缺职位较少，组织内有适合的候选人来源，则可选择内部招聘；如果需招聘填补的空缺职位较多，组织内部不一定有足够的候选人，且每次内部招聘均会产生额外的职位空缺，则可以采用外部招聘或两种办法同时使用。

（二）空缺职位所需的劳动力质量

如果组织内部实施了管理人员继任计划，则容易通过内部招聘为中高层管理职位的空缺补充高素质的人才；反之，则需要采用外部招聘为组织补充适当的人选。即组织内部能提供的候选人质量影响招聘方式的选择。

（三）预算限制

内部招聘和外部招聘的成本差异是非常大的。内部招聘中的一些方法，如员工提名推荐，实际上几乎是免费的；而外部招聘中需要对外发布大量的招聘广告，需要招聘经理、员工投入外部招聘活动、宣传活动，还有猎头或中介费用，这一切可能是一笔非常大的开支。即使是在外部招聘中，采用不同的招聘渠道在成本方面也会有巨大的差异（在效果上同样会有差别）。所以，根据组织每年在招聘方面的预算进行招聘方法的选择，也是非常重要的因素。

第二节 内部招聘机制的构建

一、内部劳动力市场

内部招聘的可能性，就在于组织内部存在内部劳动力市场。正如存在外部劳动力市场一样，组织内部的所有职位任职者构成内部劳动力市场。内部招聘就是从内部劳动力市场中选择人员填补职位空缺。内部劳动力市场按组织的职能、级别序列有明确的分类，如高层管理人员、中层管理人员、基层管理人员；财务管理职系、市场营销职系、生产职系、后勤保障职系等。从一种工作到另一种工作，也许有转换点，也许没有转换点，例如，从非技术性工作到技术性工作，从人力资源工作到一般性的行政管理工作。

内部劳动力市场的存在，对组织和员工两方面都有好处。从组织的立场来看，内部劳动力市场有如下好处：①由于下层员工可以通过非正式方式学习从事更高层的工作，从而节约了培训费用；②由于无须招聘不了解的外部人员承担某些责任重大的工作，从而减少了风险；③可以对人力资源系统进行规划；④可以使员工融入到组织文化中；⑤可以为员工提供清晰的职业发展路线，从而使员工更加尽心工作。

员工也从中得到几方面的好处：①如果能胜任工作，他们就可以在公司内开始自己的职业生涯发展；②职位越高，收入越多。

二、组织内部流动政策

一般情况下，组织应建立一套结构化的、有关员工在组织内部流动的工作制度，使员工在组织的职业发展有据可依，员工可以据此提出在内部流动与晋升的申请。例如，GE 中国公司在员工手册中列出了关于员工内部流动的相关规定：

【例 5 -1】GE 中国公司员工手册

……

5.2 录用

5.2.1 欲到 GE 中国求职的申请者，应从 ge-china.com 向 GE 中国人力资源部申请。该部的职能是促进录用程序的实施。

公司也欢迎和鼓励员工推荐候选人。

5.2.2 为了促进每一个员工在事业上的发展，将他/她的潜力真正发挥出来，凡在 GE 公司现岗位连续工作满 12 个月的员工，都有资格通过“内部工作职位转岗申请程序”申请新的工作机会。

无论是内部候选人，还是外部候选人，都应按预先确定的审查程序加以考虑和评价。最终的选择则依候选人的资格是否满足工作需要而定。经理有责任支持本部门员工在事业方面的计划和发展。具体细节请参见附件《内部工作职位转岗申请程序》。

5.2.3 应该避免内部以不正当手段获取职位。员工有义务将自己想申请的新工作职位的情况，在应聘之前通知主管经理和人力资源部。对内部工作职位选定，无论正式或非正式，用人部门经理都必须与人力资源部协商而定。

组织流动政策表明内部劳动力在组织内部各分支机构、部门间、工作间流动的准则。这些准则以书面政策的形式详细列出，它应包括有关原则、前提、满足条件等合理的标准。

一个界定良好的流动路径政策声明需要明确以下内容：

- 政策的意图表达清晰：是否能申请内部晋升与调动；
- 政策包括管理高层的哲学和价值观：是否鼓励员工在内部调动、寻找内部发展机会，包括纵向和横向；
- 政策的范围，如所涉及的地理区域、员工群体等，表述清楚；
- 员工的责任和发展机会界定清楚；
- 明确指出管理人员要对员工的发展负责：管理人员应如何指导和协助员工发展，是否以此作为衡量管理人员称职与否的条件；
- 清楚描述程序，例如，员工何时可开始申请、如何申请、如何决策等；
- 应包括员工的薪酬与发展机会。

一个表达清楚和执行的流动政策才可能被员工认为是公平的，一个不健全或不存在的政策可能让员工认为存在偏袒和歧视。如 GE 中国公司的员工手册中对此的规定：

【例 5 -2】GE 中国公司员工手册

……

10.6　年度人力资源项目评审

10.6.1 年度人力资源项目评审是每个业务及支持部门每年必须进行的。各层机构都有自己的年度人力资源项目评审，下一层机构亦有相同的设置。每年年初，董事长办公室向各部门经理和工作人员下发年度人力资源项目评审规划。评审包括：

● 组织问题
● 经营状况
● 主要管理人员的工作情况及晋升可能性
● 调整的可能性
● 最佳人选
● 培训及效果

10.6.2 年度人力资源项目评审机制

● 管理人员更新自己下属人员的个人评定（EMS－2），与主管经理就工作和业务情况进行讨论；

● 董事长下发当年《年度人力资源项目评审议程表》，指出该年度须特别注意的问题；

● 经理拟定组织问题和计划，向每个员工表明每人都有晋升的可能，对本部门每个职位建立一个候选人名册；

● 相关情况通过逐级评审向上归纳，并与“年度人力资源项目评审议程表”相结合，以建立公司领导选拔的依据；

● 部门评审由董事长、首席执行官和公司人事部共同进行；每个业务都有具体的推进计划和实施方案。

10.7 在职经理个人评定（EMS）

每个管理人员应填写在职下属个人评定表，并由其上一级经理审查。

在职经理个人评定是年度人力资源评估工作的重要组成部分。在职经理个人评定表是在进行组织及人员评审过程中，讨论个人情况时使用的一种文件。

EMS－2 表是 GE 内部履历，表明员工已有的背景和经验。EMS－3 表显示员工的个人职业兴趣、业绩、能力和根据 GE 公司管理价值需要进一步发展的方向。EMS－4 表是直接主管经理对员工每年工作的总结和发展的评价。

EMS 表对每个员工十分重要，因为它在下述方面起关键性作用：

● 工作评价
● 调动和晋升
● 培训计划
● 职业发展等

10.8“背对背”评审管理人员

除自我评估和直接主管情况反馈外，还必须听取客户、同事的评价，以及按 GE 公司管理价值衡量的有关领导的情况直接汇报。这种全方位做法可以从客户的角度推动领导工作的改进，有利于个人发展，也有利于对个人工作的客观评价。EMS－2 表、EMS－3 表、“背对背”评审和组织规划，共同构成年度人力资源项目评审的中心内容。

三、内部流动路径

内部流动路径是指员工可以在组织内部各职位间流动的方式和去向。一般而言，有两种流动路径，传统的和创新的流动路径。

（一）传统流动路径

传统的流动路径是指在传统的组织中，员工沿着组织结构层级，纵向向上或横向平行发展，即晋升或平行调动。由于晋升向上的原因，传统流动路径被称为晋升阶梯，其主要特点是每一个工作机会都是升向组织更高层级的台阶。由于员工在晋升中，职位层级、薪酬福利等方面均为向上发展，因此这种晋升肯定受员工欢迎。

传统流动路径中的另一种横向平行调动，是指组织的直接管理人员与专业技术人员之间，或在不同的部门间、公司间的横向流动。这种流动虽然短期不一定能带来职位的提升和薪酬的绝对增长，但对任职者而言，增加对组织其他部门的了解、掌握其他技能，会带来潜在的竞争力提升，可以成为多面手，在组织中承担更多的职责和义务。不少组织有关横向调动的政策，使高层管理者的接班人能在各种相关部门熟悉业务、了解职能，以便向更高层的职位发展。

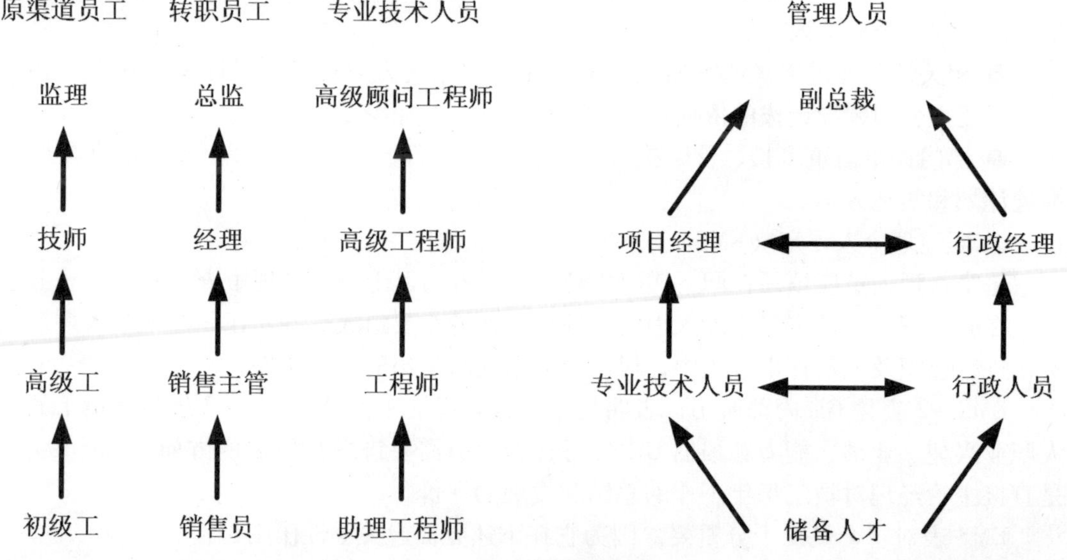

图5－1 传统流动路径

（二）创新流动路径

创新流动路径与传统流动路径不同，其重点不再上单一向上的职位发展。由于组织的扁平化趋势，组织内可能不再有足够多的更高层的管理职位供员工发展，员工在发展中也不一定完全依赖单一的传统流动路径发展。

由于成本削减、组织精简、扁平化、团队化管理等发展趋势，越来越多的组织开始使用创新的流动路径。创新流动路径在组织内发展的方式可能是在任何方向上的，包括向下、横向平移，甚至是转移到另一个发展阶梯。员工在创新流动路径下，得到持续学习的机会，能满足员工新的成就感，同时可能为组织储备更多的人才。

例如，传统组织中，专业技术人员要获得较高的薪酬，需要转向从事管理工作；而新设计的双轨制中，专业技术人员也可以在专业技术领域中获得更高级的专业技术职务头衔和薪酬，即专业技术人员的工作职务和薪酬与他们从事相关管理工作的同事是同比例上升的，甚至在适当时可以直接转向平行的管理职位；同样，从事管理工作职位的任职者，在某些情况下也可以直接转向技术类型的职务。

在横向平移制的流动中，员工在某一层次的职位上可能根本没有向上的流动。每个人在同一层次的不同职位间流动，收获则是在不同职能领域的经验和以后更好向上发展的空间。如生产经理，转向销售经理，再转向项目经理、人力资源经理等，在各种不同的职能领域（中层）轮换过后，可以直接作为总经理（高层）的继任候选人。

员工内部流动的不规则性，可以表现在职位向下的流动。如员工（销售经理）可能转向一个新的职业领域的主管（人力资源副经理或招聘主管），在经过一定的学习和发展后，可能进一步横向流动到培训主管，再发展为人力资源经理。

创新路径的流动，需要有一些政策作为保障，例如，员工在不同职位间流动时，其薪酬不能仅以职位的层次和高低为依据变化，而应该考虑能力和经验、以至于资历的因素。即使员工不再从事相关层次的工作，如果新的流动是有意义的，对组织未来发展有贡献的，是组织需要的，应该要考虑给员工的薪酬提供补偿。

与传统的流动路径相比，创新的流动路径比较难管理和规划，但其确实可为组织带来新的思维和人员配置的新方法。如果能妥善处理创新路径的流动，可以为组织留住优秀的人才，鼓励优秀的员工在组织内部寻找新的发展方向。

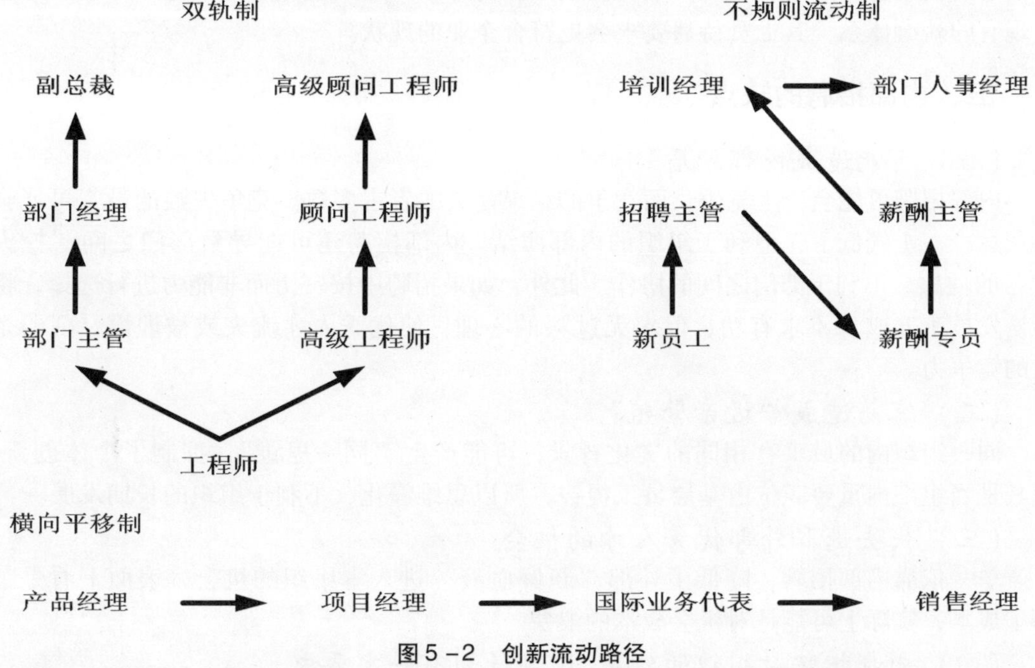

图5－2　创新流动路径

四、内部招聘的优点

（一）能对员工产生较强的激励作用

对获得晋升的员工来说，由于其能力和表现得到组织认可，能产生更强的工作动力，其绩效和对企业的忠诚度便随之提高。对其他员工而言，由于组织为员工提供晋升机会，从而感到晋升有望，工作就会更加努力以获得机会，并增加对组织的忠诚和归属感。这样，内部招聘就把员工的成长与组织的成长联系在一起，形成积极进取双赢的气氛，以达成美好的远景。

（二）与外部招聘相比，内部招聘的有效性更强、可信度更高

由于企业管理人员对该候选人的业绩评价、性格特征、工作动机以及发展潜力等方面都有比较客观，准确的认识，信息相对外部人员来说是更充分的，在一定程度上减少了“逆向选择”甚至是“道德风险”等方面的问题，从而减少用人方面得的失误，提高人事决策的成功率。

（三）与外部招聘相比，内部员工适应性更强

从运作模式看，内部候选人更了解本组织的运作模式，与从外部引进的新员工相比，他们能更好地适应新工作。从企业文化角度来分，内部员工已经认同并融入企业文化，与企业形成事业和命运的共同体，更加认同企业的价值观和规范，有更高的企业责任心和对企业的忠诚度，进入新的岗位适应性更强。

（四）费用相对较低

内部招聘可以节约高昂费用，如广告费、招聘人员和应聘人员的差旅费等，同时还可以节约初期基本的培训，减少了间接损失。另外，一般来说，内部候选人已经认可企业现有的薪酬体系，其工资待遇要求会更符合企业的现状。

五、内部招聘的缺点

（一）可能造成内部矛盾

内部招聘可能会产生竞争，而竞争的结果是失败者占多数。竞争失败的员工可能会心灰意冷，士气低下，不利于组织的内部团结。内部招聘还可能导致部门之间“挖人才”的现象，不利于部门之间的协作。此外，如果招聘中按资历而非能力进行选择，将会诱发员工养成“不求有功，但求无过”的心理，使优秀人才流失或被埋没，削弱企业的竞争力。

（二）容易造成“近亲繁殖”

同一组织内的员工有相同的文化背景，可能产生“同一思维”，抑制了个体创新。尤其是当组织内重要职位由基层员工提拔，所以思维僵化，不利于组织的长期发展。

（三）失去选取外部优秀人才的机会

单一依靠内部招聘，降低了外部“新鲜血液”进入本组织的机会，表面上看是节约了成本，实际上可能是对机会成本的浪费。

（四）内部招聘对组织的发展/培训计划有一定要求

如果组织没有建立长期的员工发展、培训计划，内部晋升者难以在短期内达到对他

们预期的要求，而且建立内部发展计划的成本比直接雇用外部适合的人选的方案要高。另外，被提升员工可能无法很好地适应工作，影响到组织整体的运作效率和绩效。

（五）可能产生新的职位空缺

内部招聘完成后，组织内还会出现另一个需要招聘的职位空缺，还需要进行一次或一系列的招聘才能完全填补空缺。

第三节　内部招聘的途径与方法

一、职位公告

职位公告清晰地向所有组织成员展示了组织目前存在的职位空缺情况。职位公告通常被贴在组织内部的布告栏、大门口等醒目的地方或是出现在内部电子公告栏上。职位公告的程序能使员工在组织内部获得一个更好的职位，职位空缺的公告中应包括该工作的各项重要信息（如职位说明书、工作规范、基本薪酬情况等）及相关招聘程序等 。

通过职位公告向员工传递有关求职信息，使员工在组织内部就能实现自己的职业发展计划，从而可以有效减少员工的流动率。职位公告还能开创一种公开的招聘氛围。

【例5－3】某集团公司的采购中心职位再设计

目标：所有称职的采购员和材料员从附属分公司调到新成立的集团采购中心。

假设：集团所有下属分公司材料检验和采购员等被通知到的员工，其现有职位正被取消，他们都可以申请集团采购中心的职位。

招聘负责人：全体人力资源部员工。

时间：

内部公布职位日期：2002 年 4 月 2 日

员工申请截止日期：2002 年 4 月 16 日

面试计划/协调日期：2002 年 4 月 19 日起为期一周

面试时间：2002 年 4 月 26 日起为期一周

确定人选及其通知时间：到 5 月最后一周为止

空缺职位总数：14

空缺职位和职责要求纲要：

材料检验员 6 人——4 年工作经验，其中 3 年建筑工地材料检验经验。

钢材采购员 4 人——2 年钢材采购经验，熟悉工地使用钢材规格、型号、市场供销情况。

机械设备采购员 2 人——4 年建筑工地机械设备采购经验，具备建筑工地机械操作经验。

工地零星材料采购员 2 人——2 年建筑工地施工经验，1 年相关材料采购经验。

调动要求指导方针：

内部应聘者必须提交内部调动申请，附带一份根据自己的兴趣列出的所有申请职位的清单。

内部应聘者最多可以申请2个职位。

调动申请必须完整，并要求员工本人及其主管经理的签名。

应聘者任职资格评价过程：

内部应聘者的调动申请将会于当日进行评价。由于申请人数较多，不符合申请职位要求者将于当日被电话通知。

所有的调动申请和附件会在其所要申请的职位存档，如果内部应聘者申请了两个职位，将对其调动申请进行复印，在每个申请职位中保留一份。

一旦所有应聘者的任职资格被评价完毕，每位应聘者的调动申请会被复印并转到管理者那里进行评价和面试。由于应聘者数目很多，管理者将只面试最符合空缺职位要求的应聘者。管理者将会根据他们预定的面试计划，通知人力资源管理部门和应聘者。管理者会安排某一时间与所有职位申请者和符合任职资格者进行面谈。

选拔指导方针：

只要时间允许，空缺职位可以找到最适合的人选。

集团承诺尽力安排所有被取消了职位的员工的工作。

管理者保留不对当前正处于试用期的员工进行挑选的权利。

员工新职位的工资水平应与当前职位的相同。

落选通知：将以电话的形式通知落选者。

录用通知：入选者将由人力资源管理部门的员工亲自通知，并会得到一份确认信，具体说明开始日期、职位、报告关系以及薪资水平。

××集团

人力资源管理部门

××年×月×日

在进行职位公告的同时，还可把相关的招聘、选拔程序予以公布，以示公平，并让候选人有针对性地申请和准备。

二、人才技能库

几乎每个组织都有自己的人才技能库，在组织需要招聘人员来填补职位空缺的时候，可以随时利用这一人才库的资源。尽管所有组织都有自己的人才库系统，但并不是每一个组织都有一整套跟踪管理并有效利用这些人才资源的系统方法。具有前瞻性的组织并不需要员工自己去发现组织中可能出现的适合自己的职位空缺，而是主动地、系统地对这些内部人才资源进行紧密的监控，促进这些人才资源与合适的职位之间能更好地匹配。通过建立并及时更新维护组织内部的人才清单，组织能够确保自己在充分考虑了内部候选人的职位任职资格的前提下，在组织即使没有出现公开的职位晋升、工作转化及工作轮换的职位空缺的情况下，也能作出相应的职务调整。

人才清单或人才技能库是一个包含了组织现有的员工信息的数据库系统。人才清单通常包括员工的姓名、以前的职位和工作经历、绩效与薪酬方面的历史资料、员工展示出来的能力素质与工作技能等。员工的职业兴趣与爱好、偏好的地域、职业生涯发展目标等信息也应该被收录进来。如果组织已经建立起了一个得到即时维护、更新，可以随时查阅的人才库系统，当出现职位空缺时就无须依赖员工自己去提出申请了。同时，只要组织中出现职位空缺，组织就会确认具有资格的潜在候选人并鼓励其提出申请。

【例5-4】人才技能库

<table>
<tr><td colspan="6">第一栏：员工当前信息</td></tr>
<tr><td colspan="2">姓名：</td><td colspan="2">部门：</td><td colspan="2">职位：</td></tr>
<tr><td colspan="2">主管：</td><td colspan="2">任职时间：</td><td colspan="2">聘用时间：</td></tr>
<tr><td colspan="6">第二栏：教育信息</td></tr>
<tr><td></td><td>学校名称</td><td>学位</td><td>专业</td><td>GPA</td><td>学制</td></tr>
<tr><td>中学：</td><td></td><td></td><td></td><td></td><td></td></tr>
<tr><td>大学：</td><td></td><td></td><td></td><td></td><td></td></tr>
<tr><td>研究生：</td><td></td><td></td><td></td><td></td><td></td></tr>
<tr><td>博士：</td><td></td><td></td><td></td><td></td><td></td></tr>
<tr><td>其他课程：</td><td></td><td></td><td></td><td></td><td></td></tr>
<tr><td>资格认证：</td><td></td><td></td><td></td><td></td><td></td></tr>
<tr><td>其他培训：</td><td></td><td></td><td></td><td></td><td></td></tr>
<tr><td>公司培训：</td><td></td><td></td><td></td><td></td><td></td></tr>
<tr><td>其他培训记录：</td><td></td><td></td><td></td><td></td><td></td></tr>
<tr><td colspan="6">第三栏：公司聘用信息</td></tr>
<tr><td></td><td>名称</td><td>在职时间</td><td>业绩评价信息</td><td colspan="2"></td></tr>
<tr><td>目前职位：</td><td></td><td></td><td></td><td colspan="2"></td></tr>
<tr><td>以前职位：</td><td></td><td></td><td></td><td colspan="2"></td></tr>
<tr><td colspan="6">公司对该职位的任职资格要求：</td></tr>
<tr><td colspan="6">第四栏：工作经历</td></tr>
<tr><td></td><td>公司</td><td>职位</td><td>起始时间</td><td>终止时间</td><td>备注</td></tr>
<tr><td>工作经历：</td><td></td><td></td><td></td><td></td><td></td></tr>
<tr><td>工作经历：</td><td></td><td></td><td></td><td></td><td></td></tr>
<tr><td>工作经历：</td><td></td><td></td><td></td><td></td><td></td></tr>
<tr><td>工作经历：</td><td></td><td></td><td></td><td></td><td></td></tr>
<tr><td colspan="6">第五栏：提出自己的兴趣/目标</td></tr>
<tr><td colspan="6">公司领域：</td></tr>
<tr><td colspan="6">职位：</td></tr>
<tr><td colspan="6">其他培训/教育：</td></tr>
</table>

人才技能库的维护，要注意如下方面：

- 数据格式简单；
- 在已编排的基础上更新基本方法且简便易行；
- 从数据库中提取信息的技术合理有效；
- 提供多种输出格式；
- 可利用相关数据进行统计分析；
- 信息可加密；
- 提供的信息具有代表性；
- 说明详细但不繁琐；
- 可与人力资源的其他档案统一衔接。

三、职位晋升

当组织内部出现非初级入门职位空缺时，组织内部的员工肯定可成为该职位的候选人，他们可以通过职位晋升来获得新的职位（同时包含新的发展空间、薪酬等）。职位晋升意味着员工将升迁到一个职位更高、收入也会更多的位置。为了做好组织的员工晋升计划，有些组织在构建人才清单的同时，还开发了组织的人才替代规划图（继任图）。

人才替代规划图列示了组织当中主要职位现在和潜在的任职者的名字及简单资料，图中还可能包括每个人的晋升潜力和开发需求。

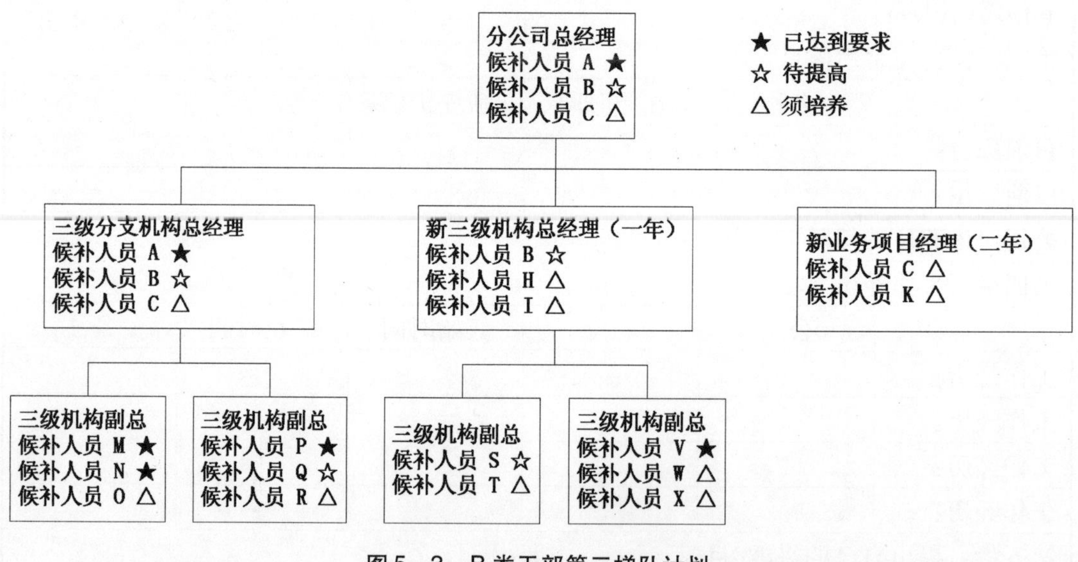

图5－3　B类干部第三梯队计划

四、职位轮换

职位轮换意味着从一个职位轮换到与原职位大体相当职位层次的过程。这种轮换通常不会导致工资的增加。在这种流动中，职位属于横向的移动，而不是纵向的晋升。经历职位轮换的员工，往往可以开阔工作视野，在组织中经过多次职位轮换有利于员工了解组织的各个部门是如何运作的。

有些组织为了使员工具备复合型人才的全面能力，会给有潜力的员工安排职位轮换的机会。当这种职位轮换被当做是员工开发计划的一个组成部分时，往往只会持续几个月的时间。每个参与职位轮换的员工都知道，这种工作安排是临时性的，员工开发才是主要目标。通过职位轮换，员工也可以发现自己的职业兴趣和工作特长，有利于进一步确定职业发展方向。与其他的职位公告和人员配置不同，与职位轮换相关的活动一般不需要员工自己申请，往往是由组织主动安排，各候选人之间也不存在激烈的竞争。

五、提名

申请空缺职位的内部候选人提名可以从可能的未来主管和同事那里得到。他们也许是内部候选人的最佳来源。因为他们对该空缺职位的要求和成功条件了解得较清楚，他们可以帮助建立相关的任职资格标准，然后通过在组织中的关系，寻找合适的候选人。

第四节　内部招聘流程

内部招聘的目标是对正在组织中任职的员工进行识别和吸纳，组织应确定如何设计招聘程序以寻找内部潜在的候选人，这就是内部招聘流程。

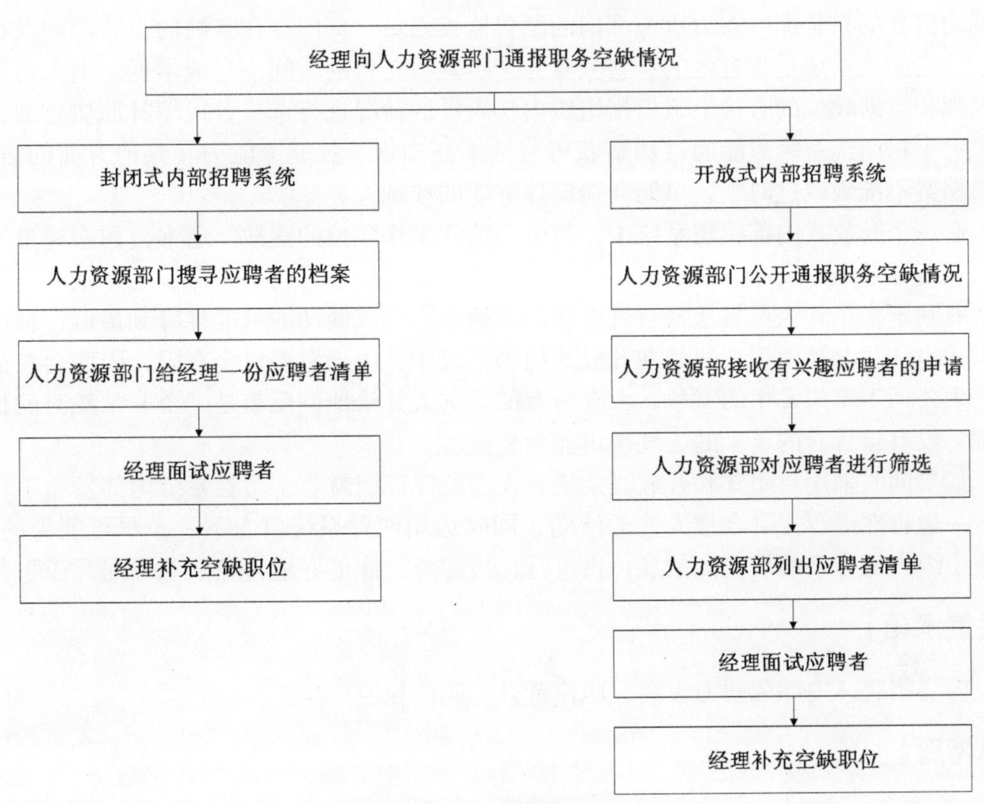

图5－4　内部招聘流程

表5-1 2010年内部招聘报名情况一览表

公招职位：

序号	姓名	性别	出生年月	籍贯	政治面貌	学历	学位	入职时间	所在部门	职务	任现职（级）时间	职称	聘任时间	备注

图5-4中表明的内部招聘流程有两个部分：封闭式和开放式的内部招聘流程。在一个封闭式的内部招聘系统里，员工对工作职位的空缺并不在意甚至不知道。关心提升或调动机会的只是那些人力资源部门的配置监控人员、部门存在空缺的直线经理及相关员工。封闭式系统是很有效的，它只有几个步骤，花费的时间少且成本低。由人力资源部经理和空缺职位的直接上级根据组织内部人员的情况进行选拔，以填补职位空缺。然而，一个封闭式系统只能通过档案获得候选人在知识、技能、能力及其他方面的信息。如果档案不准确或过时了，可能会遗漏掉称职的候选人。

而一个开放式内部招聘系统中，员工会关注工作职位的空缺。通常公司会通过工作公告和招标系统来发布。开放式系统给员工机会衡量一下自己是否能满足空缺职位的要求，有利于把主管人员只选择自己喜欢的人给予晋升或调动的可能性降到最低，被埋没的人才也往往会被发现。但是在开放式招聘系统中，由于发展机会有限，因而会在员工中产生公司不希望发生的竞争。考查所有的候选人并给他们反馈是一个非常耗时的长期过程，没有被晋升的员工的士气也可能会受挫。

如果同时采用封闭式和开放式系统，人力资源部门就要一边在系统内部发布工作职位，一边也在进行搜寻合适人选的活动。同时运用两种系统以布下一个尽可能大的网，收集组织内部合格的候选人信息，再进行选拔配置，能更好地为空缺职位配置任职者。

【关键术语】

内部招聘　内部劳动力市场　职位晋升　职位轮换

【思考题】

1．内部招聘的方法有哪些？

2．如何构建内部招聘机制？

3．内部招聘的具体流程是什么？
4．内部招聘包括哪些途径？具体该如何操作？

第六章　外部招聘

【学习目标】

学习完本章之后，你应该能够：

1. 了解外部招聘的优缺点；
2. 熟悉外部招聘的各种途径；
3. 理解外部招聘各种途径的适用范围；
4. 掌握外部招聘的流程。

【案例】

中兴通讯的人才招聘——选聘一流人才

国内通讯公司正经历着高速发展。对中兴通讯这类的行业开拓者来说，这里的高速发展有着双重含义：一是业务的高度膨胀，市场份额不断扩大；二是技术的更新换代持续加快。高速发展的公司面临的首要问题就是人力资源的需求，人力资源短缺往往是限制业务拓展的主要障碍之一。

中兴通讯一直非常重视招聘，并提出了“以一流的标准选聘和培训员工”的理念。什么是一流人才？对此，中兴通讯的定位是“在某一个专业领域里的国内前5%的人群”。

中兴通讯的大部分职位都要求员工有良好的技术背景，因此对高校和专业都有一个较为明确的要求，一般锁定在重点本科院校。招聘中面试非常严格，分别从技术能力和个人素质两个方面进行考察，被面试者须通过6～7关，把关极其严格，实行一票否决制，而且中兴通讯的面试官都是通过专业培训的。中兴通讯的要求很简单：招聘到的人才既是优秀的专业人才，也是符合公司文化原则的人才。

【你会怎么做】

你如何评价中兴通讯的招聘策略与方式？

外部招聘过程的目的是识别并吸引组织外的求职者，在众多的求职者中作出录用决策。

招聘过程始于计划阶段，招聘人员根据招聘计划的需求，了解在何时、何地，或者采用何种方法来发现具有所需胜任特征的求职者，以及需要何时开始招聘以便能及时录用到任职者来填补职位空缺。对于如何寻找求职者，组织的招聘人员需要了解可行的招聘资源和招聘渠道，根据组织以往的招聘经验，利用有效的招聘资源，通过招聘渠道发布招聘信息，使求职者了解到组织招聘的信息；外部招聘的途径主要有猎头服务、人才市场招聘、现场招聘会招聘、媒体招聘以及校园招聘。不同的招聘途径和招聘渠道各有特点，须根据待招聘的职位进行搭配、选择以获得最好的效果。

为了让求职者了解应聘职位的信息，组织需要决定采用传统的招聘信息或者是现实的招聘信息，不同类型的信息对求职者任职后的感觉产生不同影响。现实的招聘信息能让求职者了解应聘职位的优势与不足，因而不会对应聘职位产生误解和过高的期望，有利于人员留任。

本章将介绍外部招聘的策略、途径和操作流程等相关内容。

第一节 外部招聘的策略

一、信息发布的范围策略

当组织有明确的招聘需求时，招聘的难点之一是如何吸引到足够数量的候选人以供甄选。组织通常有两种可以采用的策略，一是广撒网，面向全社会发布招聘信息，让社会上对招聘职位感兴趣的人都能看到信息。这种方法是被动式的，因为每个人都能参与职位申请。第二种策略是有针对性地发布招聘信息，即组织对劳动力市场进行细分来寻找所需的候选人。在这种方式下，由于不是所有人都能了解到招聘信息，可能某些具有潜在资质的人会被忽略。

在第一种策略中，组织广泛发布招聘信息，从中收集就聘者的资料筛选候选人，招聘成本会有所上升、招聘时间可能会延长。在第二种策略中，组织只在某些特定的领域发布招聘信息，面对的范围要更窄，收集到的工作申请信息合格率更高，反而可能更有效。

组织采用以上何种策略，需要根据具体的招聘需求而定。如果招聘需求中对人员的要求是一般性的、招聘预算足够大、从事招聘的人员可以支持大范围招聘，则可采用第一种策略。如果招聘需求中对人员要求具有特殊性和针对性、招聘预算较少、或从事招聘的人员只能支持小范围的招聘活动，则采用第二种策略会更好。

例如，某组织希望招聘一批应届大学毕业生作为储备人才，可在网络、报纸上刊登招聘广告，吸引全国范围内的应聘毕业生。这种方法对初步筛选和进一步筛选的工作要求比较高，工作量较大，招聘成本高。如果某组织希望招聘通信工程专业的大学毕业生来从事技术工作，则只需要向国内有通信工程专业的对口院校发布招聘信息，集中进行初步筛选和测试，即可挑选到合格的人才。采用这种办法，耗时较少，成本相对较低，但有可能其他院校有更好的人才而没有机会申请该职位。

二、职位信息准确程度的策略

组织提供给求职者的职位信息是求职者决定是否申请和接受工作的基础。组织提供的职位信息类型和准确程度会影响外部申请者的申请愿意，甚至影响应聘者入职后是否能稳定工作。组织在招聘过程中会向应聘者提供职位要求和工作报酬的信息，这两类信息对吸引人才前来应聘并决定是否加入组织有较大影响。

组织提供职位信息的策略一般有两种：

（一）传统的招聘信息

某些组织在招聘过程中提供传统、含糊的信息，如报纸和网络上经常可以看到的"年薪百万不是梦"、"有吸引力的发展空间"等类似信息。这样的信息看起来很有吸引力，却非常含糊且可能误导应聘者，使应聘者对工作有过高的期望。当应聘者了解到"年薪百万不是梦"的职位只不过是人寿保险公司的无底薪业务员时，他们可能会退出工作申请，也可能导致入职后的离职。事实上，组织过分地夸大自己，过分地陈述应聘者希望听到的信息（如高报酬、低风险），都不是好的招聘信息发布策略。

（二）现实的招聘信息

有些组织发布的招聘信息是根据自身的实际情况描述组织和职位，而不仅仅描述那些求职者想要听到的信息。有研究表明，较现实的职位信息描述，如向应聘者传达实际职位信息（既包括职位的正面信息，如工作稳定，也包括职位的负面信息，如工作时间稍长），可以让应聘者现实地了解工作类型和报酬，从而决定是否进入招聘过程的下一阶段，以避免组织和应聘者双方在时间和成本上的浪费。

国外有对提供现实职位信息的有效性的研究，结果发现它与较高的工作满意度和较低的流失率有关。因为它提供了现实的职位信息，使应聘者入职后能较好地接受工作要求和工作报酬，同时也培养了员工对组织的信任感。因为员工感觉组织对他们是诚实而且关心的，能使他们对组织产生较高的组织忠诚感。

三、影响外部招聘渠道选择的因素

组织在外部招聘时采取哪种招聘渠道，取决于多种因素，如招聘职位的要求、组织文化、外部环境等。可从组织内部和外部两方面分析。

（一）影响外部招聘渠道选择的内部因素

1. 发展前景。

对组织发展前景的预测是很多应聘者择业考虑的重要因素之一，因此组织的发展前景将影响招聘渠道的选择。如果组织自身或所在行业整体发展趋势良好，则各种外部招聘渠道都能吸引应聘者。如果组织自身或所处行业发展潜力有限，对外部人才的吸引力较弱。

2. 高层管理人员的倾向。

高层管理人员对外部招聘渠道的倾向性，会在很大程度上影响组织对外部招聘渠道的选择结果。如果管理者认为从职业中介机构获取人才的方式既方便快捷，又能及时满足需要，组织就会采用外包的方式来招聘人才；若管理者认为熟人介绍的人员可靠且风险小，组织就会多采用员工推荐的方式来填补职位空缺等。

3. 空缺职位的性质。

组织招聘的目的是为补充人才，因此其空缺职位的性质是选择招聘渠道的关键影响因素。组织空缺职位的性质由两方面决定：一是人力资源规划得出的空缺职位的种类和数量；二是职位分析得出的空缺职位的特点和任职资格要求。此外，组织用于招聘的资金预算、以往招聘渠道选择成败的经验等都会影响组织对招聘渠道的选择。

（二）影响外部招聘渠道选择的外部因素

组织在选择外部招聘渠道时还需要考虑自身所处的外部环境，包括所在地区人才市场的完善状况、行业薪酬水平、就业政策与保障法规、区域人才供给状况等，这些因素将影响组织从各种外部招聘渠道获取到合格的任职者的可能性。

四、外部招聘的原则

（一）公正和公平原则

招聘过程中应给每位应聘者平等展示自己的机会，实现公平竞争，使真正有能力的候选人不会因其他外界因素的影响而失去获得该职位的机会。

（二）适用原则

招聘人员应熟悉所招聘职位的工作内容、任职资格的要求等情况，并根据这些具体条件，选拔合适的工作人选，使所招聘的人员真正适合并胜任这一职位。

（三）真实、客观原则

在进行外部招聘的过程中，面对不熟悉组织的外部应聘者，招聘人员要真实、客观地向应聘者介绍组织和职位情况，提供必要的信息。

（四）沟通与服务原则

外部招聘是组织与外部环境的互动过程。组织在获取应聘者个人信息的同时，也向外界和应聘者传递组织的相关信息，实现组织内部与外界的信息沟通。此外，招聘过程也是招聘人员向应聘者提供咨询服务的过程。招聘人员向外界传递的组织结构、组织文化、经营理念、发展潜力等相关信息，以及招聘人员本身的言谈举止等行为表现，都直接影响着组织形象。

五、外部招聘的优点

（一）有利于树立形象

外部招聘是一种有效的对外交流方式，可起到广告的作用。

（二）能够带来新理念、新技术

从外部引进的员工对现有组织文化有全新的视野，少有主观的偏见。典型的内部员工已基本适应组织文化，与外部人员相比，他们可能看不出组织有待改进之处。另外，通过从外部引进优秀的技术和管理人才，能给现有员工带来一种无形的压力，使其产生危机意识，激发其斗志和潜能，从而产生“鲶鱼效应”。

（三）有利于招到优秀人才

外部招聘的人才来源广泛，选择余地充分，具备各种类型的候选人员，能满足组织选择合适人选的需要。通过外部招聘，能引进许多杰出人才，特别是某些稀缺的复合型人才，在一定程度上，既能够节约培养时间，又能给组织带来所需的知识、技能。

六、外部招聘的缺点

（一）招聘周期较长、有一定难度

要招聘到优秀的员工，组织应能准确地测评应聘者的工作技能与能力等素质，从而预测其在未来工作岗位的绩效。人事测评的研究表明，人事测评手段的测量只有中等程度的预测效果，因此录用决策有难度并有一定风险。同时，外部招聘周期较长。研究表明，成功地招聘中层经理大约平均需要耗时6个月左右，招聘一般职位的员工大约平均需要2～3个月。

（二）进入角色状态慢

外部招聘的员工需要较长的时间才能了解组织的工作流程和运作方式，继而熟悉组织文化并能融入到其中。同时，如果外部招聘员工的价值观与组织文化相冲突，则员工是否能适应组织文化并及时进入角色都会面临一定的风险。

（三）引进成本高

外部招聘需要在媒体发布信息或者通过中介机构招聘时，需要支付一笔不菲的费用。同时由于外部应聘人员相对较多，后继的选拔过程也较复杂，不仅要花费人力、财力，还会占用管理人员大量的时间。

（四）决策风险大

外部招聘可能只通过几次短时间的接触，就必须判断候选人是否符合空缺岗位的要求，而不像内部招聘那样能有长期的接触和考察。所以，很可能由于某些原因（如信息的不对称性、逆向选择及道德风险）而作出不准确的判断，进而增加了决策风险。

（五）可能影响内部员工的积极性

如果组织中出现中高层职位空缺，而内部有胜任的候选人却未被选用或提拔，即内部员工得不到相应的晋升和发展机会，内部员工的积极性可能会受到影响，从而导致“招来女婿气走儿子”的现象发生。

第二节　外部招聘的途径

一、媒体招聘

组织可将报刊、杂志、广播电台、网络等媒体作为招聘信息发布的载体。这些媒体覆盖面广，在一段时间内可有效宣传，是招聘信息的主要载体。在媒体上做招聘广告时要重点考虑两个问题：选择什么样的媒体和如何设计广告。选择媒体需要考虑的是：媒体受众的群体比人数重要。如果有条件，同时使用两种媒体，可收到更好的效果。

表6－1 几种主要广告媒介的优缺点比较

媒体类型	优 点	缺 点	何时使用合适
报纸	标题短小精炼，广告大小可灵活选择。 发行集中于某一特定的地域。 各种栏目分类编排，便于积极的应聘者查找。 有专门的人才市场报。	容易被未来可能的应聘者所忽视。 集中的招聘广告容易导致招聘竞争的出现。 发行对象无特定性，组织不得不为大量无用的读者付费。	当你想将招聘限定于某一地区时。 当潜在的应聘者大量集中于某一地区时。 当有大量的应聘者在翻看报纸时。 适合招聘多职位、短期招聘量大。
杂志	杂志能到达特定的职业群体。 广告大小富有灵活性。 广告的印刷质量较高。 有较高的编排质量。 时限较长，应聘者可能会将杂志保存起来再次翻看。	发行的地域太广，故在希望将招聘限定在某一特定区域时通常不能使用。 广告的预约期较长，杂志一般发行的周期较长。	当招聘工作的承担者较为专业时。 当时间和地区限制不是最重要的时候。 当与正在进行的其他招聘计划有关联时。
广播电视	不容易被观众忽略。 能够比报纸和杂志更好地让那些不是很积极的应聘者了解到招聘信息。 可以将应聘者来源限定在某一特定的地域。 比印刷广告更能有效地渲染招聘气氛，有利于增强吸引力。 较少因广告集中而引起招聘竞争。 自我形象宣传。	只能传递简短的、不是很复杂的信息。 缺乏持久性：应聘者不能回头再了解（需要不断地重复播出才能给人留下印象）。 商业设计和制作（尤其是电视）不仅耗时而且成本很高。 缺乏特定的对象选择；为无用的广告接收者付费。	当处于竞争的情况下，没有足够的应聘者看你的印刷广告。 当空缺的职位有许多种，而在某一特定地区又没有足够的应聘者时。 当需要迅速扩大影响的时候。 当两周或更短的时间内足以对某一地区展开“闪电轰炸”的时候。

（续上表）

媒体类型	优　　点	缺　　点	何时使用合适
网站广告	发布的招聘信息几乎不受时间、空间的限制，且方便快捷。 可独立发布招聘信息，也可以集中发布。 信息量大、传播速度快。 广告制作效果好。 可统计浏览人数。	不适合经济欠发达地区。 信息过多易被忽略。 某些人才不具备上网条件，或较少使用电脑，或者不懂使用电脑。	适合于有机会使用电脑和网络的人群。 应用面较广，得到普遍应用。

（一）传统媒介

通过传统媒介招聘针对性较强，且在招聘人才的同时，可宣传、树立组织的形象。

1．报纸。

作为传统招聘方式，报纸目前仍然是组织发布招聘信息的重要渠道。其特点是信息传播范围广、速度快、信息量大；组织的选择余地大；具有广泛的宣传效果；广告中明确的招聘条件与简约的组织介绍，可使应聘者首先进行自我筛选，从而提高有效率。缺点是有时信息没有传达给最适合的应聘者，且广告费用较高，应聘者多，简历初步筛选工作量大。

2．广播电视。

广播电视可产生较强烈的视听效果，易留下深刻印象，但广告时间短，且不便保留，费用较昂贵。在广播电视投放招聘广告，适用于当组织迅速扩大影响，需要招聘大量人员时，这样可以将组织的形象宣传与招聘结合起来进行。其主要包括广播招聘、电视招聘、借助某项推广活动物色人选等不同方式。如中央电视台举办的招聘栏目《绝对挑战》，可以作为组织招聘人才、推广形象的重要方式，能比报纸和杂志更好地让应聘者了解到组织形象和招聘信息。

3．专业杂志。

杂志的读者相对集中，保留时间较长，但广告的预约时间较长，发行的地域较为分散。杂志招聘广告一般适用于招聘对象相对集中在某个专业领域、地域分布较广且招聘岗位并非急于用人的情况。例如，中高级技术人才的招聘可采用相关的专业技术杂志为媒体来传递信息。

（二）网络招聘

网络招聘，是利用互联网进行的招聘活动，包括发布职位信息、收集整理简历、在线面试与在线测评等招聘活动。

网络招聘可以扩大招聘范围，拓展求职者的来源；节省经费，成本低；简化招聘管理的流程，提高工作效率；增加招聘信息的时效性，具有快捷性、针对性、灵活性等优点。

基于网络的选拔方法主要有三种：简历自动筛选，远程面试和网上测试。(1) 简历自动筛选。网上自动筛选系统把明显不符合录用职位要求的申请者自动淘汰掉。(2) 远程面试。远程面试适合组织对异地应聘者进行面试，节约时间和费用。(3) 网上测试。网上测试一般包括专业考试和心理测验。应聘者根据各自应聘职位点击进入不同的专业考试区，在规定的时间内进行考试。招聘人员将综合考虑上述结果，决定下一阶段的人选。

表6－2 网络招聘的实现渠道

以盈利为目的的商业性招聘网站	人才网站（如 www. chinahr. com，www. 51job. com，www. zhaopin. com）上资料库大，日访问量高，组织能较快招聘到合适的人才。同时，由于人才网站收费较低，组织可同时在几家网站收集应聘者的资料。
公益性招聘网站	一般由政府出面设立，为引进人才和增加就业服务，例如，广州人事网的《专业人员招聘》栏目、外企服务组织在线的《招聘求职》栏目等。
专业的网站	由于专业网站往往能聚集某一行业的精英，在这样的网站发布招聘信息招聘专业人才效果更好。
特定的网站	有些组织会选择在一些浏览量很大的网站做招聘广告。如新浪网、搜狐网、网易等，除获取招聘信息外，还可产生一定的广告效应。
组织的主页	这种方式既达到了广告宣传的目的，又能将组织文化、人力资源政策以及更多的组织信息传递给应聘者，使来访的求职人员在了解组织实际状况后有针对性地选择应聘岗位。

二、校园招聘

校园招聘是组织招聘应届大学毕业生作为后备人才的重要招聘方式，也是组织获取新生、优质人力资源的主要渠道。

（一）校园招聘的特点

从宝洁到摩托罗拉，众多知名外企都将校园招聘作为重要的招聘途径之一。随着人才大战的加剧，国内的各大企业，也将眼光瞄准了应届生，校园招聘蕴藏着吸引组织的独特优势。

应聘者可塑性强。应届生容易认同组织文化，能培养较高的组织忠诚度。

应聘者综合素质高。应届生接受能力强且善于接受新事物，工作有激情，思维活跃，有创造力，能为组织带来新鲜血液。

宣传组织形象。组织向听众传达组织的文化、价值观、用人理念，在应聘者心目中留下直观的形象。

目标明确，针对性强。通过职位分析，可选择在该领域内具有优势的学校作为招聘点。

招聘成本相对较高。需要差旅费、住宿费、场地费等费用，造成招聘成本的上升。

培训成本高。应届生由于缺乏实际工作经验，理论和实践存在一定差距，所以在上岗前要进行培训。

（二）学校的选择

组织在选择招聘学校时主要考虑以下因素：与本组织关键技术相关的学术、师资水平；符合本组织技术要求的专业的毕业生总人数；该校历届毕业生在本组织的业绩和服务年限；该校毕业生过往录用数量与实际报到数量的比率；学校的地理位置等等。

表6－3　选择大学进行招聘的影响因素

项　　目	重要性（1～7）
在关键技术领域的声望	6.5
学校的总体声望	5.8
从该校招聘到的雇员的工作绩效	5.7
学校的地理位置	5.1
先前的录用比例及就职比例	4.6
过去的经验	4.5
潜在招募对象的数量	4.5
满足公平就业机会法要求的可能性	4.3
成本	3.9
对学校教职工的熟悉程度	3.8
总经理及其他管理人员的母校	3.0

注：从1～7，数值越大，重要性越高。

（三）校园招聘方式

目前组织运用得最多的校园招聘方式有：一是直接到相关学校的院系招人；二是参加学校举办的专场人才招聘会；三是组织将校园招聘工作外包给专业人才服务机构。组织根据实际情况选择其中某一种方式，或几种方式同时使用。

表6－4　××集团校园招聘日程安排表

时间	工作内容	负责人	配合
9月	拟制需求计划	招聘主管	各部门
	宣传册讨论稿	招聘主管	办公室（提供部分文稿、图片、光盘）、市场部（提供图片）
	确定薪酬待遇	人力资源部经理	薪酬主管
10月上旬	宣传册定稿、印刷	人力资源部经理	招聘主管
	确定各招聘小组名单，进行相关准备	人力资源部经理	招聘主管（准备材料）
	在高校发布信息（网站、BBS、院系）	招聘主管	-
	确定赴高校招聘时间	人力资源部经理	-
11月中旬至12月	赴高校开宣讲会，确定录用名单、体检、签协议	招聘工作组、人力资源部经理	-
12月中旬后	其他后续工作	招聘主管	用人部门
2月下旬	年前校园招聘工作总结反馈	招聘主管	人力资源部、招聘工作组
	根据需要调整招聘计划	用人部门	招聘主管
	确认招聘补充计划	人力资源部经理	-
3月至5月	按新计划联系高校、补缺	招聘主管	招聘工作组

上述日程安排从9月开始至次年5月结束，涵盖了××集团校园招聘调研、准备、实施到校园招聘总结反馈的全过程。

三、猎头服务

猎头是专业咨询组织利用其储备人才库、关系网络，快速、主动、定向寻找组织需要人才的招聘方式。猎头组织适用于招聘高级管理人员或高级技术人员。

（一）猎头招聘的优点

猎头公司作为专业的人力资源中介机构，具有广泛的人才搜索网络，能根据组织所需人才的特点，推荐备选人才。在推荐的同时，猎头组织承担初期广告工作，并会帮助组织对推荐的人才进行资质审查、技术技能的评测。由猎头组织来推荐人才，具有效率高、招聘有的放矢、节省人力的优点。

（二）猎头招聘的缺点

通过猎头公司招聘的一个最大的缺点就是成本较高。猎头公司收取的中介费用一般为招聘职位年薪的30%～50%。另外，猎头公司可能偏重于说服组织录用某位应聘者，而不是去寻找一个真正适合职位要求的人选。

表6-5 猎头公司猎寻合适候选人者的步骤

第1阶段	客户提出要求	说明组织背景、须招聘的职位，并委托猎头公司推荐。
第2阶段	接受委托、签约	与客户签约、收取定金。
第3阶段	初选	通过简历数据库、工作接触、搜寻等渠道寻找符合要求的潜在的候选人。
第4阶段	审查	猎头组织通过标准化测试、评价体系等方法评价候选人的背景与资格。
第5阶段	面试	与通过审查的候选人进行面谈，以进一步了解其性格、能力、发展潜力以及弱点、不足等。
第6阶段	初步推荐	出具推荐对象的测验分析报告以供客户选择。
第7阶段	正式推荐	安排客户与应聘者会面。
第8阶段	完成	猎头组织推荐的对象到客户处正式报到工作一段时间后，猎头公司与客户间的合约便到期。

四、人才市场

人才市场承担着双重角色，既帮助组织选人，也帮助求职者择业。通过人才市场选择人员，有针对性强、费用低廉等优点，但组织从人才市场获得的应聘者是较低职位的职员或特殊技能的技工，对于热门人才或高级人才招聘结果不太理想。另外，可借助人才市场寻找临时工。

五、现场招聘会

招聘会一般由政府、人才机构及高校就业中心举办，为待业群体及用人单位服务。

（一）现场招聘会的形式

招聘会一般由政府、人才介绍机构发起和组织。大部分招聘会具有特定的主题，比如“应届毕业生专场”、“研究生专场”或“IT类人才专场”等，并按毕业时间、学历层次、知识结构等划分，组织可选择合适的专场参与招聘。

人才市场与招聘会相似，但是招聘会一般为短期集中式，而人才市场则是长期分布式，同时地点也相对固定。因此对于需要进行长期招聘的职位，组织可以选择人才市场这种招聘渠道。

（二）现场招聘会分类

招聘会按地域来分，可分为全国性招聘会和区域性招聘会；按类型来分，可分为综合性招聘会和专业性招聘会；按层次结构分，可分为高层次人才招聘会和通用人才招聘会两种。

（三）选择现场招聘会

组织在参加现场招聘会时，须综合考虑招聘会的规模、参与单位、举办地、业内名声、面向的对象、前期宣传、主办者的组织能力和社会影响力等。

- 了解该招聘会的档次；
- 了解招聘会面对的主要对象；
- 了解招聘会组织者的社会影响力；
- 了解招聘会的规模、参加组织、举办地点、声誉、举办地点的交通情况。

六、搜索招聘网站数据库

与收集工作申请的方法不同，搜索招聘网站数据库是主动出击的招聘方法。求职者通过在线的方式投递电子简历时，经常需要在相关招聘网站上注册和填写在线简历，在线简历保存在招聘网站的数据库中。组织在急需某类特殊人才、短期内又难以找到合适的人选时，可以采用这种方法。因为，求职者之所以把简历保存在招聘网站上，肯定是曾经（或者现在）希望找到一份新的工作。

例如，组织可向招聘网站缴纳一定的费用，申请一定的搜索权限（时间限制、简历数量限制），在求职者数据库中搜索所需要的人才类型。找到合适的求职者资料后，可以下载，并联络求职者，了解对方是否愿意考虑本组织的职位。这种方法实际上是组织内部的招聘人员在从事猎头工作，但由于求职者保存在招聘网站的信息不一定是最新的，所以成功率可能不太高。

第三节　外部招聘的流程

组织人力资源招聘不仅需要对许多招聘系统的特征进行决策（如本节前面提到的，是采用内部招聘还是外部招聘，或者是同时采用两种招聘途径；使用何种组合的人员测评方法），而且需要对招聘流程的各项安排进行决策。人力资源招聘过程可以用流程的形式来表示，并可辅以文字说明，表明招聘流程中涉及的部门与相关责任人在招聘过程的职责。以下是某外资企业在中国的分支机构制定的招聘流程与操作说明：

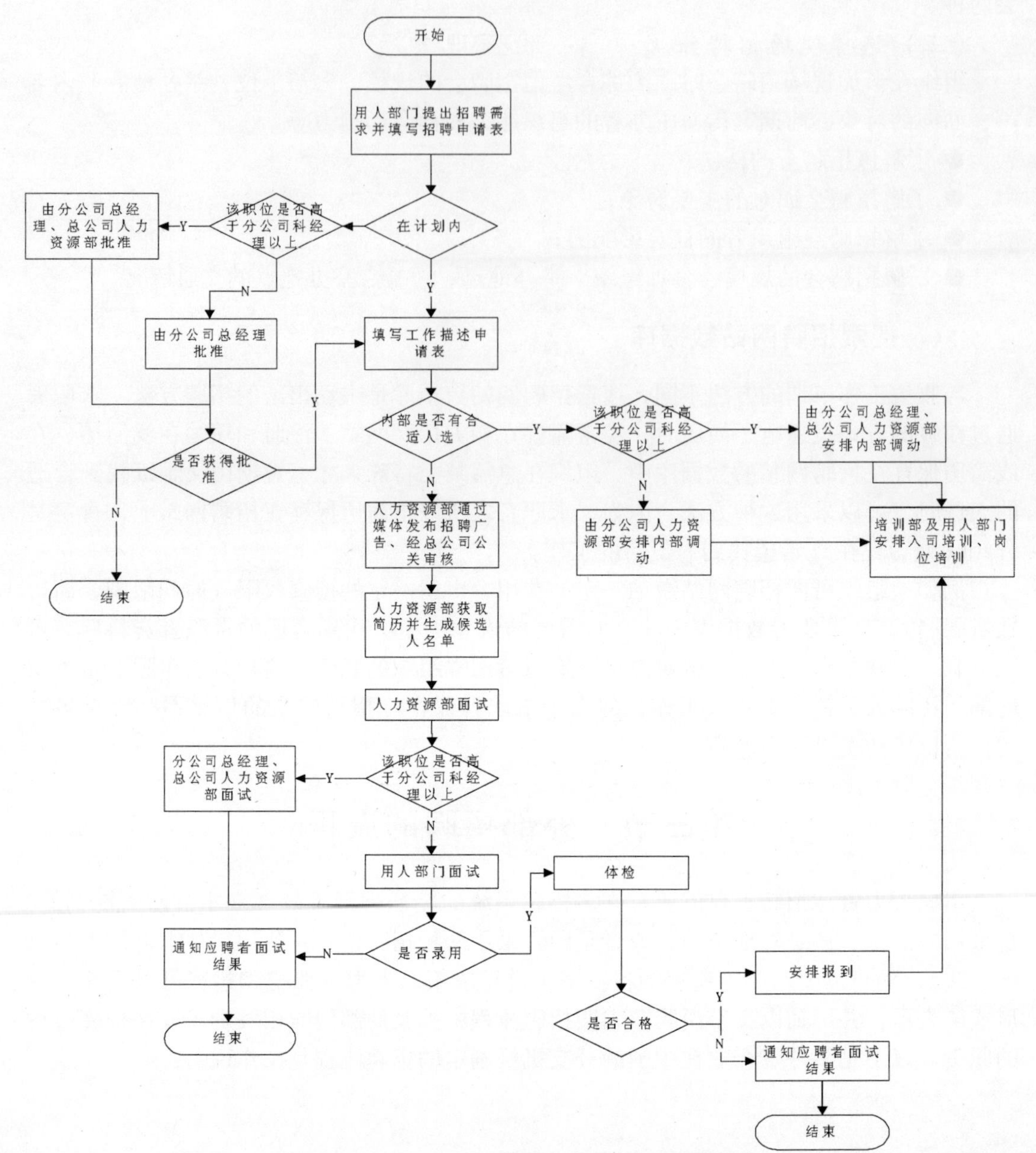

图6－1 某外资企业在中国分支机构的外部招聘流程

表 6－6　招聘流程中的职能说明

表 6－6.1　部门经理/执行官

任务	时间	表格	操控
提出符合用人计划的招聘	到职日前 3 个月	招聘、需求、工作描述	
为每次面试作记录	面试后的 30 分钟内	求职申请表	及时
若是内部员工则安排工作交接	在员工转入另一部门的前 1 个月		

表 6－6.2　人力资源部

任务	时间	表格	操控
选择合适的招聘渠道及猎头	招聘需求得到核准后的 7 个工作日内	签署合同	及时、费用、效率
根据工作描述浏览简历	招聘广告发布后的 2～3 周	工作描述	及时
根据用人计划安排面试	用人部门计划拟定后的 3 个工作日	电子邮件	及时
安排体检	最终面试后的 3 个工作日		及时、准确性
若应聘者通过体检则发送供职意向书	自拿到体检报告后的 2 个工作日	体检报告 供职意向书	及时、准确性
通知信息技术部准备电脑设备；培训部准备培训；办公室准备名片	到职日前 3 个月	电子邮件	及时、准确性
准备劳动合同	到职日前 1 个工作日	劳动合同	及时、准确性

表 6－6.3　批准人：总部人力资源部经理、分公司总经理/总部的首席执行官

任务	时间	表格	操控
根据用人计划面试合适的应聘者	招聘广告发布后的 2 至 3 周	求知申请表 简历	及时、效率

表 6－6.4　体检医师提供

任务	时间	表格	操控
为潜在应聘者进行体检	应聘者通过面试后的 1 周内		及时
将体检报告提交给人力资源部	体检后的 1 周内	体检报告	及时、准确性

【例 6－1】2010 年广州市某国有企业的公开招聘公告

为进一步吸引人才，造就一支懂生产管理、懂资本运营、懂市场开拓的企业高级经营管理人才队伍，经××党委、董事会研究，我公司拟在××（时间）面向××（范围）公开招聘××职位的经营管理者×名。根据《深化干部人事制度改革纲要》、《关于深化国有企业领导人员管理体制改革的实施办法》和《公司法》等有关文件精神，结合我公司实际制订本方案。

一、公开招聘的职位和职位说明

序号	公招职位	公招职位数（名）	职位要求
1	××	×	××
2	××	×	××

二、报名条件与资格

（一）具有××学历、××学位；

（二）符合下列资历条件之一者；

1. 报考总经理（总裁）职务的，必须具有在企业同层级任副职 2 年以上，或在下一层级任正职 3 年以上的工作经历，经营业绩良好。

2. 报考副总经理（副总裁）职务的，必须具有在企业任总经理（总裁）助理一年以上，或者在中层职位任正职 2 年以上、任副职 4 年以上的工作经历，并有一定的经营业绩。

（三）年龄在××岁以下（××××年×月×日以后出生）；

（四）符合任职回避的有关规定；

（五）身体健康；

（六）符合报考职位规定的相应要求。

计算现任职级时间，确定学历、学位等相关情况，均以××××年×月×日为线。

三、公招范围

××地区范围内各级党政群机关，企、事业单位，高等院校和科研院、所。

四、公招程序和方法

（一）报名及资格审查

1. 网上报名及初审。

登录广州经理人网（http：//www.gzmanagers.gov.cn）→点击“20××年广州市××面向××公开招聘××网上报名系统”→选择“报考职位”→点击“网上报名”→填写姓名、身份证号码→填写报名登记表→上传照片→点击“提交”→网上报名完成。

网上报名完成后，由我公司对报名人员资格进行初审。

2. 提交材料及复审。

初审通过后，报名人员须提交身份证、工作证、学历证、学位证、专业技术职称证书原件与复印件、现任职务证明材料复印件等相关材料，由我公司进行复审。不能使用互联网报名的，直接到我公司填写报名登记表，并提交相关报名材料。资格审查合格者准予参加书面评价。

经资格审查合格的参加书面评价的人数与公招职位的比例一般不低于5：1。

3. 网上报名时间：××××年×月×日至×月×日。

4. 材料提交地址：××××；联系电话：××；联系人：××。

5. 材料提交时间：××××年×月×日至×月×日（周六、周日除外）。

上午08：30—12：00 下午14：00—17：00

（二）书面评价

1. 书面评价采用闭卷方式进行，书面评价限时××分钟，满分为100分。书面评价成绩按××%计入测评综合成绩。

2. 书面评价：书面评价主要测试应试者对企业经营管理者应具备的基本理论、基本知识、基本方法和专业知识的掌握程度，采用文件筐测验、知识能力测验、心理素质测评等技术。

3. 书面评价时间：××××年×月×日（星期×）上（下）午××，地点：××××。书面评价结束后，书面评价成绩通知应试者本人。

4. 根据书面评价成绩，从高分到低分确定面试测评人选，面试测评人选与公招职位的比例为5：1。面试测评人选名单及其书面评价成绩在"广州经理人网"和××上公布。

（三）面试测评

1. 面试测评满分为100分，面试测评成绩按××%计入测评综合成绩。

2. 面试测评：面试测评主要测试应试者在领导能力素质、个性特征、专业知识等方面对公招职位的适应程度，采用无领导小组讨论、结构化面试、角色扮演、演讲、管理任务模拟等技术。

3. 面试测评由面试测评小组负责测评和评分，同一职位的面试测评由同一面试测评小组负责测评和评分。

4. 面试测评时间：××××年×月×日（星期×）上（下）午××，地点：××××。

5. 面试测评结束后，根据应试者的书面评价、面试测评成绩按相应比例确定测评综合成绩。面试测评成绩及测评综合成绩通知应试者本人。

6. 根据测评综合成绩，从高分到低分确定体检人选，体检合格者确定为组织考察人选，考察人选与公招职位的比例为3：1。考察人选及其书面评价成绩、面试测评成绩、测评综合成绩在"广州经理人网"和××上公布。

（四）组织考察

组织考察实行考察预告制，采取个别谈话、民主测评、实地考察、查阅个人档案、专项调查、同考察对象面谈等方法进行。

（五）党委研究决定

组织（人事）部门根据考察情况和测评成绩，研究提出任用建议。按照干部（经营管理者）管理权限，由党委、董事会集体讨论作出任用决定，或者提出推荐、提名的意见。

（六）任前公示

对党委决定任用的经营管理者和决定推荐、提名的人选，在“广州经理人网”、公招单位和拟任用人选所在单位进行公示，公示期为7天。公示后，未发现影响任用问题的，办理任职手续。

（七）试用与任职

对公开招聘任用的经营管理者实行试用期制，试用期1年。试用期间履行所任职务的职责，享受相应的政治、工资、福利待遇。试用期满后，经考核胜任的，按有关规定办理正式任职手续。

五、时间安排

此次公开招聘工作拟从20××年××月开始，至××月基本完成。

××月：发布公告，接受报名，资格审查。

××月：书面评价、面试测评。

××月：确定考察对象、组织考察。

××月：任前公示、确定任职人选。

【关键术语】

外部招聘　媒体招聘　校园招聘　猎头服务

【思考题】

1. 外部招聘的策略包括哪些内容？
2. 外部招聘有何优缺点？
3. 如何选择外部招聘的途径？
4. 如何设置外部招聘的流程？

第七章 初步筛选

【学习目标】

学习完本章后，你应该能够：

1. 了解初步筛选的目的；
2. 了解和熟悉简历筛选；
3. 掌握电话约谈的基本要点；
4. 掌握工作申请表的使用和筛选；
5. 了解背景调查的基本要求。

【案例】

宝洁的申请表

从2002年开始，宝洁将原来的填写邮寄申请表改为网上申请。毕业生通过访问宝洁中国的网站，点击“网上申请”来填写自传式申请表及回答相关问题。这实际上是宝洁的简历筛选测试。

宝洁的自传式申请表是由宝洁总部设计的，全球通用。宝洁在中国使用自传式申请表之前，先在中国宝洁的员工中及中国高校中分别调查取样，汇合其全球同类问卷调查的结果，从而确定了申请表选拔关的最低考核标准。同时也确保其申请表对不同文化背景的学生仍然能保持筛选工作的相对有效性。申请表还附加一些开放式问题，供面试的经理参考。

因为每年参加宝洁应聘的大学生很多，一般一个学校就有1000多人申请，宝洁不可能直接去和上千名应聘者面谈，而借助于自传式申请表可以帮助其完成高质高效的招聘工作。自传式申请表用电脑扫描来进行自动筛选，一天可以检查上千份申请表。

宝洁公司在中国曾作过这样一个测试，在公司的校园招聘过程中，公司让几十名并未通过履历申请表这一关的学生进入到了下一轮面试，面试经理也被告之“他们都已通过了申请表筛选这关”。结果，这几十名学生无人通过之后的面试，没有一个被公司录用。

【你会怎么做】

测评是需要成本的，为了提高甄选的效率，在测评之前进行初步筛选，选择合适的应聘者进入下一轮测评。宝洁使用了申请表作为他们甄选人才的第一关，申请表有什么优势，为什么宝洁会使用申请表进行筛选，这种筛选方式有效吗？有没有其他相似的筛选手段，能够提高人员甄选的成功率？

组织通过发布招聘信息，吸引前来应聘的求职者。组织需要面对的求职者可能较多，如果所有人都进入后续的人员测评、面试等阶段，无疑就增加了招聘工作量和成本，甚至会影响招聘进度。由于组织的人力、财力有限，不可能对所有的求职者进行全面测试，故须通过初步筛选减少进入正式测试的求职者，以对合格的求职者进行测试。

初步筛选实际上是招聘者对求职者的一系列相关判断，其中包含相关的预测逻辑。人—职匹配是招聘与甄选工作的核心，强调通过个体特征与职位特征的双重匹配达到预期工作效果。在这个过程中，招聘者需要对求职者的 KSAO（知识、技能、能力、其他特征）进行判断，在初步筛选中选出合适的求职者，以进入下一阶段的正式测评。

在选拔决策中，分析求职者的过去背景是非常关键的。例如，在选拔企业的法律顾问时，求职者在以前工作经历中担任律师的成功背景可以考虑为相关指标，预测其在新职位成功的可能性。从求职者中初步甄选候选人的典型方法包括简历和自荐信核查、申请表核查、电话面试和初始面试等方法。

本章介绍了初步筛选中常用的简历筛选、电话约谈、初步面谈、工作申请表核查、背景调查等工具。

第一节　简历的筛选

一、审查简历的总体结构与印象

查看求职者简历格式是否规范、整洁、美观，有无错别字；审查简历中的逻辑性，例如，在求职者工作经历和个人成绩方面，描述的条理性、工作时间的连贯性、是否反应求职者的能力在工作中不断提高、是否有矛盾的地方，并找出相关问题。

简历的整体结构和给人的印象，反映求职者的逻辑能力、组织能力和书面表达能力。如可判定求职者简历完全不符合逻辑，或者书面表达能力达不到职位要求，可直接筛选掉。

二、简历中客观内容与客观条件筛选

客观条件的筛选，主要依据所招聘职位的工作规范或任职资格中要求任职者必备的客观内容进行。客观内容主要包括个人信息、受教育程度、工作经历和个人业绩四方面（个人信息包括姓名、性别、年龄、学历等；受教育程度包括正规学习经历和培训经历；工作经历包括工作单位、起止时间、工作内容等；个人业绩包括学校和工作单位各类奖励等）。

客观条件筛选，一是审查求职者的客观内容是否达到职位的最低要求，二是审查求职者的简历中是否有矛盾之处。如候选人简历中显示，在同一时间段，既在澳大利亚的大学读硕士研究生，又在北京的企业任职，这就是矛盾的学习经历和工作经历，需要核实。如不能自圆其说，可直接放弃该工作申请者。

（一）个人信息的筛选

在筛选对客观指标（性别、年龄、工作经验、学历）较严格的职位时，如其中一

项不符合职位要求则可快速筛除掉；在筛选对客观指标不严格的职位时，可根据招聘职位要求，结合其他客观条件进行判断，如建筑公司预决算部经理的任职资格，要求工民建专业大学本科学历，八年以上相关工作经验，具备预决算资格证书，如求职者具备硕士研究生学历，六年相关工作经验，具备相关资格证书，可进一步考虑。

（二）受教育程度、培训经历和工作经历的筛选

在查看求职者教育背景中，要特别注意求职者是否用了一些含糊的字眼，比如有无注明大学教育的起止时间、学制类型（全日制、夜校、在职）和专业类别（专业是否对口）等；在查看求职者培训经历时要重点关注专业培训、各种考证培训情况，主要查看专业与培训的内容是否对口；查看求职者的工作经历与所申请职位的职能背景是否有关联等 。如果求职者的大学教育背景、培训经历背景、工作经历背景与申请的职位职能类型均不对口甚至无关，可直接排除。

国外有研究表明，在公众认可的学校所获得的一般水平学位，比在公众未认可的学校所获得的更高水平学位更能反映出较高的学业成就。同时，研究显示，教育水平与工作绩效强弱相关。

（三）工作经历的筛选

求职者工作经历是查看的重点，也是评价求职者基本能力的重点，应从以下内容作出分析与筛选：

● 工作时间：主要查看求职者总工作时间的长短、跳槽或转岗频率、每项工作的时间长短、工作时间衔接等。如在总的工作时间内求职者跳槽或转岗频繁，则其每项工作的具体时间就不太会长，这时应根据职位要求分析其任职的稳定性。如可判定不适合职位要求的，直接筛选掉。查看求职者工作时间的衔接性，如求职者在工作时间衔接上有较长空档时，应做好记录，并在面试时询问求职者空档时间的情况。

● 工作职位变化：如果工作申请人十年如一日工作在同一职位上，没有发展、晋升、调动则需要考虑成长的空间与可能性，同时要了解其原因。

● 工作内容：主要查看求职者所学专业与工作的对口程度，如专业不对口，则须查看其在职时间的长短；结合上述工作时间原则，查看求职者工作在专业上的深度和广度。如求职者短期内工作内容涉及较深层次，则要考虑简历中是否有虚假成分。结合以上内容，分析求职者所述工作经历是否属实、有无虚假信息。如可断定不符合实际情况的，直接筛除。

● 个人业绩：主要查看求职者所述个人业绩是否适度，是否与职位要求相符，如出现过分夸张的信息，如不现实的销售业绩、不现实的研发成果，可直接筛除。

三、查看主观内容

求职者在自我评价和主观描述方面，一般会突出积极的信息。这方面主要查看求职者自我评价或描述是否适度，是否属实，并找出这些描述与工作经历描述中相矛盾或不符、不相称的地方。如可判定求职者所述主观内容不属实，且有较多不符之处，这时可直接筛除掉。

四、初步判断简历是否符合职位要求

（一）判断求职者的专业资格和工作经历是否符合职位要求。如不符要求，直接筛除掉。

（二）分析求职者应聘职位与发展方向是否明确和一致。

（三）初步判定求职者与应聘职位的适合度。如可判定求职者与应聘职位不合适时，将此简历直接筛除掉。

五、查看求职者薪资期望值与招聘职位可提供薪资水平的匹配程度

如职位提供的薪资水平远低于申请者的期望，可暂不考虑。另外，如果简历中列明了求职者以往工作经历中的薪资变化范围，也可以查看求职者以往薪资变化的曲线，从侧面了解求职者在其他组织的成长情况。求职者过往薪资变化的情况有时也可作为组织确定求职者薪资的参考。

六、结合以上内容最终判定简历是否符合职位要求

如根据以上不能判定是否符合职位要求时，可选用电话约谈进行筛选；如可判定简历合格的可直接向用人部门推荐。

总之，简历筛选只是对应聘者与其应聘职位的基本资格进行匹配，通过简历筛选的应聘者才有进入下一轮测试的机会。简历筛选既要注重所招聘职位的任职资格要求，也要灵活考虑到多种可能的复杂情况。如果在简历筛选中存在某些不清晰的地方或疑问，而应聘者的其他背景似乎又比较符合职位要求，则可通过其他方法进一步核实应聘者的信息。

第二节　电话约谈和初步面谈

一、电话约谈的优势与作用

由于其通信的便捷性，电话被组织广泛用作最初的筛选工具。通过电话约谈可以使招聘者迅速获得所需的信息，并能基本了解申请人员的沟通能力和语言表达能力。特别是组织主动搜索招聘网站人才库资料所获得的候选人资料，需要通过电话初步约谈，了解候选人目前的工作状况和求职意愿。

使用电话约谈时，招聘者应该清楚这不是正式的会谈，只是为决定哪一位候选人更具有竞争力的初步筛选，其目的是淘汰条件不符者，减少面试的失败率和减低成本。因而招聘者在使用电话约谈时要清楚地表明意图，为进一步筛选作准备，并可通过电话约谈约定正式面试。

二、电话约谈的策略与技巧

电话约谈中，招聘者可按照一定的程序与候选人进行初步沟通，核实希望了解的候

选人信息，并简单介绍组织和相关职位的信息。例如：

- 与应聘者联系，使用其私人电话取得联系
- 介绍自己并解释打电话的意图与所需时间
- 询问应聘者是否方便接受此次电话访谈
- 进行电话访谈
- 感谢应聘者接受此次电话访谈，并说明结果

（一）电话约谈的内容可参考如下要点：

1．确认应聘者身份；

2．简单介绍公司和求职者应聘的职位；

3．了解求职者目前工作状况（在职或失业）；询问求职者应聘原因及离职原因；了解求职者对未来工作的期望（包括薪酬期望）等；

4．可核实简历中不清楚的信息或有疑问的信息，并作记录；

5．了解求职者目前工作的主要内容以及主要技能；

6．如果须进一步深入考查，可让求职者提出其所关心的问题；

7．了解求职者语言表达能力及沟通能力（根据职位要求而定）；

8．通过电话沟通情况，最终判定求职者的背景是否符合职位要求。

（二）电话筛选的技巧

招聘者应该为申请者的电话约谈作充足的准备，以便能够高效运用这种筛选方法。招聘者还应该准备一系列问题，以便能在电话问答中获得足够的信息。例如，招聘者要寻求一名销售职员，可以使用以下语句：

你好，这里是××单位，我们收到您的应聘简历，您应聘的是销售员的职位，请问可以谈几分钟吗？

（1）你现在从事什么工作？

（2）你有相关的工作经验吗？

（3）你以前在哪些公司从事过销售工作？

（4）你以前销售工作的业绩如何？薪酬大概是什么水平？

（5）如果我们公司录用你，你什么时候可以来上班？

我们的问题问完了，我们将尽快通知你有关申请此职位的后续情况。

一旦发现申请者的条件符合应聘工作的要求和候选人的条件，就可以邀请他来填写一份申请书，准备进入下一阶段的选拔。

三、使用电话约谈进行筛选

通过电话约谈，招聘者应达到如下目的：

- 了解求职者提供的信息是否与简历中的信息一致，是否存在不可靠的信息；
- 了解求职者的意愿、对工作（包括薪酬）的期望是否能与招聘职位匹配；
- 求职者是否能满足所招聘职位最基本的任职资格要求；
- 是否需要约定下一次面试的时间。

通过电话访谈，可初步筛选一批合格的、有求职意向的候选人，并可与候选人约定下一步行动。通常情况下，电话约谈只是甄选过程的第一步，不能代替面试和其他测试。电话约谈中，招聘者只能根据应聘者的声音及内容来对应聘者进行判断，而应聘者的表情、肢体语言并不能察觉到。

通过电话约谈，可放弃那些不符合招聘职位任职资格的求职者，缩小进一步测试的范围，节约时间和成本。

四、初步面试

初步面试的作用和电话约谈是相似的，目的是排除那些明显不符合要求的人。在该阶段，招聘者会询问一些简单的问题。例如，某个职位可能要求具有一定的工作经历，如果应聘者不具备相关经历，那么对这个职位进行任何进一步的讨论都是浪费双方的时间。

除了尽快排除明显不合格的求职者外，初步面试还有其他的积极效果。例如，有可能可供应聘者申请的职位不止一个，了解组织其他职位空缺的招聘者，可能会将合适的求职者安排到另一职位上。例如，一位应聘者可能不适合应聘高级项目分析员的职位，但是做计算机普通程序员倒是很合适。这种面试不仅能为组织建立良好的声誉，也能使招聘和选择达到最佳效果。

第三节　工作申请表的使用

一、工作申请表的使用以及与简历的差别

简历是求职者提供的第一份材料。为能得到申请的工作，求职者最愿意在简历上面下工夫，这也就导致了简历的一些问题。比如，隐瞒不好的方面，夸大自己的成绩。采用简历筛选的问题就是招聘者对简历的内容和规范性缺少控制，难以对多名求职者的简历进行对比分析；另外求职者的简历中可能并没有招聘者想要知道的信息。当然，以简历的方式提出求职申请也有积极的一面。简历可以提供一些与应聘者有关的额外信息。比如，组织要招聘一位设计人员，并且要求求职者按照自己的想法提供一份简历，通过这份简历招聘者可以看出他是如何表达自己的。

使用工作申请表有以下一些好处：

- 可以使组织比较精确地了解候选人的资料，其中通常包括受教育情况、工作经历等信息，以判断候选人是否具备申请职位所要求的基本条件，标准化的表格可以加快预选速度；
- 通过工作申请表，可以了解候选人在职业发展过程的稳定性，如候选人是否频繁换工作；
- 可以了解候选人在过去一段时间的成长与进步情况，作为判断候选人发展空间的依据；
- 标准的工作申请表有助于在面试前设计具体而又有针对性的问题。

二、工作申请表的设计

不同的组织在招聘中使用的申请表所包括的项目可能有所不同，比如，针对技术或管理类的申请者，通常要求其较为详细地回答与教育程度有关的个人情况；而适用于工厂计时工人的申请表则可能会集中于诸如曾经使用过的工具或设备等问题。但不管何种形式的申请表，一般来说都应该能够反映以下信息：

- 应聘者的基本信息，如姓名、性别、身高体重、联系方式、家庭和健康状况等；
- 应聘者的受教育状况，如教育水平、学历、职业培训、所获职业资格证书等；
- 应聘者的工作经验及业绩，特别是与申请职位相关的工作经验，包括曾工作过的单位、工作职位、起止时间；
- 申请表还应该包括其他部分，让应聘者提供附加信息，如特殊工作经历、技术能力等。

在设计和使用工作申请书时，应注意以下一些问题：

- 内容的设计都要根据工作说明书来确定；
- 设计时还要注意法律和政策的相关规定，不能侵犯申请者个人隐私；
- 即使已经有现成的表格，也不要急于使用。首先要查看一下申请表可以提供哪些信息；
- 在审查申请表时，要估计背景材料的可信程度；
- 申请表后应附加一个声明，表明求职者提供的信息是真实和完整的；
- 通过审查申请表，一一列出其中的疑点，以便在面试时加以了解。

表 7－1　2010 年广州市公开招聘报名登记表

<table>
<tr><td>姓　名</td><td></td><td>性别</td><td></td><td>出生年月</td><td></td><td rowspan="5">贴近期大一寸
正面免冠
彩色相片</td></tr>
<tr><td>籍　贯</td><td></td><td>民族</td><td></td><td>工作时间</td><td></td></tr>
<tr><td>政治面貌</td><td></td><td colspan="2">参加党派时间</td><td colspan="2"></td></tr>
<tr><td>工作单位
及现任职务</td><td colspan="5"></td></tr>
<tr><td>任现职时间</td><td colspan="2"></td><td colspan="2">任现职级时间</td><td></td></tr>
<tr><td>任下一职级时间</td><td colspan="6"></td></tr>
<tr><td>学　历</td><td></td><td>学位</td><td colspan="2"></td><td>职称</td><td></td></tr>
<tr><td>有何专长</td><td colspan="6"></td></tr>
<tr><td>住宅电话</td><td></td><td>手机</td><td colspan="2"></td><td>单位电话</td><td></td></tr>
<tr><td>通信地址</td><td colspan="4"></td><td>邮政编码</td><td></td></tr>
</table>

<table>
<tr><td>身份证号码</td><td colspan="5"></td></tr>
<tr><td>报考职位</td><td colspan="5"></td></tr>
<tr><td colspan="6">学　习　和　培　训　经　历</td></tr>
<tr><td>起止年月</td><td colspan="2">毕业院校</td><td>所学专业</td><td>学制及学习形式</td><td>学历</td></tr>
<tr><td></td><td colspan="2"></td><td></td><td></td><td></td></tr>
<tr><td></td><td colspan="2"></td><td></td><td></td><td></td></tr>
<tr><td></td><td colspan="2"></td><td></td><td></td><td></td></tr>
<tr><td colspan="6">主　要　工　作　经　历</td></tr>
<tr><td>起止年月</td><td colspan="5">工作单位及职务（级别）</td></tr>
<tr><td></td><td colspan="5"></td></tr>
<tr><td></td><td colspan="5"></td></tr>
<tr><td></td><td colspan="5"></td></tr>
<tr><td>何时何地受过何种奖励或处分</td><td colspan="5"></td></tr>
<tr><td rowspan="6">家庭成员及主要社会关系</td><td>姓　名</td><td>年龄</td><td>工作单位及职务</td><td>政治面貌</td><td>与本人关系</td></tr>
<tr><td></td><td></td><td></td><td></td><td></td></tr>
<tr><td></td><td></td><td></td><td></td><td></td></tr>
<tr><td></td><td></td><td></td><td></td><td></td></tr>
<tr><td></td><td></td><td></td><td></td><td></td></tr>
<tr><td></td><td></td><td></td><td></td><td></td></tr>
<tr><td>签名确认</td><td colspan="5">本人签名：　　　　年　月　日</td></tr>
<tr><td>审核确认</td><td colspan="5">组织部门审核意见
单位（盖章）：
年　月　日</td></tr>
</table>

填表说明：
1. 所有项目都为必填项。
2. 学习经历：指大专以上的学习经历。
3. 培训经历：指脱产一周及以上的培训经历。
4. 学制及学习形式填写“全日制”、“在职”、“半脱产”、“全脱产”等。
5. 社会关系：要求如实填写与所报考单位员工的亲属关系。
6. 填表人必须保证如实填写，如发现弄虚作假，则取消录用资格。

三、工作申请表的筛选

如上表，工作申请表能提供求职者个人信息、就业愿望、教育背景、特殊兴趣和能力、工作经验等信息。通过审核申请表，招聘者能够判别哪些求职者能满足教育和经历的最低要求。通过这种方式，申请表帮助组织把候选人的范围缩小到便于进行测试和面试的数量。工作申请表的筛选原则与重点，可参照前面有关简历的筛选。

第四节 背景调查

一、背景调查的作用

背景调查是指应聘者申请职位时，组织调查应聘者过往经历中相关的关键信息。背景调查的目的是获得拟录用人员全面的工作经历、过往工作业绩以及诚信程度等信息，核实应聘者所提供资料的真伪，进而预测应聘者在组织未来可能取得的工作业绩。大多用于调查中层及以上的管理人员或关键职位的人员。

（一）核实应聘者所提供资料的真伪并了解其他重要信息

应聘者为了扩大其被录用的机会，提交给组织的信息不一定准确，如夸大在原单位取得的成绩等，而实施背景调查就可以核实这方面的关键信息。通过背景调查还可了解应聘者在原单位的人际关系、合作精神等信息。

（二）核查应聘者有无严重过失或违纪行为

应聘者在简历中或工作申请表中往往不会主动暴露犯过的严重错误、违纪或被开除的经历。如果招聘的员工有这些经历而组织不知情，则可能面临巨大的风险。通过背景调查，组织了解到的信息可避免风险隐患。

（三）预测应聘者在组织中未来可能取得的工作业绩

应聘者的申请表和简历是其自己表述的经历和业绩，这对组织招聘来说只能起参考作用。组织要深入了解应聘者真实的工作能力，进行背景调查是一种非常有效的方法。组织通过背景调查，可以获得第三方对应聘者业绩和能力的评价，据此推测应聘者将来在工作中的表现及其未来工作的成就。

二、背景调查的主要内容

背景调查应根据应聘职位的任职资格要求，及应聘者在简历和申请表中提供的相关重要信息，撰写背景调查的重点内容，其主要内容如下：

（1）教育和专业训练背景。

必要时，组织可核查应聘者提供的学历学位信息的真伪，例如，招聘者可通过网络核实本国大学毕业证书和学位证书的信息。

（2）职业资格和认证信息。

核查应聘者相关的职业资格和认证证书是否真实，以核实应聘者是否切实参与过职业资格认证并达到要求。

（3）工作职位、经验和成就。

详细核实应聘者的工作起止时间、所在部门、任职职位，部分应聘者在简历和申请表中所填写的工作职责非常丰富，甚至把前任职单位的工作成绩揽在自己身上，通过背景调查可了解实际情况。

（4）重要奖惩核查。

主要核实应聘者在简历和申请书中所列明的重大奖励和表彰是否属实，了解应聘者在原工作过程中是否有因严重的失职或违纪而导致的处分等。

三、实施操作步骤

（一）调查方式

实施背景调查，可通过电话调查、档案查询、网上查询、专人调查、去函调查等多种方式进行。

背景调查还可以分为组织亲自调查和委托调查。亲自调查即指派自己的员工查询应聘者的相关资料，拜访与之相关的单位，如从前工作过的单位、以前的客户等。这种方式获得的信息可信度较高，但耗时费力。

委托调查即委托有专业背景的调查单位或个人负责信息收集的工作。采用这种方法要注意：签订委托调查合同时，一定要规定信息不实的风险和责任，以便降低委托方的法律风险，减少由于信息不实所受的损失。它的优点在于专业、快速，缺点是成本较高。

（二）背景调查实施时需要注意的问题

第一，调查须征得被调查者的同意。调查之前，组织应要求被调查者以书面的形式签名同意对其进行背景调查（如在求职申请表中列明），建议求职者为每段学习和工作经历提供证明人的名单及联系方式，并将此书面声明与该求职者的其他申请材料一起存档。

第二，要考虑被调查者的心理压力。有些求职者还未与原单位解除劳动关系，不愿让原单位知道自己准备跳槽，这时要注意被调查者的感受，注意调查时与其人事部门的沟通技巧与艺术。

第三，注意与工作岗位的相关性。背景调查人员应该仅仅询问与工作有关的问题，尽量调查了解有事实依据的客观情况，要求对方尽量公开员工的工作情况和个人品行，并以书面形式记录整个调查过程，然后将其整理存档。

第四，背景调查应以简明、实用为主。背景调查工作较为繁琐，调查的内容和范围不宜无限制扩大，要根据职位关键要求，了解足够的信息即可。这样也可节约时间。

第四，要符合法律规范。在采用适当方式对求职者进行背景调查时，不要违反相关法律的规定，并要注意尊重被调查者的隐私权。

第五，慎用背景调查的结果。背景调查只能作为录用决策的参考，还需要与其他测评工具配合使用，才能作出最后录用的决定。

四、如何获取可靠信息

（一）寻找合适的信息提供来源

国外有研究表明，当信息提供者具备下列条件时，背景调查材料才有意义：

- 背景调查信息提供者有适当的机会观察工作中的应聘者；
- 背景调查信息提供者有资格评价求职者的工作情况；
- 能够用调查单位可以理解的方式陈述对申请人的评价。

（二）采用合适的提问方法

在实践中，尤其是通过电话进行背景调查时，大部分管理者对于提供前员工的信息都犹豫不决。选用合适的提问方式有助于鼓励其提供信息：

- 请管理者评价前员工的能力，而非要求其对前员工以往的绩效进行判断。
- 询问对方怎样才能最大限度地发挥该员工的能力。
- 避免让对方觉得评定前员工的绩效表现是其义务。

例如：我们是一家快速发展的证券公司，工作比较繁忙，往来电话及文书不断。我们现正考虑让李丽在客户服务部门任职。您觉得她能否胜任这个职位？

如上所述，组织可以用多种初步筛选方法来淘汰应聘者，辨别出基本合格的应聘者以进入正式的测试阶段。在这些方法中，需要注意，这仅仅是“初步”的筛选，是组织为了把合格的应聘者和不合格的应聘者粗略分开的方法，而不是最终筛选决策的手段。通过初步筛选，组织能更有效地利用资源，控制招聘成本。

【关键术语】

简历筛选　电话约谈　工作申请表　背景调查

【思考题】

1. 如何通过简历筛选初步辨别应聘者？
2. 电话约谈有何优势？应如何操作？
3. 工作申请表与简历有何区别？其各自的优势是什么？
4. 如何进行背景调查？调查的主要内容有哪些？
5. 进行初步筛选有何作用？对于组织的意义是什么？

第八章 人员测评导论

【学习目标】

学习完本章之后，你应该能够：

1. 了解人员测评的定义和分类；
2. 了解人员测评的基本流程；
3. 掌握测评指标体系的构成要素和构建；
4. 了解测评方法的选择应考虑的因素。

【案例】

我国人才测评的现状

近年来，人才测评受到越来越多的用人单位和求职者的欢迎。在上海，市任职资格评价中心已先后接受了100多家大中型企业、三资企业的委托，使用科学的人才测评手段选拔中高级管理人才，同时还为上海十多家急需招聘人才的银行等单位提供了人才测评服务；在北京，已连续四次在面向社会选拔政府干部中采用了人才测评；在深圳，华为集团聘用了有心理学硕士学位的员工专门负责人才测评工作；各级党政机关领导也越来越重视人才测评技术，不少地方在公务员选拔中都采用了人才测评和结构化面试技术，减少了公务员录用过程中的人为因素，促进了人才测评技术在我国的推广使用。

目前，在我国人才测评技术的发展尚未成熟，有不少不尽如人意之处。归结其根本，在于测评体系的不足。目前，有些人才测评软件仅是将国外的心理测评软件经过简单的汉化处理就推向市场了，并未能针对中国人特有的心理素质和能力建立适合中国人的“常模”① 和评价体系。因此，即使被测评者非常真实地参加了测评，但在测评结果的解释上难以根据中国人特有的文化背景来解释，其结果的准确性存在疑问。人是世界上最复杂且最难以评价的对象，不同时代、不同社会环境和不同的历史文化背景，对人的影响是不一样的，尤其是东西方人在心理特征、行为道德规范、智力因素和职业选择等方面差异更大。所以，任何人才测评体系要在中国推广和应用，就应建立一整套适合中国人的常模和样本，这是非常重要的。

改编自：http://blog.sina.com.cn/s/blog_ 5d2b69860100b3c9.html

【你会怎么做】

你如何看待人才测评技术在我国的发展前景？

---

① “常模”的定义见本书第257页。

经过初步筛选出来的应聘者，需要通过进一步测评来选拔合适的任职者。人员测评，也称为人才测评、人事测评或人员素质测评，包括对人员素质的测量与评定。人员素质的测量，就是通过多种测量技术和方法，对人员的能力和素质进行描述；人员素质的评定则是根据人员能力和素质的测量结果，对其能力和素质进行客观的衡量。

人员测评是建立在管理学、行为科学、测量学、心理学等基础上的一种综合方法体系。它根据空缺职位的任职资格要求，采用心理测验、面试、情境模拟等多种技术手段，通过对人员的知识、能力、个性特征、职业倾向和发展潜力等方面的素质进行评价，以判定人员与职位、人员与组织的匹配程度，为组织的人员招聘与选拔提供依据。

在现代的人员招聘与选拔活动中，人员测评技术越来越受到重视。在国家党政干部的选拔录用、公务员的竞争上岗、企事业单位员工的招聘都广泛应用了人事测评技术，有力地促进了公正、公平、平等、竞争、择优用人机制的形成，同时有效地提升了人力资源管理的科学化水平。

本章系统介绍了测评技术的分类、实施原则、测评流程、测评指标体系的设计、测评方法的选择以及提高测评有效性的步骤和方法。

第一节　人员测评概述

一、人员测评的定义及分类

人员测评，也称为人才测评、人事测评或人员素质测评，包括对人员素质的测量与评定。人员测评按照不同的分类标准，可划分出不同类型的测评，主要有以下几种类型的分类。

（一）按测评的实施范围划分

● 个体测评。即一次仅对一个应聘者进行测评。

● 团体测评。即同时对多个应聘者进行测评。

（二）按测评的形式划分

● 笔试。指利用纸笔测试，完成测验题目。

● 面试。指根据测评的目的，向应聘者提出有关的问题，测评者根据应聘者的语言表达对其能力进行评定的过程。

● 情境模拟测评。即模拟与应聘者将来工作环境高度相似的情境，测评者通过观察应聘者在完成任务过程中的行为表现，对应聘者的潜在能力和素质进行评价。

（三）按测评的性质划分

● 定性测评。利用评语鉴定、观察法等，通过测评者的主观认识和评价对应聘者进行评定。

● 定量测评。将能力和素质划分为不同的等级，并赋予各个等级不同的数值，通过汇总各个能力维度的得分，从而形成关于应聘者能力素质的评价。

（四）按测评的参照标准划分

● 常模测评。将应聘者的测评结果与平均测评结果进行比较，从而确定应聘者在人群中的素质水平。

● 标准测评。根据职位分析建立职位的测评指标体系，围绕该指标体系对应聘者进行测评，通过测评结果判断应聘者是否符合职位要求。

二、人员测评的流程

（一）明确人员测评的目的

一般而言，组织开展人员测评活动的目的包括选拔、培训、考核、诊断、配置等。

（二）确定人员测评的指标体系

通过职位分析，系统地了解相关职位的任职资格和胜任力特征，从而确定测评指标体系。测评指标体系包括测评能力维度、测评的标准以及指标权重。

（三）确定测评方法

任何测评方法都有其优势所在，测评方法应根据测评的能力维度及测评技术的特点进行选择。不同的测评方法适用于不同的能力维度，有的测评维度能用两种或以上的方法进行测评。

（四）拟订测评方案与实施测评

依据所选取的测评方法的特点及测评目的，以人力、物力、时间成本的最佳组合为原则，拟订测评方案。然后，根据在小范围内的试测结果，对方案进行适当的完善和修订，形成最终的测评方案。最后，根据拟订的最终方案，实施测评。

（五）统计测评结果与撰写测评报告

测评结束后，测评者要对评分结果进行分析和讨论，形成一致性的评定意见，并撰写测评报告。

【例8-1】×××旅汽集团市场部经理素质测评方案

1 前期调查准备

1.1 测评背景调查

×××旅汽集团是一家集出租汽车、汽车租赁、汽车俱乐部、汽车维修与保养、汽车油料和零配件供应，客运、货运为一体的现代汽车服务大型企业，公司共有员工4000多人。为更好地迎接物流行业激烈的竞争，确保占领一定的市场份额，集团公司决定招聘一名市场部经理，带领市场部团队为集团公司进行市场开拓。

1.2 成立测评小组

测评小组由人力资源部经理、招聘主管、高层领导、测评专家共10人组成，确定分工和工作日程。

1.3 分析市场部经理的职位特征

测评专家听取公司领导和相关人员的介绍，组织测评小组召开座谈会、查阅与市场部经理岗位相关的资料，调查分析市场部经理的工作职责和规范，为构建市场部经理胜任特征模型作准备。

2 构建市场部经理胜任特征模型

2.1 初步确定胜任能力要素

首先，测评小组成员通过访谈、问卷调查、历史资料查找等方法，从各种渠道获得关于该职位的资料，交由测评专家分析汇总。

其次，根据汇总的所有资料，讨论各条能力要素，合并相似的能力指标，并检查胜任能力要素是否完整。

最终得出初步的24项胜任能力要素。包括：营销专业知识、成本收益意识、营销技能、信息调查与收集能力、职业兴趣取向、积极主动性、灵活性和适应性、行为的结果导向、自我成就动机、思维分析能力、书面交流能力、团队建设和协作能力、果断决策能力、领导指挥能力、管理绩效、组织计划能力、时间管理能力、创新能力、人际关系营造能力、说服沟通能力、个人影响力、客户服务倾向、承受压力能力。

2.2　将胜任能力要素归类

首先，将上述24项要素按个人内在能力、人际沟通能力、组织管理能力分类，并着手调查各个指标的相对重要性，以便确定需要重点测评的能力素质。下表是分类后的素质构成及重要程度调查表。

测评维度	测评内容（胜任能力）	重要程度调查		
		1～4分	5～7分	8～10分
个人内在能力——专业知识	营销专业知识			
	成本收益意识			
个人内在能力——心理素质	积极主动性			
	灵活性和适应性			
	自我成就动机			
	思维分析能力			
	承受压力能力			
	创新能力			
个人内在能力——专业技能	信息调查与收集能力			
	营销技能			
	时间管理能力			
人际沟通能力	书面交流能力			
	人际关系营造能力			
	说服沟通能力			
	个人影响力			
	客户服务倾向			
组织管理能力	团队建设和协作能力			
	果断决策能力			
	领导指挥能力			
	管理绩效			
	组织计划能力			
	行为的结果导向			

其次，由测评专家统计、分析、调查所获得的数据，取最重要的8项能力素质作为素质测评的胜任能力特征，并对此8项素质的行为进行分级定义，如下图所示：

重要程度得分	测评内容	级别	测评得分	各级别的行为定义
8	组织计划能力	出色	4～5	能根据工作要求和现有资源制订合理的工作计划，对工作的优先顺序作出准确判断和安排；能考虑各种可能出现的危险和问题，制定工作考察表、工作进度表，并严格执行
		熟练	3	能够有目标、系统化地协调工作，为自己和下属拟订必要的工作计划，有计划地运用材料和资源；擅长组织和安排各种活动，协调活动中人与人之间的关系
		中等	2	善于发挥团队作用，能够发现并运用他人的优点；善于运用工作进度表、考核表等工具安排工作计划
		较弱	1	能够调动组织成员的积极性，相互启发补充；懂得运用工作进度表
7.5	说服沟通能力	出色	4～5	能够坚定不移地维护自己的正确观点，能够处理一对多的辩驳
		熟练	3	能够以理服人，并接受合理的建议，善于理解他人的建议与意见
		中等	2	论证严密，通过有力的辩驳维护自己的观点，并能把握适度让步和坚持己见之间的分寸
		较弱	1	观点鲜明，能清楚表达自己的立场，阐述的内容有一定的针对性
7	人际关系营造能力	出色	4～5	能与同事、顾客变成亲密的私人朋友，并能对人际资源进行归类管理、开发运作，能利用私人友谊扩展业务
		熟练	3	能在工作之外的俱乐部、餐厅等地与同事、顾客进行接触，与同事、顾客进行相互的家庭拜访
		中等	2	在工作中能与同事、顾客进行非正式的接触，刻意地建立融洽关系
		较弱	1	能维持正式的工作关系；偶尔在工作中开始非正式的关系

6.5	管对建设和协作能力	出色	4～5	能拥有真实的号召力，提出让人折服的远见，激发下属对团队使命的热情和承诺
		熟练	3	将自己定位为领导者； 能确保他人接受领导的任务、目标、计划、政策； 树立榜样，确保完成组织任务
		中等	2	能保护组织的声誉； 取得组织所需的人员、资源、资讯； 确保组织的实际需要得到满足
		较弱	1	能运用复杂的策略提升团队的士气和绩效； 以公正的态度运用职权
6	思维分析能力	出色	4～5	在两难问题讨论中，将正反两方的优缺点分析得很透彻，能抓住问题的实质； 能预见性地分析各种可能出现的问题，并找出最佳解决策略
		熟练	3	会考虑问题各个方面之间的联系； 能识别出问题产生的若干个原因，并分析相应的对策和可能的结果
		中等	2	能把复杂的问题、过程或项目进行系统分析，化繁为简； 能够把资料中大量的信息有条理地归类，为决策提供参考
		较弱	1	能够进行因果关系分析，发现问题的基本关系，确定需要执行的活动的先后顺序
5.8	果断决策能力	出色	4～5	善于根据具体情况进行正确的判断和果断的决策，为组织在关键问题上的发展方向提供有导向性价值的建议
		熟练	3	能够运用决策的原则，客观地分析存在的问题，采取措施；积极与他人探讨，提出合理建议，为组织提供有力的支持
		中等	2	能较为全面地分析问题，能够分析决策的各种结果； 能够提一些建议供他人参考
		较弱	1	对存在的问题有一定的理解，能够分析正反两方面的结果；在他人的帮助下能对情况作进一步的分析

5.5	客户服务倾向	出色	4～5	成为客户信赖的顾问：依照客户的需要和问题，提出独特见解；深入参与客户的决策过程，指导客户如何面对艰难的问题
		熟练	3	重视组织的长期效益，以长远的战略眼光解决客户问题；站在客户的角度思考，并作出短期内对组织不利、长期内实则有利的决策
		中等	2	收集有关客户的真正需求，找出符合其需求的产品或服务；并让顾客随时可以找到自己
		较弱	1	为客户设想，使事情变得更完美，表达对客户的正面期待
5.2	成本收益意识	熟练	4～5	熟练运用自己掌握的财务知识，采取措施控制成本，从投入、产出的角度来处理销售业务、管理各个业务部门
		中等	3～4	掌握一定的财务知识，有控制成本的意识，并运用于管理过程中
		一般	1～2	有一定的成本意识，但未采取措施控制成本

3　选择测评方法、编制测评工具

根据上述8项测评要素的特点，决定首先根据专业知识测试和心理测试从8名候选人中选出4人进入第2轮测试，再组织4人开展无领导小组讨论、角色扮演、公文筐测验，最终决定胜出者。若最后剩下2位实力相当的候选人，可进而运用结构化面谈来甄选。

4　实施测评

4.1　培训测评小组成员的操作规范

培训的内容包括标准施测规程（测评者、主持人应做的事和不宜做的事）、标准指导语以及施测过程中的时间控制、现场情况应急处理等。

4.2　准备好所需要的场地、设备、材料

测评场地要求采光好、无噪音，桌椅布置合理；测评设备包括白板、音像放映设备、摄像装置等。

候选人所需材料，包括测评编号、题本、答题纸、草稿纸、铅笔、橡皮等；测评者所需材料，包括测评手册、记录纸、计时器等。

4.3　具体实施方案

测评实施的具体过程如下图：

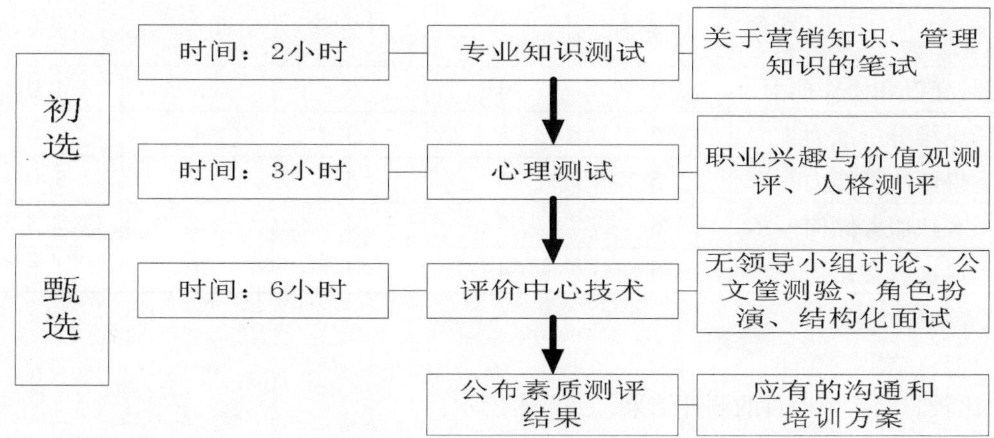

5　处理测评数据

5.1　初选阶段数据处理

专业知识测试和心理测试的结果如下表所示，并按8位应聘者的测试总分排名。

应聘者	专业知识测试	心理测试	总分	名次
D				1
B				2
F				3
A				4
E				5
C				6
H				7
G				8

5.2 甄选阶段数据处理

首先，分别汇总测评者对应聘者A、B、D、F在无领导小组讨论、公文筐测验、角色扮演及结构化面试中的表现评分，填入评分表中。例如，应聘者A在无领导小组讨论中的表现由4位评委评分（5分制），下表是A的得分统计。

评委 / 测评要素	评委1	评委2	评委3	评委4	平均分
组织计划能力	5	4	4	5	4.5
说服沟通能力	5	5	5	5	5.0
人际关系营造能力	4	5	4	5	4.5

测评要素＼评委	评委 1	评委 2	评委 3	评委 4	平均分
团队建设和协作能力	2	4	5	5	4. 0
思维分析能力	5	4	3	4	4. 0
果断决策能力	5	5	5	5	5. 0
客户服务倾向	5	5	4	4	4. 5
成本收益意识	5	4	5	4	4. 5

5. 3　汇总结果

比较总结 4 个项目的测评结果，如下表所示：

应聘者	无领导小组讨论	公文筐测验	角色扮演	结构化面试	总分	名次
F	38	35	36	38	147	1
A	36	38	34	36	144	2
D	37	35	35	35	142	3
B	36	35	34	35	140	4

最后，经过所有测评者及测评专家商议，确定应聘者 F 为销售经理。

6　撰写测评报告

综合分析上述数据和图表，将本次素质能力测评实施的具体情况汇总成书面报告，提交人力资源部负责人和公司最高决策者，为他们的人事决策提供参考。

三、人员测评的意义

（一）人员测评对组织的意义

一方面，选拔德才兼备的应聘者进入组织，能提高组织的工作效率和竞争力。另一方面，由于人是有差异的，各工作岗位对人的要求也是不同的，只有做到人—职匹配，才能实现“人尽其才”。

（二）人员测评对个体的意义

首先，人员测评将个体的优、缺点都展现出来，帮助个体对自身有一个较全面、正确的认识，从而做到扬长补短，不断完善自我。

其次，人员测评使个体在专业或职业选择上更理智、更切合实际，更好地做到人—职匹配，避免因选错专业或职业而影响学习与工作。

再次，人员测评，能全面考察个体自身的条件，衡量利弊，为个人的职业规划提供有价值的资料，有利于个人作出更明智的选择。

第二节　测评指标体系设计

一、测评指标体系的含义及构成

（一）测评指标体系及测评指标

人力资源测评工作系统中的重要环节之一，就是根据测评目的、要求以及具体的测评对象，设计相应的测评指标体系与建立参照标准。人员测评指标体系，是由一群彼此独立而又相互联系的测评指标有机组合而成。人员测评指标，即人员测评要素，是人员测评指标体系的基本单位。一个测评指标只代表能力素质的某一面，所以，测评指标体系反映了人员测评所要检测的整体能力要求，它是测评工作开展的基础。

（二）测评指标体系的构成

测评指标体系由横向结构和纵向结构两个方面组成。横向结构是基础，纵向结构是横向结构各项素质的细化、分解。把横向的各项测评要素细化为具体测评目标、测评内容、测评项目，则完成了测评指标体系设计。

【例8－2】测评指标体系范例

测评内容	测评项目	标志与标度			
主动积极	面对情况迅速采取合适的行动，即使不在直接的工作范围内。	很少表现出此类行为(1)	有时候表现出此类行为(2)	经常表现出此类行为(3)	一直表现出此类行为(4)
	能超出工作领域、工作范围作出额外的贡献。	很少表现出此类行为(1)	有时候表现出此类行为(2)	经常表现出此类行为(3)	一直表现出此类行为(4)
结果导向	设立连续的目标。始终具有主人翁精神和责任感，能完成工作。坚持达到公司的标准。	很少表现出此类行为(1)	有时候表现出此类行为(2)	经常表现出此类行为(3)	一直表现出此类行为(4)
	面临困难能保持动力，并采取行动克服困难。能坚持作出的决策，必要时能清晰地表达。	很少表现出此类行为(1)	有时候表现出此类行为(2)	经常表现出此类行为(3)	一直表现出此类行为(4)
	收集信息和各种观点作出决策以达到预期结果。	很少表现出此类行为(1)	有时候表现出此类行为(2)	经常表现出此类行为(3)	一直表现出此类行为(4)

业务敏感度	理解主要的商业因素如何影响组织的运营成功。在作出商业决策时,全面考虑商业因素的影响。对影响工作的竞争压力作出反馈，理解行业以及外部的压力。	很少表现出此类行为(1)	有时候表现出此类行为(2)	经常表现出此类行为(3)	一直表现出此类行为(4)
	对一个以上领域的产品或服务有很好的了解。	很少表现出此类行为(1)	有时候表现出此类行为(2)	经常表现出此类行为(3)	一直表现出此类行为(4)
	理解组织的战略并能将其与自身工作、任务结合在一起。	很少表现出此类行为(1)	有时候表现出此类行为(2)	经常表现出此类行为(3)	一直表现出此类行为(4)
解决问题	通过分析、整合指出问题的根结。能用假设来辨别问题的原因并解决问题。	很少表现出此类行为(1)	有时候表现出此类行为(2)	经常表现出此类行为(3)	一直表现出此类行为(4)
	验证、处理信息并能从相关信息中提取精华。能找到并验证基本的情况。	很少表现出此类行为(1)	有时候表现出此类行为(2)	经常表现出此类行为(3)	一直表现出此类行为(4)
	能应用知识和经验解决问题，或提出解决问题的方案。	很少表现出此类行为(1)	有时候表现出此类行为(2)	经常表现出此类行为(3)	一直表现出此类行为(4)
客户至上	阐明客户的需求和期望以理解客户潜在的需求。积极主动地辨别能为客户带来利益的其他选择方法。	很少表现出此类行为(1)	有时候表现出此类行为(2)	经常表现出此类行为(3)	一直表现出此类行为(4)
	承担责任，解决与客户有关的问题。	很少表现出此类行为(1)	有时候表现出此类行为(2)	经常表现出此类行为(3)	一直表现出此类行为(4)
	扩大对客户数据库的知识和接触，包括客户所在的行业。	很少表现出此类行为(1)	有时候表现出此类行为(2)	经常表现出此类行为(3)	一直表现出此类行为(4)

精通专业知识	具有一定工作范围内的专业知识，能有效地应用技术知识以取得成绩。	很少表现出此类行为(1)	有时候表现出此类行为(2)	经常表现出此类行为(3)	一直表现出此类行为(4)
	对相关技术领域的知识。	很少表现出此类行为(1)	有时候表现出此类行为(2)	经常表现出此类行为(3)	一直表现出此类行为(4)
	知道技术规范的重要性，能在工作范围内遵守相应的规范。	很少表现出此类行为(1)	有时候表现出此类行为(2)	经常表现出此类行为(3)	一直表现出此类行为(4)
跨组织、跨文化认知	运用有关文化的知识、组织的各种标准、正式和非正式的规则及限制完成任务以取得成绩。	很少表现出此类行为(1)	有时候表现出此类行为(2)	经常表现出此类行为(3)	一直表现出此类行为(4)
	乐于接受不同团体的意见和观点，积极地看待合作，运用“双赢”的思想。	很少表现出此类行为(1)	有时候表现出此类行为(2)	经常表现出此类行为(3)	一直表现出此类行为(4)
沟通与影响	结构化、逻辑性地解释各种概念和情况，提供适合的例子来阐明观点和概念。	很少表现出此类行为(1)	有时候表现出此类行为(2)	经常表现出此类行为(3)	一直表现出此类行为(4)
	积极地倾听，能对非言语的信息做出反馈。	很少表现出此类行为(1)	有时候表现出此类行为(2)	经常表现出此类行为(3)	一直表现出此类行为(4)
	充分准备讨论，分享观点和意见。	很少表现出此类行为(1)	有时候表现出此类行为(2)	经常表现出此类行为(3)	一直表现出此类行为(4)

合作	就工作范围之外的事情与他人合作以达成目标。需要时，给予团队成员帮助、建议和鼓励。为协助团队目标承担额外的责任。	很少表现出此类行为（1）	有时候表现出此类行为（2）	经常表现出此类行为（3）	一直表现出此类行为（4）
	欣赏、感激他人的建议和观点。	很少表现出此类行为（1）	有时候表现出此类行为（2）	经常表现出此类行为（3）	一直表现出此类行为（4）
	为克服困难、达成有效的团队合作，提供意见和建议。	很少表现出此类行为（1）	有时候表现出此类行为（2）	经常表现出此类行为（3）	一直表现出此类行为（4）
	与工作上有关系的人建立社交网络。	很少表现出此类行为（1）	有时候表现出此类行为（2）	经常表现出此类行为（3）	一直表现出此类行为（4）
创新	采取多种工作方式，以满足工作的需要。能运用部分的或不完整的情景信息有效工作。	很少表现出此类行为（1）	有时候表现出此类行为（2）	经常表现出此类行为（3）	一直表现出此类行为（4）
	通过帮助别人理解变革的需要以获得别人的承诺和协助。	很少表现出此类行为（1）	有时候表现出此类行为（2）	经常表现出此类行为（3）	一直表现出此类行为（4）
	积极改善工作程序，并能在直接或相关领域内实践。寻找创造性的解决方法，包括将新技术运用到挑战中去。	很少表现出此类行为（1）	有时候表现出此类行为（2）	经常表现出此类行为（3）	一直表现出此类行为（4）

二、测评指标的要素

测评者依据测评指标，对应聘者能力素质进行评定。通过测评指标体系的“量度”，应聘者的潜在能力和素质得以真实、客观、具体地反映出来。因此，测评指标为测评的准确性提供必要保证。一个完整的测评指标必须包括标准、标度和标记三个要素。

（一）标准

标准，是对测评指标关键性特征的描述或界定，是对应聘者的能力素质做出判断的依据。测评标准的常用表现形式有评语短句式、设问提示式和方向指示式。

表 8－1　测评标志的表达形式

表达形式	简　介	举例说明	
		测评内容	测评标志
评语短句式	对测评内容进行简单判断与评论以判断或评论的“短句”作为测评标志	口头表达能力	1. 用词不当的情形。 2. 表达的流畅性。
设问提示式	以问题的形式来提示应当注意的要素特征	团体协作能力	1. 是否具有团队协作精神？ 2. 是否固执己见？
方向指示式	只规定测评标志，没有具体的尺度	业务经验	1. 工作经验。 2. 从事类似业务的年限。 3. 对业务的熟悉程度。

（二）标度

标度，是标准的外在形式，是对素质能力的行为特征的差异性程度与状态水平的描述。标度的描述可以是定性的，也可以是定量的。

表 8－2　测评标度的表达形式

形式	举例说明			
连续性	工作主动性	不主动，完全受监督	较主动，偶尔受监督	主动完成工作，很少受监督
	测评标度	0～2.5	2.5（含）～3.5	3.5（含）～5
离散型	综合分析能力	能抓住实质分析透彻	接触到实质，分析较为透彻	抓不住实质，分析不透彻
	测评标度	5 分	3 分	1 分

（三）标记

标记，即对应不同标度的符号表示，通常用字母（A、B、C、D、E）、汉字（甲、乙、丙、丁）或数字（1、2、3、4、5）表示，它没有具体的含义，只是结合标度使用，表示相应的程度。

三、测评指标体系的构建

（一）明确测评的目的与对象

确定测评目的是构建测评指标体系的前提和基础。测评的目的包括选拔、培训、考核、诊断、配置等目的。根据不同的测评目的，确定测评对象。以招聘为目的的人员测评，其测评对象是职位的应聘者。

（二）收集测评指标的资料

1. 问卷调查法。

问卷调查法，就是把要调查的内容设计成调查表或调查问卷的形式，并明确调查表格填写的说明和要求，然后交给有关人员填写，从而收集、获取关于空缺职位的有关测评指标信息。问卷的形式可分为开放式问卷和封闭式问卷两种。

表8－3　开放式问卷与封闭式问卷比较表

<table>
<tr><th colspan="2">主要形式</th><th>简介</th><th>举例说明</th></tr>
<tr><td colspan="2">开放式问卷</td><td>无标准化答案和问答程序，应聘者可根据自己的真实想法自由回答</td><td>某公司市场部经理测评指标的调查问卷中有如下两道题：
（1）你认为市场部经理应当具备什么条件？
（2）你认为测评方案中提供的10项能力合理吗？是否需要增删？</td></tr>
<tr><td rowspan="3">封闭式问卷</td><td>是非法</td><td>要求测评者对问卷中的每一个问题做出“是”或“否”的回答</td><td>（1）市场部经理需要有较强的口头表达能力吗？
是□ 否□
（2）市场部经理必须有较强的人际沟通技巧吗？
是□ 否□</td></tr>
<tr><td>选择法</td><td>要求被调查者从并列的两种假设提问中做出选择</td><td>请对以下陈述进行选择：
市场部经理应当有合作精神□
市场部经理应当有竞争意识□</td></tr>
<tr><td>等级排列法</td><td>要求应聘者对多种可供选择的方案，按其重要程度排列出题序（如1为最重要，2为较重要，3为一般重要……）</td><td>市场部经理应该具有事业心、责任心、坚忍性、原则性，民主性这五项品德特征。请按各指标的重要程度将其排序，并填入下表中：
等级排列法列表
<table><tr><th>“品德”的测评指标</th><th>事业心</th><th>责任心</th><th>坚忍心</th><th>原则性</th><th>民主性</th></tr><tr><td>按各指标的重要程度排序(5为最重，4为重要，3为较重要，2为一般，1为不重要)</td><td></td><td></td><td></td><td></td><td></td></tr></table></td></tr>
</table>

2. 关键事件法。

关键事件法，就是分析导致工作成功或失败的行为特征或事件。可通过与空缺职位的管理者、曾任职者等相关人员进行访谈，要求他们将工作过程中的“关键事件”详细地加以描述。将收集到的信息加以整理，研究职位的特征和要求，从而确定职位的测评指标。

3．专家调查法。

专家调查法中的“专家”，可以是空缺职位相关的上级或下属、该职位的曾任职者、学者或组织领导等。该调查法可结合访谈法、关键事件调查法等进行。

4．职位分析法。

职位分析法，根据具体工作职位的工作要求和职责范围，确定应聘者所需要的任职资格和胜任力特征。可采用文献查阅、工作日志、访谈法、观察法、关键事件等方法进行职位分析。

（三）修订与完善

通过筛选收集的资料，确定测评指标；然后经过专家论证和测试，对测评指标进行修订；形成最终的测评指标体系。

第三节　测评方法的选择

一、选择测评方法应考虑的因素

测评方法的选择，就是根据需要了解的能力和素质，选取合适的测量工具。测评方法是否合适，不仅是测评技术方法自身的信效度能否满足使用要求的问题，而且是测评技术所需的条件与组织的实际是否相符的问题。因此，测评方法的选择，需要全面、客观地考虑多方面因素，下面主要从组织因素、测评工具、测评对象三个方面进行分析：

（一）组织因素

人员测评活动需要耗费一定的人力、物力和时间，而且并非所有的测评方法都能满足不同组织人员测评的需求。因此，在选择测评工具时，首先要考虑组织的测评环境，包括组织的规模、组织测评的费用预算等。

表8-4　各种测评方法的特点比较表

测评方法	测评形式	主要适用对象	有效性	公平程度	成本
评价中心技术	活动	中高级管理人员	高	高	高
结构化面试	问答	基层管理人员及销售人员	高	高	高
心理测试	纸笔测试	所有人员	中等	高	低
知识、能力测试	纸笔/模拟	普通员工、基层管理人员	中等	中	中等
个人简历	资料信息	新招聘人员	低	中	低
推荐信函	资料信息	所有人员	低	未知	低

（二）测评工具

测评工具使用的简便程度是一个受到普遍关注的问题。有些测评技术需要召集若干个应聘者一起进行，甚至需要占用比较长的时间；有些测评技术则可通过网络完成，降低了对时间、空间的要求。组织在选择测评工具时，需要权衡多方面的因素，选择最合适的测评工具，才能达到事半功倍的作用。

表8-5 不同岗位的测评要素与测评方法列表

职能部门	特殊需求分析	测评要素	测评方法
生产部门	全面严格的质量控制能力、创新开发能力	个性特征、组织协调能力、综合分析能力、职业兴趣取向、行为风格	履历分析法、人格测试、职业兴趣偏好测试、价值观测试、面试法
营销部门	以服务为方向的个性、兴趣、人际技能、创造性思维	人际敏感性、沟通能力、个性特征、语言表达能力、组织策划能力、综合能力	履历分析法、思维能力测试、人际敏感性与沟通能力测试、无领导小组讨论、面试法
财务部门	数字敏感性	个性特征、思维分析能力和综合决策力	履历分析法、思维能力测试、数量分析能力测验、面试法
行政人事部门	以服务为方向的个性、兴趣、人际敏感性	个性特征、人际技巧、事物处理能力	履历分析法、管理风格测试、沟通能力测评、面试法
技术部门	创新性、学习能力、科技信息敏感性、敏锐的信息把握和驾驭能力	创新能力、思维推理能力、个性特征	履历分析法、管理风格测试、逻辑个性测试、抽象推理测验、面试法

（三）测评对象

不同性质的组织、不同特征的岗位对应聘者的能力要求都有所不同，在针对不同测评对象拟定测评方案时，应根据测评的侧重点选用测评方法。具体关系可通过下面的表格表示。

表8-6 不同层级的职务人员的测评要素与测评方法列表

职务层级	主要测评要素	测评方法
基层员工	个性特征，实际操作能力，工作经验，价值取向	履历分析法、人格测试、结构化面试
中层管理者	能力特点、个性特征、职业适应性、知识经验、管理能力	结构化面试、人格测试、职业适应性测试、管理风格测试、评价中心技术

职务层级	主要测评要素	测评方法
高层管理者	管理能力、创造性思维能力、成就动机、灵活机敏原则、敏感性与沟通能力、开发和变革意识	评价中心技术、人格测试、动机测试、管理风格测试、领导行为测试、管理潜能系列测试

（四）测评维度

在第三章职位分析中，我们曾提及胜任特征构建的冰山模型。如冰山模型所示，冰山处于水面以上的那部分代表的是能够通过观察等手段，比较容易测量得到的能力素质，处于冰山下面的则是个体潜在的、深层的能力素质。由于不同的测评方法适合测量的能力维度也不同，因此要依据所需测评的维度选择合适的测评方法。

表 8－7　测评维度与测评方法的匹配

	面试	无领导小组讨论	公文筐测验	演讲	角色扮演	案例分析	管理游戏	心理测验
战略管理能力			√			√		
知人善任	√	√	√	√	√	√	√	
创新与变革能力		√	√	√		√		√
建立伙伴关系		√	√		√	√		
分析与决策能力	√	√	√			√		
授权与控制能力			√			√		
团队与组织能力	√	√	√			√	√	
沟通能力		√	√			√	√	
个性特征	√							√
价值观、需求与动机等	√							√

二、选择测评方法的原则

人员招聘的真正目的在于择优、淘劣，将有才干、符合组织需要的应聘者选拔出来。在人员测评过程中，以各种测评技术进行人员素质测评，是获取应聘者素质与行为能力信息的重要手段。

（一）择优策略的选用原则

采用择优策略，则在测评方法的组合设计上要求全面、详细，能力测验、个性测验和职业适应性测验都要使用，并且对应不同的职位侧重考察不同的内容。择优策略一般用于选拔职位要求高的中高级专业人员或管理人员。择优测验需要投入较多资源，因此一般在人员选拔的后续阶段进行，用于测评比较可能被录取的应聘者。

（二）淘劣策略的选用原则

淘劣策略在测评方法的组合设计上要求准确、适度，往往以能力测验、专业知识测验和职业技能测验为主。在测评设计中，要设定明确的能力和筛选标准。根据岗位所需的任职资格，设定准确、适当的考察内容和标准。淘劣策略多用于工作人员或某些特殊岗位的人员选拔，或者用于应聘者的初步筛选，该策略一般适用于人员招聘选拔的前期筛选阶段。

三、提高测评有效性的五个步骤

为了提高人员测评的有效性，往往要求测评的成绩能够预测应聘者将来的工作绩效。换而言之，就是在使用某种人员测评技术之前，要对测评的技术方法进行验证，确保测评的结构能有效预测应聘者在未来职位上的工作表现。下面将介绍提高测评有效性的五个步骤：

（一）分析职位

通过职位分析，编制职位说明书和任职资格说明书。明确胜任职位所需的个人能力和素质，即预测应聘者在未来的职位上能否取得成功的个人特质。

（二）确定测评技术和方法

组织根据过往的招聘经验、工作绩效考核总结等选择合适的测评技术和方法。组织通常并不是一开始就选定一个测评方法，而是通过对几种测评方法进行比较，研究对比它们分别可以测量应聘者哪些方面。

（三）实施测评

对应聘者实施新开发的测评技术，并同时利用现有的测评方法选择应聘者。然后，对录取后的应聘者在工作岗位上的表现进行绩效考评。

（四）分析测评分数与工作绩效的关系

将工作绩效考评结果与新开发的测评技术的结果进行比较，从而确定这种新开发的测评技术是否有效可用。

（五）交叉验证与重新验证

在新的测评方法投入使用之前，可以对部分职位的新雇员再次实施步骤三和四，检测测评方法的有效性。

【关键术语】

人员测评　定性测评　定量测评　测评指标　测评标准

【思考题】

1. 请简述测评的一般流程。
2. 测评指标体系的纵向构成包括什么内容？
3. 如何构建测评指标体系？
4. 选择测评工具时需要考虑什么因素？
5. 提高测评有效性包括哪些步骤？

第九章　笔试

【学习目标】

学习完本章之后，你应该能够：

1. 了解笔试的特点及分类；
2. 掌握笔试试题的编制；
3. 掌握笔试的实施流程。

【案例】

毕马威的笔试

毕马威的笔试主要分为两个部分。第一部分是阅读理解，考察对商业英语的理解能力。这部分有两个特点，一方面，它并不讲求句式的繁复和修辞的多变，而是更接近于实用性较强的商业用语；另一方面，它注重的是逻辑思维能力的考察，因此重要的是透过表面的文字把握内在含义。第二部分是数学题。这一部分的考察重点不是数学运算能力，而是从数字和图表中获取有用信息的能力。

这样的笔试，还有一个非常重要的考察点就是速度。能够在规定时间内完成所有笔试题目的应聘者，不超过总人数的10%。对于毕马威来说，这一轮的淘汰率高达85%以上。

【你会怎么做】

你认为例子中的笔试测评是否有效？所有职位的招聘都适合使用笔试测评吗？

笔试是人员测评技术中比较古老、基础的技术之一。由于笔试具有经济实用、测试面宽、信效度高、真实可靠等优点，并且在区分个体知识能力水平和个性差异方面，具有其他测评技术所不具备的功能，因此在现代的人员测评技术中，笔试测评仍然受到广泛的重视。

各种不同表现形式的笔试测评，其功能大致相同。相对于应聘者个体能力水平与考试目标要求而言，笔试具有检测评定的功能；相对于应聘者个体能力水平与应聘者群体水平而言，笔试具有鉴别区分的功能；相对于应聘者个体能力水平与招聘职位的能力素质需求而言，笔试具有预测功能；相对于社会对应聘者个体能力发展的需求而言，笔试具有督促导向的功能。

笔试测评主要考察应聘者的智力、知识、能力和发展倾向。按题目类型的不同，可把笔试分为客观性试题和主观性试题；按考察内容的不同，可把笔试分为技术性笔试和非技术性笔试。笔试测评在形式上表现为用笔在试卷或问卷上作答，因此又称为“纸笔测验”。“纸笔测验”不仅是指传统的论述题型，还包括现代人员测评中的选择、判断、填空、简答、案例分析等丰富多样的题型。

在本章中将介绍笔试的特点、分类、各种笔试题型的编制方法以及笔试的组织实施程序。

第一节 笔试概述

一、笔试的定义

笔试，是让应聘者在试卷上对事先拟好的试题进行作答，然后由测评者进行评分的一种测试方法。这种方法可以有效地测量应聘者的基本知识、专业知识、管理知识、相关知识以及综合分析能力、文字表达能力等能力要素。

笔试通常分为选拔性笔试与资格性笔试。选拔性考试的主要功能是区分应聘者之间的差异、选拔优秀人才，如国家公务员录用考试。资格性考试也称水平考试，主要测评应聘者的素质、水平能否达到标准，如人力资源管理师等专业任职资格考试都属于这种类型的考试。

二、笔试的特点

（一）笔试的优点

1．经济实用。

笔试适用于群体测评，尤其适宜规模较大的社会测评。笔试可以在较短的时间内对大量应聘者实施测评，对人、财、物、时、空等资源的消耗较少。笔试是多种人才测评方法中比较经济、高效的一种。

2．测试面宽。

首先，笔试具有测评对象广泛的特点。由于笔试的题型多样，组织可根据测试目标设计试卷的题目类型和编排。

其次，笔试测评可涵盖的内容丰富。笔试可用于单一能力的测评，也可用于多种能力的测评。

3．信效度较高。

笔试在试题的编制、施测、评卷等环节，都可以进行客观科学的监控和操作，能有效减少各种误差的产生及降低其影响，因此具有较高的信效度。

4．真实可靠。

一方面，应聘者在笔试中不需要与测评者进行面对面的交流，心理压力较小，有利于应聘者真实水平的发挥。另一方面，由于可以根据测评需要确定笔试的试题，因此能同时了解应聘者专业知识、业务能力等多方面的能力素质。

（二）笔试的缺点

1．难以测评应聘者的工作态度、思想品德以及实际工作能力，如口头表达能力、应变能力、组织协调能力、操作能力等方面的情况。

2．不能排除应聘者做出诸如任意作答、猜测、作弊等对笔试成绩真实性产生影响的行为。

3．对应聘者表达不清的问题不能进一步询问，难以了解其真实水平。

4．笔试中选拔出来的应聘者有“高分低能”的可能。

因此，笔试通常作为人员招聘与选拔中较前期的筛选方法，可根据测评的需要同时配合使用其他测评方法，如情境模拟测评、面试法等，以弥补其不足。

三、笔试的分类

（一）根据题目的类型分类

1．客观性试题。

客观性试题，包括单项选择题、多项选择题、判断题及填空题等。客观性试题的特点是标准化、题量大、涵盖面广等。客观性试题最基本的特点是标准化，以标准化的方法来控制考试过程中的主观因素。其标准化具体表现在以下五个方面：

- 试题编制的标准化；
- 施测过程的标准化；
- 评分过程的标准化；
- 分数整合的标准化；
- 分数解释的标准化。

2．主观性试题。

主观性试题，包括简答题、论述题、案例分析题等。主观性试题的优点在于能较真实地反映应聘者的文字水平和综合运用知识的能力、逻辑思维能力以及分析问题能力等。

（二）根据考察的内容分类

1．技术性笔试。

这类笔试主要针对研发型和技术类职位。这类职位的特点是对相关专业知识的掌握要求比较高。因此，题目主要是关于职位需要的技术性问题，专业性比较强。如微软工程院对应聘者的编程经验要求相对比较高，在招聘研发人员时，所采用的笔试题目都是关于C语言或C++的知识，笔试淘汰的应聘者高达90%。

2．非技术性笔试。

非技术性笔试一般来说比较常见，对于应聘者的专业要求也相对宽松。非技术性笔试考察的内容相当广泛，除了常见的英文阅读和写作能力、逻辑思维能力、数理分析能力外，有些时候还会涉及时事政治、生活常识，甚至智商测试等。有的组织采用公务员的行政职业能力测验作为首轮筛选的笔试试题。

第二节　笔试试题的编制

一、笔试试题的编制要求

笔试试题的编制是笔试测评的核心，笔试试题编制的恰当与否，直接决定着笔试质量的高低。编制笔试试题，不仅要求有明确的测评目的，还要求在编题的过程中掌握一定的技巧。总体来说，题目的编制要符合下列基本要求：

1. 测评的内容要与所需测评的能力相匹配；
2. 题目考察的范围要尽可能广泛，要注意考点分布的合理性。考试的广度、难度和深度要符合测评的需要；
3. 题目之间要保持独立，尽量避免题干内容具有暗示性；
4. 用词要注意规范，含义要明确，切忌出现模棱两可的句子；
5. 题目的难易搭配要得当，题目从易到难，答题时间从短到长排列。

二、客观性试题的编制

（一）选择题的编制

选择题，由一个题干和若干个选项组成。题干是一个问句或是一个不完整的陈述句，选项是对题干的若干个回答或补充。

选择题编写的注意事项如下：

1. 题目的意思要表达清楚，避免引起歧义或误解；
2. 题干或选项中，应避免出现提供正确答案的线索；
3. 每个试题的选项数目应一致，以 3 个到 4 个为宜；
4. 应避免“以上皆是”或“以上皆非”的选项；
5. 正确答案出现的位置要随机排列且次数要大致相等；
6. 选项应相互独立，彼此之间没有逻辑上的关联。

【例 9－1】选择题范例

1. 生产企业自设销售网点属于(　　)战略。

A. 单一经营　　B. 向前延伸的一体化　　C. 向后延伸的一体化　　D. 多样化

答案：B

2. 通过破除公司自上而下的垂直高耸的结构，减少管理层次，并且裁减冗员来建立一种紧凑的横向组织，达到使组织变得灵活，敏捷，富有柔性、创造性目的的方法是(　　)。

A. 组织一体化　　B. 组织横向化　　C. 组织层级化　　D. 组织扁平化

答案：D

（二）填空题的编制

填空题，是指在一个句子或一段文字中缺少一个或几个关键词，要求应聘者进行补充。主要适用于知识的测评，也可用于测评应聘者的理解能力。

填空题的编写技巧如下：

1．选择要测评的知识点中的一句话或一段话，将其中关键的词语作为填空的部分。要注意填空题的空缺只限于关键词，并且留空不宜过多。

2．要注意填空答案的唯一性，避免应聘者从逻辑上推出几个合理的答案。

3．当所填答案是数字时，应给定答案的单位。

【例9－2】填空题范例

1．现代企业制度的基本特征有________、________、________。

答案：产权清晰、权责明确、科学管理

2．企业竞争战略的基本模式有________、________、________。

答案：低成本战略、差异化战略、重点战略

（三）判断题的编制

判断题就是对一个命题做出正误判断。实质上，判断题是一种特殊的选择题。判断题通常仅适用于测评应聘者对简单知识的理解，其弱点是应聘者凭借猜测答对的概率比较高。

针对判断题的这一缺陷，对纯粹的是非判断题进行改进、变形；把判断正误与改错、分析、说明理由等相结合，这种题型就是辨析题。辨析题就是要求应聘者在判断正误的基础上阐述理由。

判断题信度和效度的提高，可以从以下几个方面着手：

1．对容易发生混淆的概念、原理及易产生理解错误的知识点进行考察；

2．题目的表述要注意简洁明了，用词准确；

3．每道题适宜考察一个重要知识点，避免使用包括几个概念的复合句或双重判断句；

4．慎用否定句，尤其是双重否定句；

5．避免使用带有暗示作用的特殊限定词，如“总是”、“一切”、“都”、“决不”、“一般”、“通常”、“有时”等限定词；

6．判断题的正误排列应随机，正确题目与错误题目的长度应大体一致。

【例9－3】判断题范例

1．SWOT分析法，即要分析企业的优势、企业的劣势、市场的机会、市场的威胁。（正）

2．商品储存的控制方法，包括库存定额管理法、ABC分类管理法和定性库存控制法。（误）

正确为：……和定量库存控制法。

三、主观性试题的编制

（一）简答题的编制

简答题主要考察应聘者对知识的识记、理解。简答题自身的题目形式较单一，因此编写的方法也相对简单，简答题的编写应注意如下几点：

1．试题既要求具体，又应表述简洁，措词准确；

2．简答题的答案应该具有唯一性；

3．简答题常用“简述……”、“简要分析……”等形式构成直接问句。

【例9-4】简答题范例

1．您认为秘书的主要工作是什么？

2．如何对坏账进行核算？

（二）论述题的编制

论述题是典型的主观性试题，适于考察应聘者运用知识、经验的综合能力。根据对题目作答要求的不同，论述题可分为限制型论述题与扩展型论述题两种。

论述题的编制要注意以下几点：

1．题目要有明确的要求；

2．编制试题的同时，要制定评分标准，明确得分点及制定评分依据；

3．引导应聘者尽量详细地作答，以便更全面地考察应聘者的能力。

【例9-5】论述题范例

1．试论提高产品市场占有率的方法。

2．谈谈如何成为一个优秀的管理者。

（三）案例分析题的编制

案例分析题由一段背景材料与若干问题构成。应聘者通过阅读背景材料，围绕题目提出的问题，或给予评价，或做出决策，或提出解决方案。

编制案例分析题应注意以下几方面：

1．选取的案例应该具有典型性、代表性。案例的背景或是已发生过的真实事件，或是根据真实事件进行改编；

2．所提的问题应该紧扣案例，具有针对性；

3．背景材料一般不披露事件所涉及的人名、地名、公司，涉及的数据也不要求一定是实际数据；

4．与论述题一样，编制案例分析题的时候，需要制定具体的评分标准、得分点及评分依据。

【例9-6】案例分析题的范例

某民营企业，公司位于西北部地区，由于公司发展迅速，现急需招聘如下人员：副总经理1名，专业技术人员6名，基层管理者5名。公司人力资源部决定通过报纸刊登招聘信息，同时参加当地的人才招聘会。

问题：

1．该公司通过以上两种渠道能否达到预期的效果？说明理由。

2．该公司对招聘渠道的选择是否合理？如果不合理，请您为该公司制定一个招聘策略。

第三节　笔试的实施程序

一、制订方案

笔试测评的方案，可作为笔试工作实施的操作指导，具体应包括以下几个方面的内容。

（1）笔试的实施目的和要点。

（2）笔试实施的计划安排。

①笔试的时间及地点安排。

②笔试负责机构（负责人）的确定。

③笔试规模的大小。

（3）实施过程中可能出现的问题和应采取的措施。

（4）笔试实施的效果预测。

二、试题的编制

（一）试题编写

在确定采用笔试的测评方式后，按照笔试试题的编写要求，搜集资料，进行试题编制。组织可根据测评的需要，组成命题小组编写笔试试题。

（二）试测与修订

组织可将编制完的笔试试题在小范围内进行试测，然后根据试测的效果进行适当修订，最终形成正式的试卷。

三、笔试的实施

笔试的实施包括选择考试地点、安排监考人员。考试地点的选择应以适合应聘者答题、便于维护考场纪律和秩序为原则。根据考试地点的大小，安排监考人员。监考人员负责维持考场秩序、收发试卷等工作。

【例9－7】2009年东海市政府公开招聘的笔试程序

1．监考员、工作人员签到，签领试卷。

开考前30分钟，监考员、工作人员签到。签到后，监考员核对、校准计时工具，确认试题本数量无误后签领试题本等相关资料，然后到考室准备；工作人员负责安排应聘者在休息室等候。

2．应聘者签到。

考前20分钟，工作人员安排应聘者签到。签到时，应聘者必须将携带的通讯工具及其他所有与测评无关的物品按工作人员的要求，放到指定位置（工作人员必须提醒应聘者关闭手机和手机闹钟功能）。

3．应聘者进入考室。

应聘者签到后，工作人员引导应聘者进入考室，并按座位表对号入座。

4．宣读考场规则。

开考前15分钟，监考员在开考前向应聘者宣读考场规则。

5．分发试卷和答题纸。

开考前10分钟，监考员当众拆开试卷袋，将试卷逐一分发到每个应聘者的座位上。监考员必须提醒应聘者检查试卷是否有缺漏页，以便及时更换；并指导应聘者正确填（涂）姓名、准考证号码等个人信息。

6．正式开考。

测评时间开始，监考员宣布“测评正式开始”。

开考30分钟后，迟到的应聘者不得进入考场。

开考后30分钟内，应聘者不得提前交试卷。

测评期间，监考员监督应聘者按规定答题。对测评过程出现的违纪现象，监考员应该及时填写违纪记录，并报请主考官进行处理。

测评结束前15分钟，监考员应提醒应聘者测评剩余时间。

测评结束前15分钟到测评结束期间，应聘者不允许交卷。

7．测评结束。

测评时间到，所有应聘者停止答卷。应聘者必须等监考人员检查试题本、答题纸等材料，确认数量无误后，方可离开考场。

8．记录考场情况。

应聘者离开考场后，监考员应将应聘者缺考、违纪及其他有关情况进行记录。

9．回收装订答题纸。

测评结束后，监考员应将答题纸装订成册，连同试题本和《考场情况记录表》等统一上交。

四、阅卷评分

评卷是笔试活动流程中的最后一个环节，也是笔试最终成果的集中体现。笔试结束后，测评者按评分标准评卷，并统计笔试的测评结果。组织可在正式评卷前先抽样进行试评，审核评分标准和制定评分细则；或在评卷完成后进行复核，从而提高笔试结果的信度和效度。

【关键术语】

笔试　选拔性笔试　资格性笔试　客观性试题　主观性试题

【思考题】

1．什么是笔试？笔试有哪些主要特点？

2．有哪些类型的笔试？

3．什么是客观性试题？什么是主观性试题？

4．如何编制笔试试题？

5．请简要介绍笔试的实施程序。

第十章　结构化面试

【学习目标】

学习完本章之后，你应该能够：

1. 了解结构化面试的定义和特点；
2. 了解结构化面试技术的发展趋势；
3. 掌握结构化面试的测评指标体系；
4. 掌握结构化面试题目的设计原则、结构、题型；
5. 掌握结构化面试的施测过程和操作技巧。

【案例】

一个求职者的面试经历

招聘者：假如你进入本公司，你认为自己最大的竞争优势是什么？

应聘者：不断地证明自己，不断地奉献自己。始终如一，贵在坚持。

招聘者：请谈谈你的职业生涯规划？

应聘者：优秀员工——优秀管理人员——卓越 HR。

招聘者：能更加详细一些吗？

应聘者：经过三个月的努力成为优秀员工，经过三年的努力成为一名优秀管理人员，再经过三年零三个月努力成为一名优秀 HR，前后不超过七年。

招聘者：是什么原因促使你加入本公司？

应聘者：原因有很多，最重要的是我比较认同贵公司的企业文化和经营理念，人说树大招风，企业做大了自然吸引人才来投奔。其次呢，是以前我在生产类型企业做过人力资源，但是没有真正接触过人力资源测评方面特别是技术性的东西，接触贵公司也是自己职业生涯规划中的一个重要步骤。

招聘者：你觉得自己是什么性格的人？

应聘者：外倾性，比较外向，爱与人交往。

招聘者：我们目前有两种职位供您选择。一种是技术研发，也就是测评工具的修订与研发；二是销售工程师，就是跟企业人力资源总监接触，把我们的测评工具推销出去。你认为你比较适合哪个职位呢？

应聘者：我来贵公司应聘，一是想为贵公司作贡献，这是最重要的；二是想从贵公司学到一些知识和增长一些经验。我性格比较外向，但并不影响我的兴趣和爱好，兴趣和爱好是做好一切事情的基础和前提，我很喜欢技术研发这个岗位，而且有专业知识做基础，我一定能胜任。

招聘者：那好，我也了解了你的职业取向和生涯规划。你想问我一些什么问题吗？

应聘者：我最关注的就是贵公司的发展战略和规划。我们有一个怎样的目标和战略规划？

招聘者：本公司目前是中国本土测评机构中最大的测量工具供应商与开发商，也是最大的测评机构。我们的研发队伍和经营策略并不比其他大公司差，差距就在于掌握的数据和资料。国际测评公司数据更新速度快，他们手里掌握着世界500强企业的员工测评数据和资料，而我们这方面还很匮乏。我们立足本土，立志用10年到20年的时间成为国际……

【你会怎么做】

相对传统面试而言，你认为结构化面试的优势在哪里？

面试是人员测评中应用较广泛的测评方法之一，几乎所有的组织都会在招聘选拔中采用面试。随着国外面试技术的引进以及国内面试技术研究的深入，面试技术日益科学化，程序日趋规范化，促进了结构化面试技术的发展与推广。结构化面试是指按照事先制定好的面试提纲进行提问，按照标准格式记录应聘者的回答并对其作答进行评价。

相对于非结构化面试，结构化面试是由一系列与工作相关的问题构成，便于测评者通过面试有效评价应聘者，并且具有较高的可靠性和准确性。结构化面试与非结构化面试的区别主要表现在其结构化程度的差异上，一方面是面试内容及程序的结构化，另一方面是面试评价过程的结构化。

完整的结构化面试试题，包括题干、设问与追问、测评要素、评分参考四个部分。题干是整个结构化面试试题的核心；设问是结构化面试的主体，追问是设问的补充；根据试题设计的目的、题干和设问的内容，确定主要的测评维度以及评分标准。

结构化面试与非结构化面试在实施过程中的区别在于操作的标准化，结构化面试明确规定了各个阶段的操作规范和任务内容。规范化、科学化、客观化的结构化面试，能够大大提高面试的有效性和可靠性，能帮助组织对应聘者进行更为准确的能力评估，降低企业招聘成本，提升员工绩效。

本章将介绍结构化面试的特点、发展趋势、测评的能力维度、试题的构成和题目类型、实施过程和操作技巧等。

第一节　结构化面试概述

一、面试

面试有别于一般的面谈、交谈、谈话，它是经过精心设计，在特定场景下进行的，通过面对面的交谈和观察，由表及里地考察应聘者的知识、能力、素质、经验等的测评方法。在组织招聘和选拔人员的过程中，对应聘者的综合素质和能力进行全面测评的面试方法日益受到重视。随着国内外面试技术的发展，面试技术已经突破了传统单一的方法，并出现多种形式的面试。

任何形式的面试，其构成要素都包括以下几个方面：

● 面试目的，指面试想要达到的和希望实现的结果。在组织的人员测评中，面试的目的通常是以职位分析为基础，实现对应聘者能力素质的有效测评，并从中选拔合适的任职者。

● 测评者。面试中，测评者的素质对面试的结果有很大影响。测评者是面试活动的主要组织者，面试活动中的提问、考察、评定都是由测评者组织实现。

● 应聘者，是面试的直接作用者。在面试活动中，应聘者通过回答问题，达到被测评的目的。

● 面试测评，指测评者通过面试对应聘者的能力素质进行考察后，形成的对应聘者的评价。

（一）面试的特点

与其他测评方法相比，面试具有以下特点：

● 面试具有灵活性。面试可以根据不同职位要求和应聘者的情况提出问题，而且可以根据面试的时间进度安排问题的数量。

● 面试具有直观性。测评者与应聘者的接触、交流和观察都是相互的、面对面的。

● 面试具有主观性。测评的结果易受到测评者的经验、爱好和价值观等影响。

（二）面试的分类

不同的面试方法，适合不同的面试目的，所以应该针对不同的需要进行选择。根据不同的分类标准，面试可划分为几种不同的方式。

1．按问题的结构化程度划分。

● 结构化面试，指对测评者的构成、测评指标、面试题目、操作程序、评分标准等要素都做了统一规定并按照制定的标准和要求进行的面试。

● 非结构化面试，对面试题目、操作程序没有明确的规定，测评者可以根据应聘者的具体情况以及面试的需要随机提出问题。

表 10－1 结构化与非结构化面试的对比

比较项目	结构化面试	非结构化面试
优点	由一系列与工作相关的问题构成	测评者提出探索性的问题，给予应聘者更多自由的交谈
	可靠性和准确性较非结构化面试强，测评者容易把握面试的进展	面试话题没有固定的展开形式，话题选择比较灵活
	面试的题目比较统一	可以根据应聘者的具体回答进行追问、深究
缺点与局限	不利于深层信息的挖掘	操作程序不统一，受主观因素影响较多
		测评者不容易控制面试的进展
适用情况	测评者比较熟悉空缺岗位的工作要求和内容	初步筛选

2．按面试的组织方式划分。

● 个体面试：包括测评者与应聘者一对一的面试和多对一的面试两种形式。

● 小组面试：将应聘者分为若干小组，以小组的形式根据测评题目展开讨论。

3．按面试的程序划分。

● 系列式面试，也称为逐步面试，由各个不同级别的管理人员先后作为测评者，根据自己想了解的方面对应聘者进行提问的面试方法。系列式面试的主要特点是，随着面试的进行，测评者的等级越来越高，筛选的条件也越来越严格；同时筛选剩下的应聘者越来越少，能力素质也越来越高。

● 序列式面试，也称为渐进式面试，这是一种多轮淘汰的面试方法。从初试到复试，分两个阶段进行，每个阶段各有其测评的侧重点，可综合考察应聘者的各方面素质，逐步淘汰不合格的应聘者。

（三）面试的作用

面试是整个招聘过程的重要部分，几乎任何招聘活动都离不开面试这种测评方法。作为一项测评技术，面试主要有两大功能：第一，面试可以弥补其他测评技术所存在的信息遗漏；第二，可以用于只有通过面对面沟通才能测评到的因素。经研究表明，面试对工作绩效的预测能力要优于对认知能力、责任心及经验的预测能力。

面试是一个动态、全方位地获取应聘者综合信息的过程，测评者可以通过观察和倾听，考察应聘者的言语和非言语行为。它能够降低应聘者的掩饰程度，提高测评结果的有效性，避免高分低能现象。

（四）传统面试的不足

传统面试过程中，往往存在一些不够规范的问题，从而影响面试的测评结果，具体表现为：

1．提问过程缺乏标准化。对不同的应聘者，测评者可能提出不同的问题，提问过于随意，导致问题数量过多或过少、过难或过易。提问不足，则不利于对应聘者的全面考察。

2. 不做记录或很少做记录。在传统的面试中，没有严格要求测评者一定要进行记录，测评者的评分显得缺乏客观依据。

3. 没有统一的评分标准。由于传统面试没有统一的评分标准，测评者在进行评分时，往往依赖于个人的主观认识和过往经验。

二、结构化面试

（一）结构化面试的含义

结构化面试，又称为结构化面谈或标准化面谈，它是指在面试前，针对面试所涉及的内容、操作程序、测评要素、评分标准等一系列问题进行系统的结构化设计的面试方式。由测评者按照同样的程序对同一批应聘者采用同样的问题内容、提问方式、评分标准，根据应聘者的回答和行为反应，对其潜在的能力素质进行测评。鉴于结构化面试能够弥补传统面试的一些不足，而且操作比较简便，因此，在当今人员测评中，结构化面试的应用范围相对比较广泛。

（二）结构化面试与非结构化面试的差异

结构化面试和非结构化面试，没有绝对意义上的差异，其差异只是结构化程度上的差异。面试结构化程度的高低，是影响面试信效度的重要因素。实践经验表明，结构化面试比非结构化面试的信度和效度更高。结构化面试与非结构化面试的区别主要表现在其结构化程度的差异上，可分为两大类：一类是面试内容及程序的结构化；另外一类是面试评价过程的结构化。

1. 从面试内容和程序的结构化角度分析。

（1）以工作分析为基础的题目设计。

面试是否有效与面试问题的设计有直接关系。要提高面试的结构化程度，就要采取系统化的程序设计面试题目。结构化面试的题目以工作分析为基础设计。

（2）对不同的应聘者采用相同的试题。

对不同的应聘者采用相同的面试题目，能够提高一致性信度和效度，并且保证招聘活动的公平性。

（3）对面试过程中追问或需澄清的问题进行限制。

许多人认为面试的本质特征是招聘者与应聘者双方的互动交流过程。但是，从结构化面试的角度来讲，这些追问或者需澄清的问题也是造成信息偏差的来源，因此不仅对基本的面试问题要进行结构化，对追问的问题也要进行限定。

（4）选择适当的问题类型。

在结构化面试中常用的问题类型有背景型问题、智力型问题、意愿型问题、情景型问题、行为型问题和压力型问题六种。根据面试的需求和具体情况，确定适当的问题类型，是提高面试结构化程度的方法之一。

（5）控制无关因素的影响。

面试过程中，测评者对应聘者的评价不仅受到应聘者在面试过程中的表现的影响，而且也会受到其他因素的影响。这些因素会干扰面试中测评者的评价，要提高面试的结构化程度，就要控制这些额外因素的干扰。

2. 从面试评价过程的结构化角度分析。

(1) 通过多个维度对应聘者进行考核。

结构化面试评分通常的做法是对应聘者回答的每个问题进行记录、评分；然后，在面试结束后，针对应聘者的表现，再将每个问题的得分汇总到各个维度。

(2) 多个测评者对同一职位的应聘者进行面试。

一方面，结构化面试往往采用多个测评者对单个应聘者进行面试。另外一方面，在面试同一职位的应聘者时，采用同一组测评者对应聘者进行面试评分。

(3) 加强对测评者的培训。

结构化面试，是通过对测评者的培训，提高面试的结构化程度。培训的内容包括面试的提问方式、测评维度及标准、面试过程的记录等。

(4) 面试评分的汇总。

结构化面试根据评分标准、权重，对各个测评者的评分进行汇总，形成关于某个应聘者的最终成绩。

三、结构化面试的发展趋势

结构化面试常采用行为描述问题、行为描述面试（Behavior Description，简称 BD），是一种特殊的结构化面试，要求应聘者就某一个具体的事例，描述当时的情景、面临的任务、所采取的行动和最后的结果。

(一) STAR 面试法

STAR 面试法，是结构化面试的一种有效方法。STAR 是 Situation（背景）、Task（任务）、Action（行动）、Result（结果）四个英文的首字母组合。

通常，从应聘者的履历表或工作申请表上，测评者仅可得知其工作的经验和成果等。STAR 面试法则能进一步了解应聘者在什么情况下、采用什么方法和措施达到其描述的工作结果，从而全面客观地评估应聘者的知识、技能、经验以及个性、品格等与工作相关的能力素质。

例如，某应聘者的履历表中显示其在采购行业有八年的工作经验。测评者不能单凭这样的描述就认为该应聘者具有丰富的采购相关工作经验。测评者需要了解“S”，包括应聘者采购工作开展的背景信息等；然后询问有关“T”的资料，包括采购任务的内容等；继而到“A”，就是关于如何进行采购谈判、具体采购工作的操作步骤等；最后，才关注“R”的内容，即采购的结果、如何鉴别好坏等等。通过 STAR 的四项内容展开询问，逐步了解应聘者的详细工作经历、工作过程，从中考察其潜在的能力和素质，为测评结果提供客观和全面的参考依据。

STAR 面试法中，常用的问题包括：

1. 关于情景的提问。

- 当时的情况怎样？
- 是什么原因导致这种情况发生的？
- 有什么人涉及其中？

- 周围的情形怎样？

2. 关于任务的提问。

- 您在当时情况下的实际想法、感受怎样？
- 您当时希望怎么做？
- 您是于什么样的背景考虑？

3. 关于行动的提问。

- 您对当时的情况有何反应？
- 您实际上做了或说了什么？
- 你都采取了什么具体的行动步骤？
- 请描述您在整个事件中扮演的角色。

4. 关于结果的提问。

- 事情的结果如何？
- 产生了什么样的影响？
- 您得到了什么样的反馈？

【例 10－1】STAR 面试评分表

应聘者姓名		测评者	
应聘职位		面试时间	
一、准备事项			
1. 审阅应聘者的材料，包括履历表和职位申请表，找出需要进一步了解的内容。 2. 回顾空缺职位所需的胜任特征，以及各胜任特征的行为指标。 3. 对问题的提问方式做适当的修订，使之能够更贴近空缺职位的特点和应聘者的经验。 4. 确定面试时间、地点。			
二、开始面试			
1. 与应聘者热情友好地打招呼，做自我介绍。 2. 告诉应聘者面试的目的。 3. 告知应聘者在面试中将对谈话内容进行记录。			

<table>
<tr><td colspan="4">三、了解工作经历</td></tr>
<tr><td>工作背景</td><td colspan="3">时间：________ 工作单位：________________
职位与职责：________________
1. 为什么选择这个公司/职业？
2. 最感兴趣的工作内容和最不感兴趣的工作内容是什么？为什么？
3. 你认为在这份工作中所取得最大的成就是什么？
4. 这份工作中你最大的收获是什么？

时间：________ 工作单位：________________
职位与职责：________________
1. 为什么选择这个公司/职业？
2. 最感兴趣的工作内容和最不感兴趣的工作内容是什么？为什么？
3. 你认为在这份工作中所取得最大的成就是什么？
4. 这份工作中你最大的收获是什么？

时间：________ 工作单位：________________
职位与职责：________________
1. 为什么选择这个公司/职业？
2. 最感兴趣的工作内容和最不感兴趣的工作内容是什么？为什么？
3. 你认为在这份工作中所取得最大的成就是什么？
4. 这份工作中你最大的收获是什么？</td></tr>
<tr><td colspan="4">四、关键胜任特征考察</td></tr>
<tr><td rowspan="3">客户服务意识</td><td colspan="3">1. 定义：认真了解客户的需要，与客户建立良好的合作关系，努力满足客户的要求。
2. 行为指标：
优先考虑客户的利益；
设法了解客户的需求；
主动采取提高客户满意度的行动；
与客户建立密切的联系；
跟踪、了解客户的满意度；
积极改进导致客户不满意的因素。
3. 问题：
请讲述你所遇到的一位很难打交道的客户，你采取什么措施使这个客户感到满意的？
请讲述你与一个客户维持长久合作关系的例子。</td></tr>
<tr><td>情境或任务</td><td>行动</td><td>结果</td></tr>
<tr><td></td><td></td><td></td></tr>
</table>

<table>
<tr><td rowspan="3">团队合作</td><td colspan="3">1. 定义：在团队中与他人合作达到团队目标的行为
2. 行为指标：
理解团队的目标，并使自己的行为与团队目标保持一致；
为了团队目标牺牲个人利益；
分享信息，与他人共同工作；
积极沟通，化解冲突；
支持团队的决定。
3. 问题：
讲述一个你在团队中与他人共同解决问题的例子。你在团队中充当什么角色？解决问题的过程是怎样的？
请讲述一个你与小组内其他成员产生意见分歧或发生冲突 的例子。你是怎样解决这个情况的？</td></tr>
<tr><td>情境或任务</td><td>行动</td><td>结果</td></tr>
<tr><td></td><td></td><td></td></tr>
</table>

（二）关键事件面试法

关键事件面试法（Behavioral Event Interview，简称 BEI），通过对优秀任职者和一般任职者的访谈，获取关于高工作绩效的信息，并用于面试时考察应聘者的能力素质。关键事件面试法，通过追问应聘者在代表性事件中的具体行为等详细信息，运用胜任特征模型来评价应聘者在以往工作中表现出的素质，并以此推断其今后的工作绩效。

关键事件面试法的基本步骤如下：

● 导入阶段。建立测评者与应聘者的信任关系，营造和谐的面试气氛。

● 简要描述工作与职责。测评者在倾听应聘者关于职责的陈述中，注意捕捉与应聘者过往工作经验有关的关键事件或代表性事件。可提问的问题包括“你目前的职务是什么?”，“你的直接领导是谁?”，“谁向你汇报工作？你工作的主要任务和职责是什么?”。

● 具体的关键事件访谈。测评者通过有目的地提问引导应聘者详细、有条理地描述行为事件，特别是能够集中体现个人素质的关键事件，并针对具体内容展开深入了解，获得详细的资料，帮助对应聘者的能力进行准确的测评。通常围绕以下几个方面进行陈述：事件发生的情境、涉及的人员、该情境中的行为和感想、最终结果如何。

四、结构化面试测评的能力维度

（一）常用的能力维度

在测评中，有一些测评要素是对任何职位的应聘者都需要考察的。在面试测评中，组织最常用的测评要素有以下几项：

1．语言表达能力。

语言表达能力的考察，包括语音语调是否适中，语言是否流畅、有条理性，思维逻辑是否清晰，用词是否准确等。在演讲测评中，还可以考察应聘者的语言表达是否抑扬顿挫，具有较好的感染力。面试中，要测评的是应聘者是否能够将自己的思想、观点、意见或建议顺畅地用语言表达出来。可适当利用压力面试，考察在压力情境下应聘者的语言表达能力。

2．综合分析能力。

这是考察应聘者在面试中是否能抓住测评者所提问题的本质和关键，在表达自己的观点时，能否做到分析全面、条理清晰，对观点的概括是否全面、准确、要领突出。可通过复杂的事务、人际关系和两难问题等，对应聘者进行考察。

3．人际交往与组织协调能力。

这是考察应聘者是否乐于、善于与人交往，能否协调人际关系，解决人际冲突，组织各种活动。现代社会工作中，人与人之间的合作、社会交往活动日益增多，人际交往与组织协调能力更显重要，所以对这些能力的考察很有必要。

4．应变能力。

应聘者对问题的理解是否准确贴切，回答是否迅速、恰当，对于突发事件的处理是否得当等。测评者通过对该能力的考察，判断应聘者在未来工作中能否迅速准确地理解领导的指令和意图，以及采取及时有效的措施，恰当地处理突发事件。

5．事业心、进取心、自信心。

在事业上有无奋斗目标和理想抱负，是否为实现自己的奋斗目标和理想而努力，工作表现是否积极、主动和富于创造性。自信心通过目光、姿势、语言、语音、语调来判断。

6．自我意识与情绪稳定性。

自我意识是指能够通过经常性的自我检查，善于发现自己的优缺点，正确地认识与评价自己。情绪稳定性是指在遇到批评，受到委屈，遭遇挫折、打击以及有工作压力时，能自觉控制自己的消极情绪和冲动，能采取克制、宽容、忍让的态度，保持理智。

（二）专业能力维度

专业能力，是指专业知识和技能。测评者从专业的角度了解应聘者掌握专业知识的深度和广度、技能的高低与专业上的特长。结构化面试中对专业能力的考察，可作为专业笔试的补充，是人员测评的重要方面。

通过虚拟一些真实的工作情境，让应聘者根据其专业知识，提出相应的解决办法；或采用行为面试法，让应聘者描述过往的工作，测评者根据其过往的工作经历，结合应聘工作职位相关的工作情景，提出问题让应聘者去解决，从而判断应聘者是否能胜任，并预测其工作绩效。

（三）不同能力维度的提问范例

在结构化面试中，要根据面试测评要素，设计面试提问要点的提纲，以提高面试的标准化水平。下表是具体面试过程中对应聘者不同能力要素的提问范例。

表 10－2 面试测评要素提纲

测评要素	评价内容	提问要点
工作经历	从应聘者所述的工作经历中判断其工作责任心、工作经验、工作能力、工作业绩、开创精神等情况。	你在工作中所取得的最大成就是什么？ 在你主管的部门中，遇到过什么困难？你如何处理或应对这些困难？
求职动机与期望	过去与现在对工作的态度，求职的目的，对工作的期望，个人发展的打算，个人收入的要求等。从中了解本单位提供的工作岗位或工作条件能否满足他的要求和期望。	你为何选择来我们公司工作？你对我们公司了解些什么？ 你对我们公司提供的工作有什么希望和要求？ 如果你报考公务员后，有许多情况不如你想象的那么理想，对此，你会怎么办？
事业心进取心自信心	奋斗目标、理想抱负以及为之努力程度。工作的积极性、主动性、创造性，对工作是否严格要求等。	你认为现在的工作有什么需要改进的地方？ 请你谈谈你的职业发展计划。你如何去实现这个计划？ 你认为成功的决定因素是什么？
综合分析能力	能否抓住本质和要害，在表达自己的观点时是否分析全面、条理清晰，对许多观点的概括是否全面、准确、要领突出。	你认为成功的关键是什么？怎么才能做好本职工作？ 你认为自己适合做什么工作？
应变能力	头脑的机敏程度，对问题理解是否准确贴切，回答是否迅速，对于突发问题的反应是否机智敏捷、回答恰当，对于意外事件的处理是否迅速得当等。	与其他应聘者相比，你认为你的优势是什么？ 你有个朋友生病，你带了礼物去看望他，正好碰上你的领导，他认为你是来看望他的，因此他接下礼物连连致谢，这时你如何向你的领导说明你是来看朋友的，又不伤领导的面子？ 在一次重要会议上，领导作报告时将一个重要的数字念错了，如不纠正会影响工作，遇到这种情况你应怎么办？
人际交往与组织协调能力	考察应聘者是否乐于、善于与人交往，参加社交活动的频率与范围。有无人缘，能否善于协调人际关系、解决人际冲突，是否具有组织活动的才能。	如果你的一位副处长(副总经理)安排你撰写一项季度工作计划，当你完成后，送给副处长(副总经理)审阅时，他很不满意，但你计划中的许多想法征得过处长(总经理他的赞同，遇到这种情况你该怎么办？ 假如让你接待一起群众上访，你应考虑从哪几方面做好这项工作？ 当你被安排做一项工作，一把手和主管你的副手对这工作的意不一致时，你该怎么办？

第二节 结构化面试试题的设计

一、结构化面试试题设计的基本原则与思路

（一）基本原则

结构化面试试题的编制是结构化面试的核心和重点，试题编制的基础是职位分析。结构化面试试题的编制要遵循针对性原则。

一方面是指通过职位分析，针对空缺职位的特点及任职资格要求和胜任力特征，选取能够反映职位特征和工作内容的典型性的、关键性的材料作为结构化面试试题的依据；另外一方面，是指针对应聘者的特点。试题既要符合职位的要求，又要能够实际反映出应聘者的能力。

（二）设计思路

结构化面试试题的好坏直接影响着整个结构化面试能否顺利进行，测评是否有效和可靠。因此，制定一个“试题编制计划”，大体构想好试题的编制过程，将需要测评的能力要素确定下来，并在此基础上根据职位分析的要求逐步完善面试试题。结构化面试试题的编制应明确以下内容：

1. 测评目的。通过测评者对应聘者的直接沟通、交流，选拔出合适的任职者。

2. 测评维度。依据职位分析的结果，具体职位的特点，确定结构化面试试题适合测评的能力维度。

3. 面试题型。结构化面试试题的类型有背景型、情境型、智力型、压力型、行为型和意愿型。试题类型的选择要依据测评目的和不同题型相应的测评范围。

4. 试题内容。在结构化面试进行之前，要结合职位分析以及实际工作经常遇到的问题和关键事件，确定试题内容。

二、结构化面试试题的构成

完整的结构化面试试题应该由题干、设问与追问、测评要素、评分参考四个部分构成。

（一）题干

题干是整个结构化面试试题的核心组成。首先，在编制具体题干的时候要注意切入点，通过题干引导回答的范围，避免应聘者泛泛而谈，不够深入。其次，要把握题干给应聘者所提供的信息的“度”。

在编制题干时就要全面地考虑到，哪些信息必须提供，哪些信息可根据情况灵活使用。信息量的多少，对题目的难易程度有较大影响。信息量不足，会加大题目的难度，也可能导致问题模棱两可，应聘者难以回答；信息量大，可能对回答有提示作用，但也可能信息量多于应聘者能够处理的量，影响应聘者正常的思考。最后，题干用词要注意精练、严谨，避免词不达意或造成歧义。

【例 10-2】题干范例

某大型房地产集团每年都要对固定资产的投资进行计划、检查和审核，固定资产的

投资包括基本建设投资计划和技术改造投资计划等。假设原来固定资产投资管理存在计划性不强、随意性较大的问题，现在领导要求加强对下一年度的固定资产投资管理……

（二）设问与追问

设问是结构化面试的主体，追问是设问的补充，两者的目的都是为了更深入地了解和掌握应聘者的能力和素质，设问和追问必须相互配合。作为面试的主要外在表现，提问的方式也决定着试题的指向，也影响着应试者的回答思路和内容。

【例10－3】设问范例

如果你负责集团的固定资产投资工作，你会考虑哪些方面？

（三）测评维度

为了便于测评者了解题目的侧重点与命题目的，结构化面试中的每道试题都必须明确测评的维度。在具体操作中，同一试题可同时考察多种能力素质；根据试题设计的目的和题干、设问的内容，确定主要的测评维度，这样就可以使试题的测评功能和目的更为明确。测评维度与试题的测评内容要吻合，避免引起误解和争议。具体的测评维度在本章的第一节中已有详细介绍。

（四）评分标准

确定测评维度后，接下来要确定测评的评分标准。通过评分标准，测评者能够正确把握测评的着眼点，客观考察应聘者的行为表现，并可通过对比标准进行评估。

【例10－4】结构化面试的评分标准

某市公务员面试的能力要素评分标准

	岗位适应能力	综合分析能力	沟通协调能力	业务能力
优（21～25分）	对岗位职责、内容、要求以及工作程序熟悉；工作经验丰富，实践能力强；自我认识明确，具有清晰的角色意识和团队组织观念；对环境变化敏感，适应力强	能从宏观和微观方面深入分析问题；能够正确区分整体和部分间的相互关系；在认识事物的本质特征或主要方面，认识深刻，思路广阔，层次分明，条理清晰，逻辑严谨	能够熟练运用沟通技巧解决问题；具有很强的组织意识和团队合作精神；沟通中做到原则性和灵活性有效结合。提出的思路、办法和措施建议合理可行，具有操作性	熟悉业务知识；能够运用专业知识解决工作中遇到的实际问题；工作中有思路，有办法；能够有效调动和利用资源，积极组织各方面的力量完成任务；业务能力强
良（16～20分）	熟悉岗位职责、内容、要求以及工作程序；工作经验比较丰富，有良好的实践能力；自我认识明确，具有清晰的角色意识和团队组织挂念；对环境变化敏感，适应能力较强	从宏观和微观方面深入分析问题的能力较强；对事物的本质特征或主要方面的认识比较深刻；层次分明，思路比较清晰，逻辑性较好	能够运用沟通技巧解决问题；具有一定的人际交往能力和组织协调能力；工作方法灵活，提出的思路、办法和措施比较可行，具有操作性	业务知识熟悉；能够运用专业知识较好地解决工作中遇到的实际问题；办法多，经验比较丰富；对解决问题有思路，表现出良好的业务能力

中（9～15分）	对岗位职责、内容、要求以及工作程序比较熟悉；有一定的实际工作经验；自我认识比较明确，具有比较清晰的角色意识，适应能力较强	能从宏观和微观方面深入分析问题；能够区分整体和部分间的相互关系；思路比较广阔，条理比较清晰，逻辑比较严谨	能够运用沟通技巧解决问题，表现出一定的沟通方法技巧；工作方法上比较灵活，提出建议，具有操作性	业务知识经验比较丰富；能够运用专业知识技能解决实际工作中遇到的各种问题；提出的措施建议比较可行，工作思路比较清晰
差（1～8分）	不熟悉岗位职责、内容及要求；缺乏实际的工作经验；自我认识不太明确，角色意识和团队组织观念比较模糊，适应能力较差	不能从宏观和微观方面分析问题；对问题的本质特征或主要方面难以把握；思路不太广阔，条理不清晰，逻辑缺乏严谨	不能很好地运用沟通技巧解决问题；缺乏必要的沟通方法技巧；提出的思路、办法和措施缺乏针对性和可行性	业务知识生疏，经验缺乏，不能运用专业知识技能解决工作中遇到的实际问题；提出的措施与建议再操作性不强，办法简单

三、结构化面试试题的题型

结构化面试试题的类型主要有背景型、智力型、意愿型、情景型、行为型和压力型六种。

（一）背景型问题

背景型问题一般用于面试的开始和结束阶段。在开始阶段可作为导入性的提问，一方面营造轻松和谐的沟通气氛，缓和应聘者的紧张情绪，有利于应聘者进入状态，并在面试过程中发挥最佳水平；另一方面是帮助测评者对应聘者形成基本的认识和大致的了解，为进一步沟通和交流做好准备。背景型问题的提问，一般在测评者介绍完面试的目的、规则和注意事项后进行。由测评者提出一些与应聘者背景信息有关的问题，如应聘者的基本信息、受教育程度、工作经验以及应聘目的等等。

【例 10－5】

● 能谈谈你的优点和缺点吗？

这个背景型问题主要考察应聘者的求职动机与应聘职位的匹配性；考察应聘者能否正确认识人才的基本素质，以及是否能全面、客观地评价自己。从这个问题上还可以进一步考察应聘者是否自信。

● 请你简单介绍一下你自己。

这是一个开放性的背景型问题。应聘者可以自由把握谈话的主题和重点，但是在谈话的过程中也同样要注意语言表达的逻辑性和条理性，泛泛而谈或漫无边际的谈话并不能达到测评者的要求。该问题主要考察应聘者能否有重点地陈述，并且将谈话主题清晰、流畅地表达。测评的意图是想让应聘者将自己和应聘的职位联系起来谈。

● 你认为我们为什么要录用你呢？

这是一个直接、正面的问题，一般放在面试的结束阶段。这个问题比较尖锐，尤其能考察应聘者能否正确认识和评价自己，以及其自信心强度。

（二）智力型问题

该类问题主要考察应聘者的综合分析问题能力、言语表达能力、逻辑思维能力等等。智能型问题并不能简单地理解为智力问题，它是通过提出一些值得思考且富有争议性的现实问题或社会问题，让应聘者发表自己的观点和看法。智能型问题没有标准的答案，因此测评者关注的重点不是应聘者的回答是否正确，而是应聘者的表达、知识层面、分析、推理、逻辑思维能力，能否抓住问题的本质，能否处理复杂信息，是否具有化繁为简的能力等。

一般而言，得分比较高的应聘者是能够针对自己的选择，并以自身条件或社会的实际情况为依据进行回答，且论点鲜明，论据充分严密，回答有深度，见解独到，言之有理；中等的应聘者对自己的观点、论证，基本能自圆其说；较差的应聘者对个人观点的论述比较牵强，缺乏深度，论据空洞。

【例 10－6】

● 随着经济的发展，环境污染问题日益成为百姓关注的焦点。有人认为经济发展和环境保护之间存在矛盾。你对环境污染和经济发展之间的关系有何见解？你更看重经济发展，还是环境保护？

● 西部大开发中，有人认为最缺乏的是人才；有人认为最缺乏的是资金；有人认为最缺乏的是观念的更新。你的观点是什么？

● 有人认为“善意的谎言不是谎言”，你怎么看待这句话？

（三）意愿型问题

意愿型问题多用于测评应聘者的价值倾向、应聘动机、与职位要求的匹配性以及生活态度等个性倾向性。这类问题可采用直接询问考生的动机和个人意愿方式，但通过投射和迫选的方法进行提问的效果更佳。

投射提问的方法，就是通过那些不容易看出提问目的的问题进行提问，通过旁敲侧击的方式，让应聘者在回答中表现真实的一面。迫选提问的方法，就是让应聘者在两个地位、价值同等的问题中进行选择。这种方法限制了应聘者回答的范围，避免应聘者按照社会赞许有倾向地回答。迫选提问的方法对题目的设计要求比较高，题目编写时要考虑全面、充分，供选择的两者要具有可比性，以免出现应聘者无从选择或两者都不选的情况。

【例 10－7】

● 当你走上了领导岗位后，发现工作压力、工作强度都大大超过了你当初的想象，你会怎么做？

● 现在公务上的请客送礼之风盛行，如果你要托人帮忙，你会先想到送礼，还是使用权利？

● 公司现需要两种业务员：一种负责本地市场的开发，薪酬较高；另外一种负责别的地方的市场开发，发展机会较多。你会倾向选择负责哪一项工作？

（四）情景型问题

情景型问题，又称为假设型问题，主要是模拟未来工作中的一种情景，将应聘者置于这种情境中进行提问。这类问题可根据需要测评的能力维度，设计不同的情境和需要解决的问题，可用于测评应聘者的组织协调能力、决策能力、计划能力等。

【例 10－8】

● 有人说计划赶不上变化，如果你在策划公司未来一年的市场拓展计划，你会如何做？

● 人待在老地方久了，必然会产生感情。中国人有句俗话，“金窝银窝，不如家乡的土窝”。如果有一天，组织决定让你到一个陌生的地方任职，而且这是意料之外的，你该怎么办？

（五）行为型问题

行为型问题，是指通过应聘者回顾他们过去的工作经历，并根据这些经历回答提问；测评者根据应聘者的回答，测评其能力素质以及与应聘职位的匹配程度。这类问题是基于应聘者过去的工作经验，并以此作为依据，推断应聘者在将来工作中的表现。在本章中提及的 STAR 面试法和关键事件面试法，就是以行为型问题为核心的结构化面试方法。

行为型问题与情景型问题都是反映应聘者在情景中的反应，但情境型问题使用的是一个虚构的情景，而行为型问题是让应聘者依据过去真实发生过的经历来回答。行为型问题的提问内容主要是，应聘者过去的工作中承担什么职责、工作的背景怎样、主要任务是什么、采取何种措施完成任务，任务完成的结果如何，担任何种角色，起什么作用，有哪些经验教训等。行为型问题的假设前提是，人的能力发展具有连续性，应聘者过去的工作表现可作为将来工作表现的预测指标。

由于行为型问题要求应聘者对过去发生过的事情进行描述，然而，这过程存在应聘者捏造事实的可能，因此测评者有必要运用技巧判断应聘者所述内容的真实性。测评者可以通过对工作细节的适当追问，来了解特定情况下应聘者的行为、表现出来的能力以及所取得的成果。

【例 10－9】

● 你能不能举出一个你所遇到的实例，当你的上级主管与你在某个项目的要求上没有达成共识，给我讲一讲当时的情况是怎样的。

（追问Ⅰ）你当时是怎么想的？

（追问Ⅱ）你怎么说服上级主管的？

（追问Ⅲ）最后你们达成了怎样的共识？

请详细说说在以往的工作中，由你组织的比较成功（或不成功）的活动，并谈谈你的体会。

（六）压力型问题

这类问题是将应聘者置于一种压力的情境下，考察应聘者在这种情境下的应变能力，以及思考、解决问题时能否迅速而灵巧地转移角度，随机应变，触类旁通，做出正确判断并处理问题。提问可通过假设一种需应聘者立刻处理的紧急情况，让应聘者提出解决方案；或通过一些尖锐、刁钻的提问，考察应聘者的反应。题目的内容要注意围绕空缺职位所需要的核心能力进行。

【例 10－10】

● 在你出差赶往机场的时候，你的同事需要你帮他解决项目上的一个问题，否则会影响整个项目的进度，你会怎么处理呢？

● 你的应聘材料很符合我们招聘职位的需要，但是我们觉得，你在本次面试中并没有完全展现出你的优势所在，对此你有什么解释吗？

第三节 结构化面试的实施过程和操作技巧

一、结构化面试的实施过程

面试是人员招聘与选拔最常用的方式。面试既是组织招聘与选拔应聘者的过程，同时也是应聘者综合了解组织的机会，整个面试的准备工作，测评、面试的流程和规范，都将影响应聘者对组织的印象，以及影响其求职意愿。因此，规范化、标准化、客观化的面试能够大大提高面试的有效性和可靠性。

结构化面试的实施过程可分为四个阶段，分别是准备阶段、正式施测阶段、评分阶段和评定报告的撰写阶段。

（一）面试的准备阶段

1．职位分析

通过职位分析，列出工作职责、知识、技能、能力及其他相应的任职资格要求。根据工作职责所占用的工作时间，评价各个职责的重要性。

2．设计面试的测评指标与问题

面试测评指标的确定是基于职位分析和胜任特征模型，考察空缺职位所需要的知识、技能、能力等。面试的问题依据实际工作职责来设计，重要程度较高的职责占提问的比例更多。

表 10－3 测评要素与评定标准

测评要素	评定标准
综合分析能力	A 等：对测评者所提问题能完全抓住其本质和要害，在表达自己的观点时条理清晰、分析全面，对许多观点的概括全面、准确、要领突出。 B 等：对测评者所提问题绝大多数能抓住本质和要害，在表达自己的观点时条理比较清楚、分析较全面，对许多观点的概括比较全面、准确，要领尚能突出。 C 等：对测评者所提问题能基本抓住本质和要害，在表达自己的观点时条理尚清楚，但分析不够全面，对许多观点的概括基本准确，要领不够突出。 D 等：对测评者所提问题基本上抓不住本质和要害，在表达自己的观点时条理不清，缺乏合理的分析，概括能力较差，无法对许多观点进行较为准确、全面的概括。 E 等：对测评者的提问题完全抓不住本质和要害，在表达自己的观点时条理不清，思路混乱，毫无合理的分析。概括能力很差，无法对许多观点进行概括。

语言表达能力	A 等：语言流杨、有条理，用词准确、口齿清楚、音量适当，说话逻辑性强，声情并茂，抑扬顿挫，具有节奏感和感染力。 B 等：与 A 等标准基本相同，只是在语言流畅性、条理性、节奏感、音量等某一方面略有欠缺。 C 等：在语言流畅性、准确性、逻辑性、节奏感、音量等某一方面有缺陷，或在上述各方面中在两个方面有一些不足。 D 等：在语言流畅性、准确性、逻辑性、节奏感、音量等方面具有两项缺陷，或在上述各方面中在三个以上方面有一些不足。 E 等：在语言流程性、准确性、逻辑性、节奏顾、音量等方面具有三项以上缺陷，或在上述各方面都有不足。

【例 10－11】面试题本

指导语：

你好！欢迎参加今天的面试。

今天下午的面试共有 3 个问题，第一题回答时间为 3 分钟，第二、第三题回答时间各为 5 分钟，总共 13 分钟。请认真回答，注意把握时间。

准备好了吗？

好，现在开始。

第一个问题：

你为什么要参加这次竞聘考试？请结合你的个人经历和工作实际谈谈你参与这次竞聘的优势和不足。假如由你担任××汽车公司总经理，你将如何开展工作？

测评要素：职位认知能力

评分参考：

测评者在观察和评判时应重点把握以下几个方面：

（1）应聘者对这次竞聘的基本目的和意义是否有明确认识；

（2）应聘者能否结合所报考的职位，客观评价自身的能力素质条件，态度诚恳，实事求是，令人信服；

（3）应聘者的资质条件与职位要求是否匹配；

（4）应聘者是否对如何开展工作提出了合理计划；

（5）应聘者在自我介绍的过程中条理是否清晰，重点是否突出，语言是否流畅、富有感染力。

第二个问题：

××汽车公司拟对现有的站场进行改扩建。在项目报批过程中，政府相关职能部门提出，实施该项目会降低该站场的绿化占有率，并建议采取绿化置换以确保绿化占有率。假如你是该汽车公司的总经理，将如何解决这个问题？

测评要素：政府、社会关系能力

评分参考：

测评者在观察与评判时应重点把握以下几个方面：

（1）应聘者能否在解决问题过程中，体现出大局观念和良好的合作意识；

(2) 应聘者能否从实际情况出发，实事求是分析情况，有针对性地提出解决问题的措施；

(3) 应聘者能否明确自己的角色定位，运用多种沟通技巧，冷静对待与处理工作中的冲突，体现出良好的沟通能力。

第三个问题：

在一次食品质量安全抽检中，××汽车公司下属某公交站场的小卖部被查出有几种食品过了保质期，并被几个新闻媒体集中曝光，这在当地社会引起了强烈的反响，甚至有人质疑该汽车公司的诚信问题。假如你是该公司的总经理，将如何处理这个事件？

测评要素：决策能力、应变能力

评分参考：

测评者在观察与评判时应重点把握以下几个方面：

(1) 应聘者能否明确自己的角色定位，保持较高的情绪稳定性，反应迅速；

(2) 应聘者能否对问题进行审慎剖析，搜索各种解决问题的途径，并作出合理评估，提出具体可行的处理措施；

(3) 应聘者能否统筹各方力量，利用各种资源；

(4) 应聘者思路是否清晰，语言表达是否流畅。

结束语：

(若 13 分钟未用完，主测评者按以下指导语提示应聘者，待回答后，结束面试。)

你对以上 3 个问题还有什么补充吗？

(若 13 分钟已用完，主测评者按以下指导语结束面试。)

今天的面试就到这里，谢谢！

3. 拟定面试评价表

面试评价表是对面试测评标准化、统一化、规范化的表格，也是结构化面试区别于传统面试的一个重要方面。面试的评价表由若干测评指标组成，设计时还应注意到评价等级的确定，一般采用 5 级评分。面试评价表有两种形式：一种是等级评价表，如表 10-3；另外一种是附有行为描述的评价表，如表 10-4。

设计面试评价表时，要明确评价标准和评价指标的权重，把每个测评要素分成若干等级，或用不同的分值表现出来。有的评价表明确了各测评维度的权重，不同测评维度对应的满分分值是不同的，如表 10-4；有的评分表各测评维度的满分分值都是相同的，在评分结束后再通过加权合成总分，如表 10-5。前一种评分表将各维度下的得分相加，能直接得到应聘者的面试分数；后一种评分表由于各测评维度的满分分值都是一样的，因此比较便于测评者评分，但是面试得分需要经过计算才能用于最后的决策。

表 10－4 面试等级评分表－1

编号		姓名		性别		年龄		
应聘职位			应聘部门					
测评维度	所占比重	项目指标	优秀	良好	一般	较差	很差	行为表现
身体状态	10	健康程度(5)	5	4	3	2	1	
		气质（5）	5	4	3	2	1	
知识经验	20	知识水平（10）	10～9	8～7	6～5	4～3	2～1	
		实际经验（10）	10～9	8～7	6～5	4～3	2～1	
能力	50	人际交往能力（10）	10～9	8～7	6～5	4～3	2～1	
		口头表达能力（10）	10～9	8～7	6～5	4～3	2～1	
		应变能力（10）	10～9	8～7	6～5	4～3	2～1	
		创新能力（10）	10～9	8～7	6～5	4～3	2～1	
		综合分析能力（10）	10～9	8～7	6～5	4～3	2～1	
个性	20	热情（5）	5	4	3	2	1	
		自信心（5）	5	4	3	2	1	
		开放性（5）	5	4	3	2	1	
		关注态度（5）	5	4	3	2	1	
评语		总分： 日 期： 测评者：						

表10－5　面试等级评分表－2

面试要素		职位认知能力	组织实施能力过程管理能力	沟通协调能力角色意识	语言表达能力	仪表气质
权重(%)		20	30	30	10	10
观察要点		能准确把握职位要求；客观评价自身素质；动机纯正，诚实可信；资质条件与职位要求匹配。	能围绕任务目标采取恰当措施，合理配置人财物等资源，充分发挥员工潜力，密切监控工作过程，协调各方关系，保证工作顺利完成。	具有大局观念和合作意识，明确角色和责任，通过沟通促进工作开展；面对困难和冲突能进行有效沟通和协调。	语言清晰流畅；用语准确、恰当、注意分寸；具有条理性和感染力，说服力强。	情绪稳定，举止得体，成熟自信，仪态大方，有领导风度。
评分等次	优	17～20	26～30	26～30	9～10	9～10
	良	11～16	16～25	16～25	6～8	6～8
	中	5～10	6～15	6～15	3～5	3～5
	差	0～4	0～5	0～5	0～2	0～2
要素得分						

4．确定测评者

在面试前，要根据职位层次和测评需要确定测评者。测评者可以是人力资源管理人员、直线经理、专家等。测评者对应聘者的评价结果是录用与否的重要参考指标，因此测评者是面试可靠性和有效性的重要保证。对测评者进行面试前的统一培训，能有效减少测评的结果偏差。测评者的培训重点应放在提高提问技巧、面试的组织能力，构建和谐的面试氛围，以及把握倾听技巧和学会有效的引导等方面。

5．安排面试场所

面试场所的选择需要注意以下几个方面：

面试要有单独的场所，可选用独立的会议室等。面试期间在门上贴上“请勿打扰”的标示，以免受到干扰。

面试场所的基本要求是安静、舒适，拥有良好的采光和封闭的环境。

面试时应聘者与测评者的距离不宜过远，也不能过近。一般而言，应聘者和测评者的座位安排适宜采取斜向的座位形式，既避免目光直视，又利于观察。

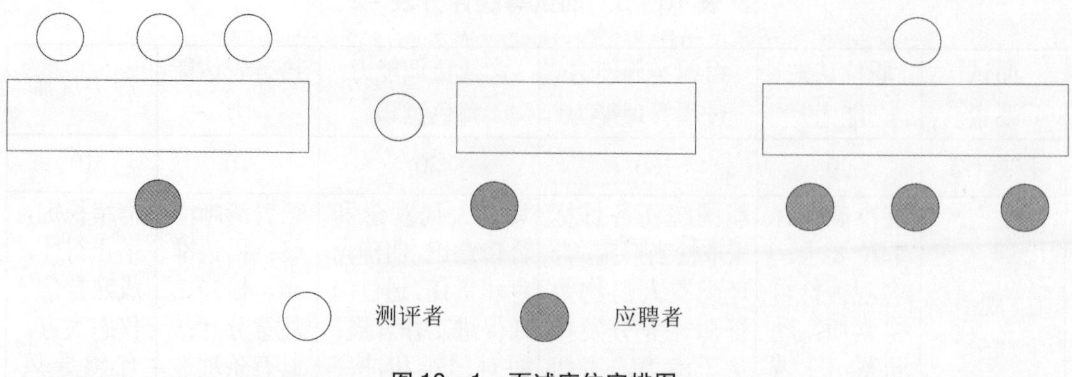

图 10－1　面试座位安排图

（二）面试的实施阶段

面试的实施阶段是面试的核心阶段。应聘者进入招聘组织后，仍未进入面试室之前，就已经可以通过对其行为进行观察评价了。面试是一个双向沟通的过程，从建立和谐、友好、轻松的沟通氛围，到面试结束，一般分为五个阶段，即开始阶段、导入阶段、正题阶段、深入阶段和结束阶段。

1．开始阶段。

开始阶段的主要目的是营造一种和谐、友好、宽松的沟通氛围。和谐、友好、宽松的面试氛围有助于测评者获取更为真实有效的信息，面试氛围的构建在整个面试过程中都应予以关注。当应聘者进入面试室后，测评者应主动与其握手或打招呼表示欢迎，并作简单的自我介绍，以建立信任关系。然后，通过普通的社交话题进行交谈，如谈天气、聊家常等，以消除或降低应聘者的紧张情绪和戒备心理，以达到建立良好沟通氛围的目的。在结构化面试中，还应该通过标准化的面试指导语，使应聘者了解面试的目的、规则、时间、流程安排。

2．导入阶段。

测评者可围绕应聘者的履历表或求职申请书，提一些应聘者比较熟悉而且轻松的话题，以缓解其紧张的情绪。这些问题可包括个人的学习或工作经历等，问题内容的范围比较广，自由度较高。

3．正题阶段。

测评者根据题目以及测评要素，与应聘者进行双向交流，获得对应聘者能力素质的全面、深入了解，探究应聘者与空缺岗位的匹配程度。测评者在正题阶段中，充分运用提问、倾听、引导、观察等技巧，考察应聘者的知识、技能和能力素质。可通过采用如关键事件面试法等方式，收集应聘者在代表性工作事件中表现出来的能力和素质。

4．深入阶段。

这一阶段是作为前一阶段的补充，可以在完成常规问题的提问后，提出一些有深度的、比较敏感尖锐的问题，创设压力情境。包括可对初步筛选中发现的疑问、在本次面试过程中的不足加以讨论，以获得对应聘者的更全面了解。

5．结束阶段。

在面试结束之前，要给予应聘者一个补充和修正面试过程中的回答内容的机会，以及允许应聘者向测评者提问。最后，在友好的气氛中结束面试，并说明大概什么时候告知其录用与否的结果，让应聘者耐心等待通知，并表达对应聘者到访的感谢。

（三）面试的评分阶段

面试结束后，测评者应回顾面试的测评记录，根据记录中的信息对应聘者进行评价。评价方法可分为分数式评价、评语式评价和综合式评价。

● 分数式评价，是依据各个考察维度的评分标准进行评分，操作比较简单方便，但不利于体现应聘者之间的能力差异。分数式评价也可采用量词式标准，如用“好”、“较好”、“一般”、“较差”、“差”来表示。

● 评语式评价，是对应聘者不同能力维度的完整描述，这种评价方法要求比较高，评价耗时。如对主动性的行为描述，按不同等级可表述为：提前行动，能意识到别人没注意到的问题，具有前瞻性，能在没有确定正反的情况下主动采取必要步骤解决，为优等；能在问题出现时迅速采取行动，在了解相关政策后及时做出反应，以使出现的问题最少或阻碍最少，为中等；对工作的完成缺乏主动自觉，需要在别人的督促下进行，为劣等。评语式评价的评分表如表 10－3 所示。

● 综合式评价，则是将上述两种评价方式综合运用。在打分的基础上，同时对应聘者的典型特征进行描述，既有利于横向比较，也可用于纵向比较。

面试的评分不适宜在面试的实施过程中进行，以避免对应聘者的观察不够全面。通常，面试的评分在面试结束后较短的时间内完成，以免时间间隔太长，导致信息的遗忘，影响评价结果。从操作过程来说，测评者应该先各自对应聘者进行独立评分，然后再进行讨论汇总，最后依据拟定的测评维度的权重计算应聘者的得分。若结构化面试为人员选拔的最后环节，可结合录用标准以及之前进行的其他测评技术的结果，形成最终的人员录用意见。

（四）面试评定报告的撰写阶段

1．面试评语。

面试评语包括测评者的评语以及测评小组的综合评语。

测评者的评语，是指某次面试结束后，对应聘者的总体情况做出的具有高度概括性、简单扼要的评价，如特点、优势、缺点、不足、典型行为等，作为测评者对某应聘者综合评定的参考。

测评小组的综合评语，是在各测评者完成对若干个应聘者的面试评定后，综合讨论对应聘者的评价，并形成测评小组的综合评语。测评小组的综合评语是面试分数的补充，它能够将一些量化数据难以说明的能力特征表现出来，是录用决策的重要依据。

表 10-6 面试测评小组的综合评语

<table>
<tr><td>编号</td><td>应聘者</td><td>测评者人数</td><td>面试总分</td><td>平均分</td></tr>
<tr><td></td><td></td><td></td><td></td><td></td></tr>
<tr><td>测评
小组
综合
评语</td><td colspan="4">日 期：
测评小组负责人：</td></tr>
</table>

2. 面试评定报告。

整个面试的过程结束后，测评者要对面试的记录进行整理，归纳出条理清晰、内容充实、有保存价值的书面材料。根据记录可形成有关面试的评定报告，评定报告能够清晰地将应聘者在面试中的行为用数字和文字相结合的方式表现，便于查阅和作为录用决策的参考。

【例 10-12】某企业结构化面试评定报告

姓　　名：张玲玲
性　　别：女
应聘职位：财务总监
笔试成绩：78 分
结构化面试各测评维度得分：

维度	权重	得分
逻辑思维	权重 10	得分 8.6
组织协调	权重 20	得分 12.8
创新意识	权重 10	得分 8.2
应变能力	权重 10	得分 8
经营决策	权重 15	得分 11.4
仪表气质	权重 5	得分 3.8
专业知识	权重 15	得分 11.4
专业技能	权重 15	得分 11.6
		总分 75.8

综合评价：

思维流畅、严谨，条理性好，但有时思路不够开阔。反应敏捷、灵活。言语表达能力较强。创新意识突出，协调能力强，有一定的管理经验。经营决策能力应进一步提高。仪表气质较好，自信，有亲和力，处事稳妥，其个性较合适从事财务工作。经验丰富，有奋斗精神，进取心及事业成就欲望比较强。熟悉财务及相关业务，有业务基础，专业知识和技能均较好，但仍需充实和提高现代财务思想和意识，提高理论水平。整体素质较好，基本能胜任应聘职位的工作。

【例 10－13】

面试测评评价报告例表

<table>
<tr><td>编号</td><td>001</td><td>姓名</td><td>李艳</td><td>性别</td><td>女</td><td>年龄</td><td>33</td></tr>
<tr><td>应聘职位</td><td colspan="2">办公室主任</td><td>应聘部门</td><td colspan="2">办公室</td><td>面试成绩</td><td>68</td></tr>
<tr><td>基本素质</td><td colspan="7">观察力敏锐，求知欲较强，善于学习；外向，喜欢社会交往；为人热情，在公共交往中能给人良好的印象；自制力强，遇事冷静，处事比较稳妥；心态积极健康，自信，成熟；意志力较强，做事富有恒心，认真负责；计划性较强，思考周密。但掩饰性较高，有时会掩饰自己的缺点，夸大优点。</td></tr>
<tr><td>基本能力</td><td colspan="7">综合分析能力较好，分析问题基本上能抓住主题，分析比较透彻，有一定的整体性；口头表达能力强，说理清晰，表达准确、流畅，但说话的语调方面有待加强；公关能力较好，能较好地处理企业、个人和社会的关系；计划组织能力较强，做事前能制订一份比较详细的行动计划，能够较合理地调配和安置人、财、物等资源；应变能力较好，在有压力的状况下，反应比较镇静，思维比较敏捷。</td></tr>
<tr><td>录用意见</td><td colspan="7">该应聘者比较成熟，处事比较稳妥，考虑问题比较仔细；对办公室的待人接物工作比较熟悉，具备一定的社会公关能力，能胜任应聘的办公室主任一职，建议录用。</td></tr>
</table>

二、结构化面试的技巧

面试是否有效，除了需要规范化的操作流程，还需要测评者掌握一定的面试技巧。有效利用各种面试技巧，能显著提高面试的有效性和可靠性。具体的面试技巧可以归纳为“问”、“听”、“观”。

（一）提问技巧

提问是面试实施过程中的核心技术，提问的目的是获取应聘者与职位匹配的信息。结构化面试的问题在事先已经设计好，可直接运用于面试中，但是要有效地获取信息，深入、充分地了解应聘者，还需要测评者注意运用提问的技巧。提问的技巧有以下几个要点：

- 提问应该是有组织、有计划的。一方面要事先设计好提问的内容，另一方面需要测评者之间的配合。
- 提问应遵循由易到难，由浅至深的原则。
- 话题数量要适度。在结构化面试中，要控制话题的数量，确保提问能全面了解应聘者的能力素质。
- 明确提问意图。每个问题都要注意其针对性，明确测评的意图，注意控制应聘者的谈话范围，避免谈话离题万丈。

（二）倾听技巧

面试中倾听的目的是有效地收集提问后应聘者反馈的信息，通过倾听来识别有效信息，并为测评提供依据。优秀的测评者不仅要懂得提问，还要是一个优秀的倾听者。通过有效的“听”，客观、全面、有效地收集信息。做到有效倾听，要注意以下几点要求：

● 积极地倾听。一般来说，有效的面试中，测评者的讲话时间不超过面试总时间的30%。

● 客观地倾听。作为测评者，避免在对应聘者的评估时带有过多的个人偏好和感情色彩。

● 反馈式倾听。如果一时没明白应聘者的话语，或对应聘者的回答有疑问，可以提出一些富有针对性或启发性的问题，以便对其进一步深入了解。

● 总结性倾听。对一个事例的描述，测评者可能通过多个问题，逐步引导应聘者进行陈述。因此，为得到应聘者完整的信息，测评者要善于对应聘者的回答进行总结和确认。

（三）观察技巧

面试中观察的目的就是结合应聘者提供的言语信息，通过应聘者其他非言语反应，来挖掘应聘者的内在反应。通常，测评者在面试过程中很短的时间内，尽可能多地从应聘者身上获得一些非言语的信息，并进行判断。

非言语信息的收集，可根据测评维度的能力观察要点，有目的地进行观察。在征得应聘者同意的前提下，可利用现代化的技术手段，如录像、录音等手段，帮助测评者全面、准确地记录应聘者的反应。有关面试中非言语信息的研究表明，面试过程中，一些非言语信息的变化可为测评者的评估提供参考。常见的肢体动作所表达的意义归纳如下表：

表10－7 常见的非言语信息及意义

非言语信息	典型含义
目光接触	友好、真诚、自信、果断
不作目光接触	冷淡、紧张、害怕、说谎、缺乏安全感
摇头	不赞同、不相信、震惊
搔头	迷惑不解、不相信
微笑	满意、理解、鼓励
咬嘴唇	紧张、害怕
踮脚	紧张、不耐烦、自负
双臂交叉在胸前	生气、不同意、防卫
抬一下眉毛	怀疑、吃惊
眯眼睛	不同意、反感、生气
鼻孔张大	生气、受挫
手抖	紧张、焦虑、恐惧
身体前倾	感兴趣、注意

非言语信息	典型含义
懒散地坐在椅子上	厌倦、放松
坐在椅子边缘上	紧张、焦虑、有理解力
摇椅子	厌倦、自以为是、紧张
驼背坐着	缺乏安全感、消极
坐得笔直	自信、果断

【关键术语】

面试　结构化面试　半结构化面试　情境面试　行为面试　压力面试
系列式面试　序列式面试　面试维度　STAR 面试法　关键事件面试

【思考题】

1. 结构化面试的特点有哪些？
2. 请简述结构化面试的试题结构。
3. 请简述结构化面试的主要题型。
4. 请简述结构化面试的实施步骤。
5. 请谈谈结构化面试的技巧。

第十一章 心理测验

【学习目标】

学习完本章之后，你应该能够：

1. 了解什么是人格测验；
2. 掌握常用的人格测验工具；
3. 了解什么是能力测验；
4. 掌握常用的能力测验工具；
5. 了解需要测验、动机测验、职业适应测验等。

【案例】

广东省警察招聘引入心理测试

这是一组令人关注的数字：广东省公安民警心理健康服务中心成立四年来，开通的热线电话共运作2100小时，接到10500个心理咨询电话，平均每小时就接到5个民警打来咨询电话。中心建立的心理咨询网站，访问量达到110多万人次，收到警员心理咨询邮件3800多封。该中心负责人告诉记者，他们研究发现，公安民警的心理素质普遍强于普通人群，但他们由于工作压力大，与社会阴暗面接触多，承受的心理压力也远比普通人群大。民警的心理问题应引起重视。

广东省公安厅政治部主任白先河指出，现在警察的压力大，心理素质不过硬是不行的。2006年，公安部发出文件，要求在市（地）级公安机关组建心理健康辅导员队伍，并在公安机关招警中逐步推行心理素质测评工作。自2007年起，广东全省公安机关招收警察都要通过心理测试，否则不予录取。

2006年，广州等地已试点在招警中进行心理测试。当年省消防总队招警时，就有6个人因心理测试不及格而不被录取。招警中进行心理测试是发展大方向，在招警各种指标中，笔试、体能测试、体检的各项指标都十分具体客观，心理测试指标如何细化需要进一步研究。

据了解，自2006年开始，广东省公安厅政治部已经与华南师范大学合作，就如何细化各警种心理素质进行研究，探寻警察的胜任特质。民警心理健康服务中心专家、中国心理学会副理事长、华南师范大学副校长莫雷透露，这个测试“胜任特质”的系统正在进一步完善中，初步的计划是将所有民警分为八大警种，招警时可以通过这个软件，测试考生对报考警种的胜任情况。在职民警也可以使用这个软件，测试自己的心理状况。

【你会怎么做】

除了警察，还有哪些行业适合在人员招聘与选拔中采用心理测验？是否所有行业都适合引入心理测验这一测评技术？

在传统的人员选拔工作当中，组织往往注重应聘者的专业和业务方面的能力，而忽视其人格特征、个人需求、职业适应性和职业兴趣等。人格的形成依赖于一些先天的因素，同时也受到后天环境因素的影响。心理学家的研究表明，有些职位更适合某种人格类型的应聘者，合理的人事安排可以带来更高的工作绩效。因此，在人员招聘与选拔中使用人格测验，有利于提高选拔工作的有效性。

不同的职业对不同能力倾向的应聘者的要求不一样。如果应聘者某些方面的能力符合职位的要求，那么将更有利于其顺利地完成工作，并表现出较高的工作绩效。应聘者的工作需求和动机、职业的适应性、职业兴趣等，也会直接影响应聘者的职业选择和工作绩效。因此，组织在选择任职者时要充分考虑职位的要求，以及应聘者的人格特征、能力倾向、个人需求与动机、职业兴趣等，做到人员和组织、人员和职位的合理配置。

本章第一节详细介绍了在人员招聘与选拔中一些常用的人格测验。

第一节　人格测验

一、人格与人格测验

（一）人格的定义

人格，又称为个性，是构成一个人的思想、情感及行为的特有统合模式，这个独特模式包含了一个人区别于他人的、稳定而统一的心理品质。人格在很大程度上影响着个体的人际关系、社会适应性、处事风格以及将来能取得的成就等。因此，对人格的评估有助于了解应聘者的主要人格特征、兴趣爱好，预测其在未来职位上的行为表现。

（二）人格测验的概念

人与人之间的差异主要反映在能力与人格两方面。有关能力差异可以通过能力测验去考察，而人格方面的差异就要借助于人格测验。人格测验就是用标准化的测验工具，引导应聘者表述自己的观点，然后对结果进行统计处理及研究分析，从而对应聘者的兴趣、态度、情绪、气质、性格、价值观等素质特征进行测量与评价的一种心理测试方法。

二、人格测验的类型

依据测验编制与施测方法的不同，人格测验分为问卷测验、投射测验、情境测验等。

（一）问卷测验

人格问卷，是经过标准化处理的测验量表，即测验目的明确，结构严谨，经过严格的信、效度等验证的测评工具。人格问卷测验可以分为人格自陈量表和评定量表两类。前者是自我报告式的问卷，后者是测评者对他人进行评价的问卷。

（二）投射测验

投射测验是一种特殊的人格测评技术，它是根据心理学的投射原理编制的。投射测验的操作方式是提供预先编制的一些未经组织的、意义不明确的图形，词句或数字，让应聘者在不受限制的情境下，自由地做出反应；然后，通过测评者对反应的分析，推断其人格特征。

（三）情境测验

情境测验是一种行为观察法，是将应聘者置于事先设计好的特定情境中，测评者观察其行为反应，从而推断其人格特征的方法。情境测验技术是近年来颇受重视的评估技术，尤其适用于中高级管理人员的选拔，且预测效度较高。情境测验最大的局限是要花费大量的人力、物力、财力、时间。

三、自陈量表

（一）卡特尔人格因素问卷

1. 卡特尔 16PF 人格因素问卷简介。

卡特尔 16PF 人格因素问卷，是由美国伊利诺州立大学和能力研究所的卡特尔（Raymond B. Cattell）教授编制的。由于该问卷的 16 个人格因素维度的描述都非常贴近现实生活中人的类型，并且量表有比较完善的评价系统，因此该量表在人员测评中得到广泛应用。

2. 卡特尔 16PF 人格因素问卷的结构与内容。

16PF 的人格因素包括乐群性（A）、聪慧性（B）、稳定性（C）、恃强性（E）、兴奋性（P）、有恒性（G）、敢为性（H）、敏感性（I）、怀疑性（L）、幻想性（M）、世故性（N）、忧虑性（O）、实验性（Q_1）、独立性（Q_2）、自律性（Q_3）、紧张性（Q_4）。16 种人格因素中各个项目是按顺序轮流排列的。16 种人格因素中除了聪慧性（B）的项目有对错之分外，其余项目均无对错之分。

3. 卡特尔 16PF 人格因素问卷的应用。

招聘的目的就是要招聘到合适的任职者。研究表明，个性特征和职业之间的相符程度愈高，则事业的成功率就愈大。个性特点适应工作需要时，才能充分发挥其应有的作用。如从事外交、文艺、推销、采购、宣传等工作的人需要有较高的乐群外向性（高“A”）；从事物理、化学、电机、科研工作的人，其乐群外向性（低“A”）以较低为宜。再如，国际性的竞技者、战斗机飞行员，需要较高的恃强性（即高“E”），而大学教授对此项因素的要求则较低。

【例 11-1】卡特尔 16PF 人格因素问卷（节选）

1. 我很明了本测试的说明：	A. 是的 B. 不一定 C. 不是的
2. 我对本测试的每一个问题，都能做到诚实地回答	A. 是的 B. 不一定 C. 不是的
3. 如果我有机会的话，我愿意	A. 到一个繁华的城市去旅行 B. 介于 A、C 之间 C. 浏览清静的山区
4. 我有能力应付各种困难	A. 是的 B. 不一定 C. 不是的
5. 即使是关在铁笼里的猛兽，我见了也会感到惴惴不安	A. 是的 B. 不一定 C. 不是的
6. 我总是不敢大胆批评别人的言行	A. 是的 B. 有时如此 C. 不是的
7. 我的思想似乎	A. 比较先进 B. 一般 C. 比较保守
8. 我不擅长说笑话、讲趣事	A. 是的 B. 介于 A、C 之间 C. 不是的
9. 当我见到邻居或亲友争吵时，我总是	A. 任其自己解决 B. 介于 A、C 之间 C. 予以劝解
10. 在群众集会中	A. 谈吐自如 B. 介于 A、C 之间 C. 保持沉默
11. 我愿意	A. 建筑工程师 B. 不确定 C. 社会科学研究者
12. 阅读时，我喜欢	A. 自然科学书籍 B. 不确定 C. 政治理论书籍
13. 我认为很多人都有些心理不正常，只是他们不愿承认	A. 是的 B. 介于 A、C 之间 C. 不是的
14. 我希望我的爱人擅长交际，无须具有文艺才能	A. 是的 B. 不一定 C. 不是的
15. 对于性情急躁、爱发脾气的人，我仍能以礼相待	A. 是的 B. 介于 A、C 之间 C. 不是的
16. 受人侍奉时我常常局促不安	A. 是的 B. 介于 A、C 之间 C. 不是的
17. 在从事体力或脑力劳动之后，我总是需要比别人更多的休息时间，才能保持工作效率	A. 是的 B. 介于 A、C 之间 C. 不是的
18. 半夜醒来，我常常为惴惴不安而不能入睡	A. 常常如此 B. 有时如此 C. 极少如此
19. 事情进行得不顺利时，我常常急得涕泪交流	A. 常常如此 B. 有时如此 C. 极少如此
20. 我以为只要双方同意即可离婚，可以不受传统观念的束缚	A. 是的 B. 介于 A、C 之间 C. 不是的
21. 我对人或物的兴趣，都很容易改变	A. 是的 B. 不能肯定 C. 不是的
22. 工作中，我愿意	A. 和别人合作 B. 不确定 C. 自己单独进行

23. 我常常无缘无故地自言自语	A. 常常如此　B. 偶尔如此　C. 从不如此
24. 无论是工作、饮食或外出游览，我总是	A. 匆匆忙忙不能尽兴　B. 介于 A、C 之间 C. 从容不迫
25. 有时我怀疑别人是否对我的言行真正有兴趣	A. 是的　B. 介于 A、C 之间　C. 不是的
……	

（二）艾森克人格问卷

中国修订本的艾森克成人问卷包含四个分量表，即 E 量表、N 量表、P 量表、L 量表：

E 量表（外倾性量表）用于测查应聘者的内外倾性。高分者表现为性格外向，特点是好交际、喜欢刺激与冒险，容易冲动。低分者表现为性格内向，其特点是安静，除了亲密朋友外，对一般人保持缄默、冷淡，生活有规律，善于控制情绪。

N 量表（神经质量表）测查应聘者的情绪稳定性程度。高分者表现为高焦虑、喜怒无常、易于激动，由于受激动情结的干扰而出现不合理的行为，经常忧心忡忡等；低分者表现为不易焦虑、情绪反应缓慢且轻微，很容易恢复平静，性情温和，善于自控等。

P 量表（精神质量表）用于测查应聘者的精神质程度。高分者表现为性情孤僻、冷酷，不近人情，缺乏同情心，对事情麻木不仁，对人不友好，喜欢寻衅攻击等病态人格。

L 量表（说谎量表）用于测查应聘者是否有“掩饰”倾向，即是否有不真实的回答，或测定其社会朴实幼稚的程度。高分者表现出说谎行为，若该项标准分（T）大于 70 分，则表明其测出的结果不可靠。

【例 11－2】EPQ 人格问卷（节选）

问题	是	否	问题	是	否
1. 你是否有许多不同的业余爱好			2. 你是否在做任何事情以前都要停下来仔细思考		
3. 你的心境是否常有起伏			4. 你曾有过明知是别人的功劳而你去接受奖励的事吗		
5. 你是否健谈			6. 欠债会使你不安吗		
7. 你曾无缘无故觉得“真是难受”吗			8. 你曾经贪图过身外之物吗		
9. 你是否在晚上小心翼翼地关好门窗			10. 你是否比较活跃		
11. 你在见到一小孩或一动物受折磨时是否会感受到非常难过			12. 你是否常常为自己不该做而做了的事、不该说而说了的话而紧张		

13. 你喜欢跳降落伞吗			14. 通常你能在热闹联欢会中尽情地玩吗		
15. 你容易激动吗			16. 你曾经将自己的过错推给别人吗		
17. 你喜欢会见陌生人吗			18. 你是否相信保险制度是一种好办法		
19. 你是一个容易伤感情的人吗			20. 你所有的习惯都是好的吗		
……					

（三）迈尔斯——布瑞格斯类型诊断量表

1. 迈尔斯——布瑞格斯类型诊断量表简介。

迈尔斯——布瑞格斯类型诊断量表（简称 MBTI），是管理学、心理学等领域最为广泛使用的人格测评工具之一，它被应用于人员选拔、员工培训、人际沟通训练、职业生涯规划、管理拓展、组织或团队建设等管理实践领域。

2. MBTI 的四大维度。

（1）外向型（E）——内向型（I）。

外向型的人通过人际交往获取能量，他们把注意力和精力放在身外的世界，主动与人交往，喜欢互动。内向型的人通过个人思考和感觉获取能量。他们专注于自我的内心世界，喜欢独处并陶醉其中。他们总是先想后做，这意味着心理活动居多。他们不喜欢受人瞩目。

（2）感知型（S）——直觉型（N）。

感知型的人倾向于收集详细的事实资料，他们注重自己看到、听到、触摸到、嗅到和尝到的具体感受。他们只相信可以测量、能够记录下来的东西，只注重真实可靠的事。直觉型的人较少关注事实资料，侧重于思考各种可能性之间的彼此联系。他们更相信“第六感觉”（即直觉），善于理解字面以外的含义，对一切事情都要寻求内在意义。他们能预示事情的发生，通常不愿意维持事物的现状，总想不断来点新花样。

（3）思考型（T）——感觉型（F）。

思考型的人决策时较为客观，他们喜欢符合逻辑的决策，善于客观地分析一切，并以此为荣。感觉型的人常依据自己的喜好和感觉决策，他们很能体贴人，常富有同情心，并因此自以为荣。

（4）判断型（J）——认知型（P）。

判断型的人条理性很强，喜欢把生活安排得有条不紊，事事井井有条，凡事他们总要断个分明，喜欢决策。认知型的人生活散漫随意，他们乐于尝试一切可能的事情，他们往往是理解生活，而不是控制生活。

【例 11－3】MBTI 人格类型量表

1. 电话铃响的时候，你会　　a. 马上第一个去接　　b. 希望别人去接
2. 你更倾向于　　a. 敏锐而不内省　　b. 内省而不敏锐
3. 对你来说哪种情况更糟糕　　a. 想入非非　　b. 循规蹈矩

	a.	b.
4. 同别人在一起，你通常	a. 坚定而不随和	b. 随和而不坚定
5. 哪种事更使你感到惬意	a. 做出权威判断	b. 做出有价值的判断
6. 面对工作环境里的噪音，你会	a. 抽出时间整顿	b. 最大限度地忍耐
7. 你的做事方式	a. 果断	b. 某种程度的斟酌
8. 排队时，你常常	a. 与他人聊天	b. 仍考虑工作
9. 你更倾向于	a. 感知多于设想	b. 设想多于感知
10. 你对什么更感兴趣	a. 真实存在的东西	b. 潜在的东西
11. ……		

【例 11 -4】MBTI 人格类型和特征与其合适的职业举例

ISTJ 型（内向型、感知型、思考型、判断型）

特征：一丝不苟，认真负责，明智豁达，坚定不移的社会维护者。讲求实际，非常务实，总是对精确性和条理性孜孜以求，且有极大的专注力。不论什么都有条不紊地完成。

适合工作的特点：适应技术工作，能生产一种实实在在的产品或有条理地提供一种周详服务。他们需要一种独立的工作环境，有充裕的时间让自己独立工作，并能运用自己卓越的专注力来完成工作。

职业举例：审计员、后勤经理、信息总监、预算分析员、工程师、技术工作者、电脑编程员、证券经纪人、地质学者、医学研究者、会计、文字处理专业人员。

ESFP 型（外向型、感知型、感觉型、认知型）

特征：生性爱玩，充满活力，用自己的欢乐为别人增添乐趣。他们适应性强，平易随和，可以热情饱满地参加多项活动。不喜欢将自己的意志强加于人。

适合工作的特点：能在实践中学习，利用常识搜集各种事实来寻找问题解决的方案，他们喜欢直接与顾客和客户打交道。能同时在多个项目或活动中周旋。尤其对能够发挥自己审美观点的项目或活动感兴趣。

职业举例：公关专业人士、劳工关系调解人、零售经理、商品规划师、团队培训人员、旅游销售经理、融资者、保险代理/经纪人。

（四）大五人格量表

1. 大五人格量表简介。

1981 年，Goldberg 在前人大量研究的基础上，提出人格的五因素模型（Five - Factor Model，FFM）。经过大量的研究，五因素人格结构模型已经得到许多人格心理学家，特别是特质理论学派人格心理学家的认同。

大五人格量表包括五个维度量表，它们是神经质（N）、外向性（E）、开放性（O）、宜人性（A）和谨慎性（C）。五个维度对应的人格特质如下：

- 神经质：焦虑、敌对、压抑、自我意识、冲动、脆弱。
- 外向性：热情、社交、果断、活跃、冒险、乐观。
- 开放性：想象、审美、情感丰富、求异、智能。
- 宜人性：信任、直率、利他、依从、谦虚、移情。
- 谨慎性：胜任、条理、尽职、成就、自律、谨慎。

2. 大五人格量表的应用。

研究表明，在各种职业人群中，大五人格维度中的神经质、外向性、宜人性、谨慎性与关系到绩效的行为存在密切关联。尤其在管理者的选拔中，采用五因素人格模型，作为预测领导力的人格特质测量，有助于提高测量的价值和有用性。整体而言，从大五人格的角度来看，外向、宜人、情绪稳定与领导绩效有着高度的相关。

【例 11－5】大五人格量表 NEO－FFI（节选）

1. 我不是一个充满烦恼的人。
2. 我很少感到恐惧或焦虑。
3. 我经常感到紧张及心神不定。
4. 别人对待我的方式常使我感到愤怒。
5. 我很少感到寂寞或忧郁。

……

13. 我真的喜欢大部分我遇见的人。
14. 我很喜欢与别人交谈。
15. 我喜欢很多人在我周围。
16. 我一向喜欢单独工作。
17. 我宁愿我行我素也不愿成为别人的领袖。

……

25. 我不喜欢浪费时间去做白日梦。
26. 大自然和艺术的规律形态使我感到极为奥妙。
27. 我对诗词只有少许感觉甚至无动于衷。
28. 当我阅读一首诗或欣赏一件艺术品时，我有时会感到兴奋或惊喜。
29. 我很少注意自己在不同环境的情绪或感觉。

……

37. 我会怀疑及讽刺别人的企图。
38. 我相信如果你允许别人占你的便宜，很多人都会这样做。
39. 如果需要，我会去操纵别人而达到我所想要的。
40. 有些人觉得我自私又自我中心。
41. 有些人觉得我冷漠又爱算计。

……

49. 在工作上，我是有效率又能胜任的。
50. 我会保持我的形象整齐和清洁。
51. 我不是一个做事有条不紊的人。
52. 我好像总是不能把事情安排得井井有条。
53. 我会尽心尽力完成一切分派给我的工作。

……

四、评定量表

（一）评定量表的种类

1．数字评定量表。

测评者根据应聘者的某种人格特征对应聘者的表现做出判断，并选择一个与程度相对应的数值。

【例 11 -6】

评定一个人的情绪稳定性，可在下面的数字量表上确定一个等级。

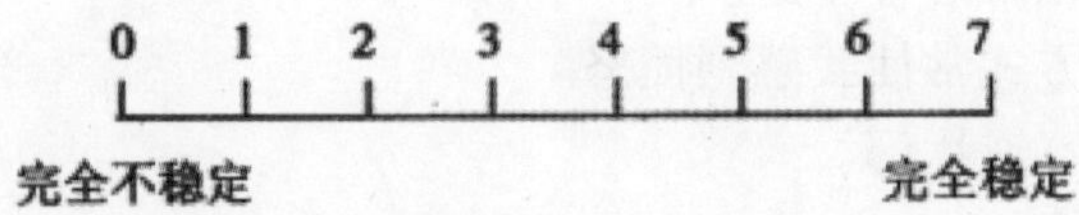

2．描述评定量表。

依据对所要评定的行为或人格特征进行一组文字描述，要求测评者从中选出一个最适合应聘者的描述。

【例 11 -7】

● 慷慨吗?

A．很吝啬　B．较吝啬　C．只对朋友慷慨　D．对他人较慷慨　E．十分慷慨

3．标准评定量表。

事先提供不同类型的行为标准，由测评者将这些标准与应聘者的行为和人格特征进行比较与分析，从而估计应聘者某种人格特质。

4．强迫选择评定量表。

每个项目有两个或以上在社会赞许度上等值的句子，要求测评者标出与应聘者最为相似和最不相似的句子。强迫选择量表可能存在选择上的困难，且容易令人生厌，但操作上比其他类型的评定量表更公平有效。

【例 11 -8】

● A 能听取他人意见。

● B 不听他人意见。

（二）减少评定误差的方法

评定法依赖的是测评者依据项目要求对应聘者的主观判断，因此与其他的客观测验相比，其测评的信度、效度较低。为了增加评定结果的可靠性、有效性，必须控制并减少评定误差。

● 针对测评者的认知误差。要求测评者与应聘者必须有较长时间的接触。

● 针对测评者的严格与宽松误差。可进行相对评定法，如限定各评分等级的人数比例。

● 针对测评者的主观误差。可由多个测评者分别对同一个应聘者进行评定，然后把多个测评者结果的平均分作为最终结果。

● 避免由于评定等级过细而使测评者难以抉择，评定的等级一般为三到七个等级。

● 对测评者进行必要的指导与训练。测评者必须切实掌握评定的目标、评定的人格特质的含义，熟练地把握评定量表的使用方法。

五、人格投射测验

（一）墨迹测验

罗夏墨迹测验，是由瑞士精神病学家罗夏（H. Rorschach）于1921年编制的。该测验旨在借助应聘者对一些标准化墨迹图形的反应，以对其人格进行整体性的定性解释。目前，我国使用的《罗夏墨迹测验中文版》是由湖南医学院龚耀先等人主持完成的。

图11-1　罗夏墨迹测验示例

（二）主题统觉测验

主题统觉测验（简称TAT）是与罗夏墨迹测验齐名的另一类投射测验。由美国哈佛大学的心理学家莫瑞（H. A. Murray）与摩根（C. D. Morgan）于20世纪30年代编制。该测验的主要内容是让应聘者根据所呈现模糊图片进行自由联想和编造故事，再通过分析其编造的故事以了解其心理需求、动机、情绪等人格特征。

第二节　能力测验

一、能力测验概述

（一）能力的定义

能力，是指人们成功地完成某种活动所必须具备的个性心理特征。能力有两种含义，其一是指一个人的实际能力，是代表个人已有的知识、经验与技能，是个体正式或非正式学习或训练的结果。有人将测量实际能力的测验称为能力测验。其二是指一个人的潜在能力，是指在给予一定的学习机会后，某种行为可能达到的水平。因而，有人把测量潜在能力的测验称为能力倾向测验。

（二）能力测验的分类

1. 个别测验和团体测验。

● 个别测验。个别测验的优点是测评者能观察应聘者的言语、情绪状态，并且有机会与应聘者沟通交流。个别测验的缺点在于时间不经济，测验的方法复杂，需要经过培训的测评者方能胜任。

● 团体测验。团体测验的优点是与个别测验相比，较节约人力物力和时间。团体测验的缺点是测评者与应聘者没有交流沟通的过程，不易发现应聘者的特殊反应。

2. 文字测验和非文字测验。

● 文字测验。这种测验实施比较方便，团队测验较多地采用这种方式。其缺点是容易受应聘者文化程度的影响。

● 非文字测验。这些测验使用的材料有图形、符号等。这种测验的优点是不受文化因素的影响。

3. 智力测验和能力倾向测验。

● 智力测验，是利用一系列难度不同的问题对应聘者进行测验，并计算其得分，然后将应聘者的得分与常模进行对比，评估应聘者的智力水平。

● 能力倾向测验，目的在于测量个人的潜在才能，预测个人的能力发展倾向。能力倾向测验分为一般能力倾向测验和特殊能力倾向测验。

二、能力倾向测验

（一）一般能力倾向测验

一般能力倾向成套测验由 15 种测验项目构成，其中 11 种是纸笔测验，其余 4 种是操作测验，这两类测验可以预测 9 种能力倾向，包括智能、言语能力、数理能力、书写知觉、空间判断能力、形状知觉、运动协调、手指灵巧度、手腕灵巧度。

（二）特殊能力倾向测验

1. 文书能力测试。

（1）一般文书能力测评。

该测验主要包括文书处理速度和准确性（知觉速度和准确性）、言语流畅性和数字能力。文书测验中的知觉速度和准确性测验是用来检测应聘者对事物的细微特征进行快速准确识别和判断的能力，这是一种典型的速度测验。

【例 11-9】

● 从给出的每两组字符中找出相同字符的数目，如果两组中没有相同的字符，则答案为零。

1. 王大土 MH　　N 三口 H 土大
2. K7298B　　M720K5
3. 日口石天示　　标日白六石

● 核对题目中用汉字替换数字或字母时，替换得是否正确。数出替换正确的字符的个数，如果替换得都不正确，则答案为零。

A B C E 2 5 8 9

风 田 大 兰 又 平 少 公

1. AB25　　　风田又平

2. 98EC　　　少公兰大

3. B89E　　　田少公兰

（2）明尼苏达办事员能力测验。

明尼苏达办事员能力测验，包括两个分测验，各有200道题。第一个分测验是题目校对，比较两组数字，其中有些数字相同，有些则不同，要求应聘者比较异同，把不同的找出来；第二部分是人名校对，也是要求把不同的找出来。这种测验主要是测评知觉的广度、速度与正确性。

【例11－10】如果两个数字或者名字完全正确，在它们中间的横线上打“√”。

66273894 ________ 66273894

527384578 ________ 527384587

New York World ________ New York Word

Cargill Grain Co ________ Cargil Grain Co

（3）机械能力测验

机械能力倾向测验可检测许多能力，包括运动灵活性、知觉、空间能力倾向，有些机械能力倾向测验中还包括机械推理和纯粹的机械知识。

图11－2 贝内特机械原理测验的题目样本

三、管理能力测验

（一）管理能力测验概述

管理能力测验，主要是针对企事业人员的能力及潜能，进行鉴定并提供发展性建议的测评工具。下表中列举了常用的管理能力测验。

表 11－1 管理能力测验分类表

测验分类	测验内容
人际敏感能力测验	管理者一般的沟通常识
管理人员逻辑推理测验	管理者的逻辑思维能力和推理能力
管理变革测验	对企业组织中引入的变革以及对有关引入变革的方法有正确的了解
团队指导技能测验	对管理者所在团队的成员进行正确指导的知识和方法
自我实现测验	哪些需要尚未得到满足，它们在多大程度上可能成为行动的原因和驱动力量
沟通技能测验	管理者在多大程度上掌握正确的沟通常识和方法
管理方式测验	检测管理者对不同管理方式的态度
基本管理风格测验	管理者现有的管理风格及其他可能的管理风格
管理情景技巧测验	鉴别哪种方式是日常的管理运作中必要的和有效的
创造力测验	管理者的创造思维能力
综合管理能力测验	计划、组织、决策、指挥、激励、沟通、控制和应变等八个方面基本管理技能
经营能力测验	战略管理、人事管理、公关管理、投资管理、财务管理、生产管理、营销管理和技术管理等八个方面的基本经营技能

（二）数量分析能力测验

1．测验目的与功能。

数量分析能力测验的目的是考察应聘者对数量、图表等信息的敏锐感和分析能力。考察的内容包括：对数值、图表的敏感性；快速的综合分析能力；快速数字估算能力。

2．测验特点。

● 有时间限制。

● 题型为单向选择题，每题有且只有一个正确答案。

● 测验由若干图表分析构成，其中每组图表分析题内包含 1～3 个图表和与图表有关的 2～6 道单项选择题。要求应聘者通过对图表显示内容的分析，对每道题作出正确的选择。

● 适用于有一定教育程度的应聘者。

（三）逻辑推理测验

1．测验目的与功能。

该测验可以帮助组织选拔具有较强分析能力，能迅速深入地加工信息，能发掘问题关键点，能根据事实客观地做出准确判断的应聘者。

2．测验特点。

● 有时间限制。

● 题型为单项选择题，每题只有一个正确答案。

● 在正式测验之前，安排练习时间。

- 适用于有一定教育程度的应聘者。

（四）敏感性与沟通能力测验

敏感性与沟通能力测验，通过考察应聘者对特定问题或现象的分析、处理的程度和把握问题实质的敏锐程度，了解应聘者在沟通中把握人际信息的敏锐性及其对事物的洞察力、预见性和分析能力。同时可以了解应聘者沟通策略模式，预测其说服、影响和感染他人的能力。

该测验可分为两部分：敏感性测验和沟通能力测验。敏感性测验是考察应聘者对人际事物的洞察力、分析力和预见能力，特别是在认识和把握问题的实质并进行分析处理时敏锐地捕捉人际信息、利用人际关系有效地解决问题的能力。沟通测验侧重于对应聘者运用人际沟通技巧和策略方面的考察。

（五）创造力

创造力测验主要测量各种创新思维能力。创造力测验是对个体创造力的高低进行鉴定，无论是对个体创造力的培养还是潜能开发和预测，都有积极意义。创造力测验的典型方法有南加利福尼亚大学测验、托兰斯创造思维测验、芝加哥大学创造力测验等。

1．南加利福尼亚大学的发散性思维测验。

发散性思维测验的项目有：词语流畅性、观念流畅性、联想流畅性、表达流畅性、非常用途、解释比喻、用途测验、故事命题、事件后果的估计、职业象征、组成对象、绘画、火柴问题、装饰。

该测验主要从流畅性、变通性和独特性记分。例如“火柴问题”，即要求应聘者通过移动指定数目的火柴，形成特定数目的正方形或三角形。

2．托兰斯创造思维测验。

创造思维测验包括词语创造思维测验、图画创造思维测验、声音语词创造思维测验。根据四个标准评分：流利（中肯反应的数目）；灵活（由一种意义转到另一种意义的数目）；独特性（反应的罕见性）和精密（反应的详细和特殊性）。应聘者在整个测验中的创造力指数，代表其创造性思维的水平。该测验适用于不同文化水平的应聘者，通常采用集体测试的方法。

3．芝加哥大学创造力测验。

创造力测验包括五个项目，分别是词语联想测验、用途测验 、隐蔽图形测验 、完成寓言测验 和组成问题测验。

【例 11－11】创造力测试题（节选）

请你根据自己的实际情况，如实回答下列题目，A 代表符合，C 代表不符合，B 代表有时符合有时不符合。

1．我不做盲目的事，我总是有的放矢，用正确的步骤来解决每一个具体的问题。

2．我认为，只提出问题而不想大胆解决问题，无疑是在浪费时间。

3．无论对什么事情，要我产生兴趣，总比别人困难。

4．我认为，符合逻辑、循序渐进的方法是解决问题的最好方法。

5．有时我在小组里发表的意见，似乎使某些人感到厌烦。

6．我常常花费大量时间来思考别人是怎样看待我的。

7. 我认为，做自认为是正确的事情，比力求博得别人的赞同要重要得多。
8. 我不尊重那些做事似乎没有把握的人。
9. 我需要的刺激比别人多。
10. 我知道如何在考验面前保持自己的内心镇静。
11. 我能坚持用很长一段时间来解决难题。
12. 有时我对事情过分热心。
13. 在无计可施时，我倒常常能想出好主意来。
14. 在解决问题时，我常常单凭直觉来判断正确或错误。
15. 在解决问题时，我较擅长于分析，而不太擅长综合。
16. 有时我会打破常规去做我原来并未想要做的事。
17. 我喜欢收藏各种东西。
18. 幻想促使我提出许多重要计划。
19. 我喜欢客观而又理性的人。
20. 如果要我兼职，我宁可干一些实际的工作，而不愿干一些探索性的工作。
……

四、行政职业能力测验

行政职业能力测验主要测查与公务员职业密切相关的、可以通过客观化纸笔测验方式进行考查的基本素质和能力要素，主要包括数量关系、言语理解与表达、判断推理、资料分析等内容。

（一）数量关系

数量关系主要测查应聘者理解、把握事物间量化关系和解决数量关系问题的技能，主要涉及数字和数据关系的分析、推理、判断、运算等。

【例 11－12】

● 数字推理（2007 年上半年广东省行政职业能力测验题）

3，2，11，14（　　）

A. 17　　B. 19　　C. 24　　D. 27

● 数学计算（2007 年上半年广东省行政职业能力测验题）

甲乙丙丁四人合做一批纸盒，甲做的纸盒是另外三人做的总和的一半，乙做的纸盒是另外三人总和的 1/3，丙做的纸盒是另外三人总数的 1/4，丁一共做了 169 个，甲一共做了多少个纸盒？（　　）

A. 780 个　　B. 450 个　　C. 390 个　　D. 260 个

（二）言语理解与表达

言语理解与表达主要测查应聘者运用语言文字进行交流和思考、迅速而又准确地理解文字材料内涵的能力。

【例 11－13】

钢铁被用来建造桥梁、摩天大楼、地铁、轮船、铁路和汽车等，被用来制造几乎所有的机械，还被用来制造包括农民的长柄大镰刀和妇女的缝衣针在内的成千上万的小物品。

这段话主要支持了这样一种观点，即钢铁(　　)。

A．是一种反映物质生活水平的金属

B．具有许多不同的用途

C．是所有金属中最坚固的

D．是唯一用于建造摩天大楼和桥梁的物质

（三）判断推理

判断推理主要测查应聘者对各种事物关系的分析推理能力，涉及对图形、语词概念、事物关系和文字材料的理解、比较、组合、演绎和归纳等以及对各类常识的运用能力。

【例 11－14】

判断推理——图形推理（2003 年上半年广东省行政职业能力测验题）

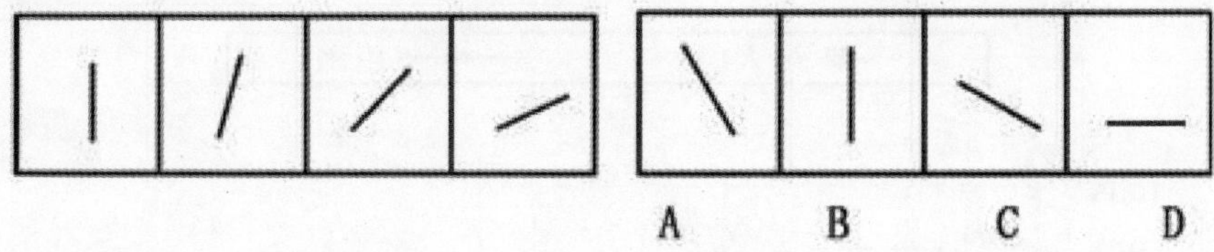

● 判断推理——演绎推理

对于穿鞋来说，正合脚的鞋子比大一些的鞋子好。不过，在寒冷的天气，尺寸稍大点的毛衣与一件正合身的毛衣差别并不大。这意味着（　　）。

A．不合脚的鞋不能在冷天穿

B．毛衣的大小只不过是式样的问题，与其功能无关

C．不合身的衣物有时仍然有使用价值

D．在买礼物时，尺寸不如用途那样重要

（四）资料分析

资料分析主要测查报考者对各种形式的文字、图形、表格等资料的综合理解与分析加工能力，这部分内容通常由数据性、统计性的图表及文字材料构成。

【例 11 -15】2003 年行政能力测验题目

日平均用水量分配图

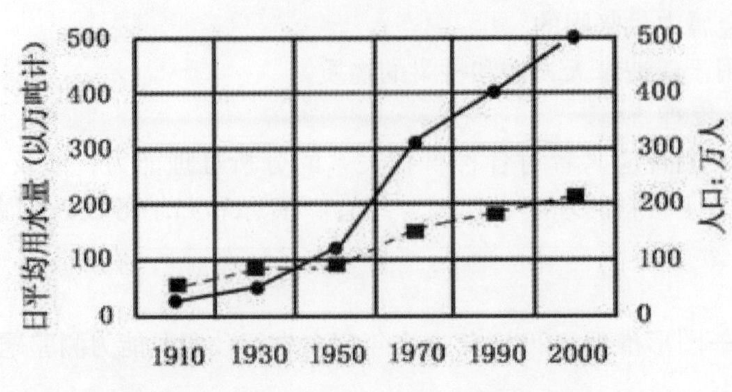

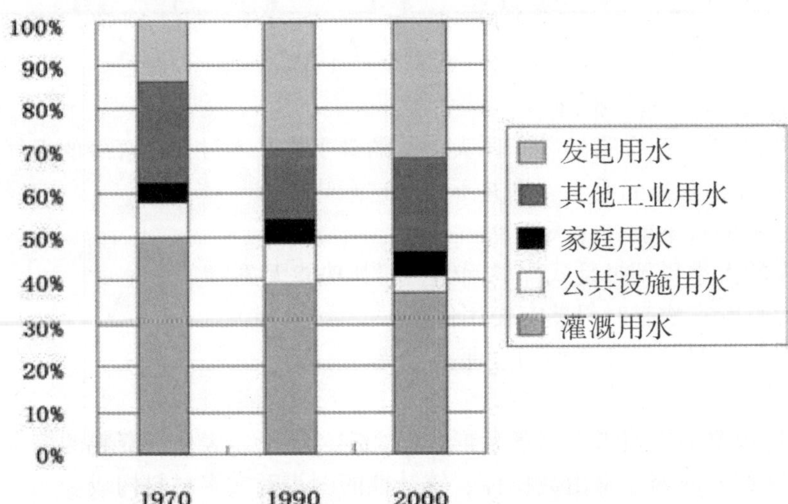

1．当日平均用水量为 200 万吨时的年代，人口约为多少万？（　　）

A．110　　　B．150　　　C．170　　　D．210

2．从 1970 年到 1990 年，用水量占总用水量百分比减少了的是（　　）。

Ⅰ．发电用水。

Ⅱ．其他工业用水。

Ⅲ．灌溉用水。

A．Ⅰ　　　B．Ⅰ、Ⅱ　　　C．Ⅱ、Ⅲ　　　D．Ⅰ、Ⅱ、Ⅲ

3．日平均灌溉用水的实际水量从 1970 年到 2000 年如何变化？（　　）

A．减少了　　　B．增加了　　　C．不变　　　D．无法确定

4．从 1970 年到 1990 年，日平均发电用水量大约增加了多少万吨？（　　）

A. 30　　　　B. 45　　　　C. 75　　　　D. 120

5. 下列各图中能够反映出从 1910 年到 2000 年日平均人均用水量变化趋势的是(　　)。

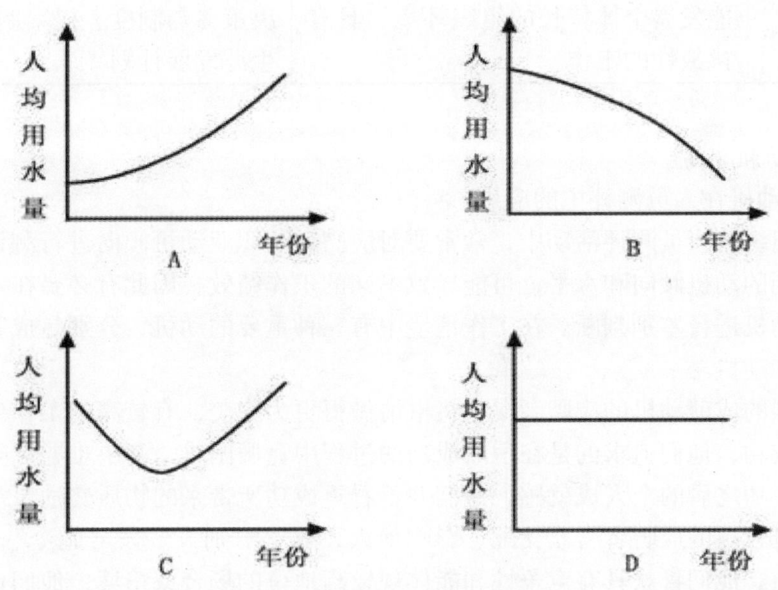

第三节　其他测验

一、需求与动机测验

(一) 需求测验

需求测验，用于测试应聘者生理需求、安全需求、社交需求、尊重需求和自我实现需求等五种需求的满足程度。通过需求测验可以把握应聘者的主要需求方向，帮助组织全面了解应聘者的需求状态，从而有助于组织调整自身的人力资源管理战略，提升吸引力和竞争力，吸引更多的优秀应聘者。

表 11-2　需求与人力资源管理策略

需求的层次	追求的目标	人力资源管理策略
生理需求	工资、健康的工作环境、各种福利	薪酬管理、保健医疗福利、工作时间
安全需求	职业职位保障、意外事故的防止	工作环境、用工制度、退休制度、各类保险
社交需求	良好的人际关系、团队接纳、组织认同感	人际关系、奖金分配制度、团体活动计划、教育培训制度

需求的层次	追求的目标	人力资源管理策略
尊重需求	地位、名誉、权力、责任，与他人工资之间相对高低	人事考核制度、晋升制度、表彰制度、选拔进修制度
自我实现需求	能发展个体特长的组织环境、具有挑战性的工作	决策参与制度、提案制度、职业生涯发展计划

（二）动机测验

1. 职业动机在人员测评中的应用。

在各类组织的人员测评活动中，常常要对应聘者的职业动机倾向进行测评。在实际工作中，不同的动机倾向和水平，可能导致不同的工作绩效，因此有必要在人员招聘中对应聘者的动机进行鉴别判断。在工作情境中有三种重要的动机，分别是成就动机、权力动机和亲和动机。

具有强烈的成就动机的应聘者渴望将事情做得更为完美，有较高的工作效率，为了获得更大的成功，他们追求的是在争取成功的过程中克服困难、解决难题、努力奋斗的乐趣，以及成功之后的个人成就感，他们并不看重成功所带来的物质奖励。

权力动机较高的应聘者喜欢支配、影响他人，喜欢对别人“发号施令”，注重争取地位和影响力。他们喜欢具有竞争性和能体现较高地位的场合或情境，他们也会追求出色的成绩，但他们这样做并不像高成就需要的人那样是为了个人的成就感，而是为了获得地位和权力或与自己已具有的权力和地位相称。

高亲和动机的应聘者渴望友谊，喜欢合作而不是竞争的工作环境，希望彼此之间的沟通与理解，他们对环境中的人际关系更为敏感。有时，亲和动机也表现为对失去某些亲密关系的恐惧和对人际冲突的回避。亲和动机是保持社会交往和人际关系和谐的重要条件。

2. 职业动机与工作绩效。

研究表明，成就动机与工作绩效密切相关。高成就动机应聘者喜欢能让其独立负责并能获得信息反馈和中度冒险的工作环境，他们会从这种环境中获得高度的激励。亲和动机与权力动机和管理的成功密切相关，优秀的管理者往往是权力动机很高而亲和需要很低的人。

二、职业适应性测验

根据职业适应性测验，每个人的个性都可划分为与职业相关的类型。目前可把个性和社会职业类型划分为六种，包括现实型、研究型、艺术型、社会型、事业型和传统型。不同类型的测评对象会对相应的职业类型感兴趣，个性类型和职业类型要进行合理的搭配。

（一）个性与职业类型

1. 现实型（R）。

现实型往往表现出看重具体的事物或真实的、有个人特点的价值观。现实型职业类型的人对操作工具、机械、电子设备等具体的事物更感兴趣。

2. 研究型（I）。

研究型的人多表现出注重科学研究。他们偏好对各种现象进行观察、分析和推理，并进行系统的、创造性的探究。

3. 艺术型（A）。

艺术型的人想象力丰富，注重美的品质。具有艺术特点的人偏好自由和非系统化的活动，能在这些活动中创造艺术作品，完成自我表现。

4. 社会型（S）。

社会型的人表现出重视社会和伦理道德问题的价值观。社会型的人偏好对他人进行传授、培训、教导、治疗和咨询等方面的社会服务性活动。

5. 事业型（E）。

事业型的人重视政治和经济方面的成就。事业型的人对领导角色和冒险活动感兴趣，喜欢从事领导他人、实现组织目标或能获取经济收益的活动。

6. 传统型（C）。

传统型的人看重商业和经济方面的具体成就，偏好对数据资料进行明确、有序化和系统化的整理工作，如保管记录、填写并整理书面资料，使用文字和数据处理设备等辅助实现组织目标的工作。

（二）职业适应性测验在人员招聘中的意义

职业适应性测验有利于组织选拔合适的任职者，从而提高工作效率；同时，组织通过职业适应性测验可以预测测评对象将来在组织中可以取得的最大绩效和贡献，以此作为组织招聘选拔的决策依据之一。

三、职业兴趣测验

（一）斯特朗—坎贝尔兴趣调查

斯特朗—坎贝尔兴趣调查（SCLL）是国外流行的职业兴趣测验，它广泛地应用于人员素质与能力测评中，并为企业的人员选拔提供了非常有用的信息。SCLL 的最新版本中包括一般职业主题量表、基本职业兴趣量表、具体职业兴趣量表、特殊量表和管理指标量表。

（二）库德职业兴趣调查

库德采用的是三选一的强迫选题，所得的分数是描述兴趣的领域。兴趣领域包括户外活动、机械、计算、科学、游说、艺术、写作、音乐、社会服务和文书。

【例 11－16】库德职业兴趣调查量表题目示例

请将你对每组句子的选择填在右边括号内，其中，M 代表最喜欢，L 代表最不喜欢。

第一组：

- 参观绘画展览（　　）
- 图书馆浏览杂志（　　）
- 参观博物馆（　　）

第二组：

● 收集名人签名(　　)

● 收集邮票(　　)

● 收集硬币(　　)

四、使用心理测验应注意的问题

(一) 心理测验的道德准则

1. 必须由专业人员进行施测和解释。

由于心理测验的编制是依据一定的心理学、测量学的原理和方法，因此只有接受过专业培训的专业人员才能正确地理解和使用心理测验。

2. 注意遵守和保护心理测验的知识产权。

心理测验是经过专业人员开发的测评工具，属于具有知识产权的产品，未经许可不得擅自使用。

3. 注意测验结果的保密性。

在招聘选拔中对应聘者进行心理测验，是基于对应聘者潜在能力和素质的了解。因此，测评的结果仅可用于招聘评估中，只对直接参与人员测评的测评者公开。

(二) 施测过程中的基本要求

1. 施测的环境要确保安静，避免外界干扰。

心理测验需要在一个安静的环境下进行，确保应聘者心平气和、情绪稳定。另外，在心理测验开始前，还应该要求应聘者将手机关闭或调成振动。

2. 座位要合理安排。

应聘者之间要保持一定的距离，以免应聘者相互干扰。

3. 测验时间的长短要适宜。

长时间的心理测验会造成应聘者心理和生理上的疲劳，从而影响其作答的效果，因此要合理设定测验时间的长短。

【关键术语】

人格　人格测验　自陈量表　投射测验　能力倾向测验　需求测验　动机测验

【思考题】

1. 人格测验有什么类型？
2. 请介绍一种人格测验量表。
3. 能力测评有哪些方法？
4. 心理测验的使用需要注意哪些方面？

第十二章　情境模拟测评

【学习目标】

学习完本章之后，你应该能够：

1. 了解情境模拟测评的概念和特点；
2. 掌握无领导小组讨论的应用；
3. 掌握公文筐测验的应用；
4. 掌握演讲测评的应用；
5. 掌握角色扮演的应用；
6. 掌握案例分析的应用；
7. 掌握情景判断技术的应用；
8. 掌握案例分析的应用。

【案例】

“公文筐测验”为选拔干部开拓了新路子

湖南省公开选拔厅局级干部首次尝试采用“公文筐测验”这一新模式。此次应聘者模拟的角色是大学校长，摆在他们面前的是 11 份急需处理的文件，每份文件都是一个棘手问题，如离休职工医疗费用问题、职工家属工作调动问题、学校收费问题等。应聘者在两小时内，不但要拿出对每份文件的处理意见，还要拿出处理的理由和依据。这一新模式主要是考察应聘者面对模拟的工作情境能否分析全面，迅速做出判断，提出应对措施。

【你会怎么做】

案例中的职位，还可以采用何种情境模拟测评？请根据案例中的职位，设计另外一种情境模拟测评方法。

情景模拟测评是一种综合评价的人员测评技术，可对应聘者在模拟情境下的能力素质水平进行测评。通过创造与职位现在或未来工作高度相似的情境，测评者可观察应聘者在特定情境中完成任务的行为表现。其目的是考察应聘者是否适宜担任某项拟担任的工作，预测应聘者的能力与工作绩效的前景，同时发现应聘者的欠缺之处。

由于情景模拟测评是把应聘者放在一个模拟真实的环境中，让应聘者解决某方面的一个“现实”问题或达成一个“现实”目标，因而，较容易通过观察应聘者的行为过程和行为效果，鉴别应聘者在模拟情境下的组织计划、事务处理、人际交往、语言表达等与职位要求有关的能力。

情景模拟测评的优点主要表现在以下两个方面：一方面，可从多角度全面观察、分析、判断、评价应聘者，从而选拔最佳人选；另外一方面，由于测评环境模拟未来可能任职的职位，并且测评的重点是实际工作能力，因此有效避免了高分低能的窘境。

情景模拟测评主要有两种功能：其一用于人员选拔测试，重点在于为空缺职位选拔合适人员；其二用于职业发展，培训开发在职人员的能力，重点在于考察任职者的优势与不足，需要如何进行培训开发。

本章将介绍了几种常用的情景模拟测评方法，包括无领导小组讨论、公文筐、案例分析、情境判断测验、演讲、角色扮演、管理游戏等。

第一节　情境模拟测评概述

一、情境模拟测评的含义

情境模拟测评是一种包含多种测评方法和技术的综合测评系统。具体而言，它通过职位分析，在了解职位的工作内容与素质要求的基础上，创设一系列与工作高度相似的模拟情境，然后将应聘者置于这种模拟情境中，要求其在该情境下完成多种任务，如主持会议、处理公文、商务谈判、处理突发事件等。在应聘者按照情境角色要求处理或解决问题的过程中，测评者通过观察和分析应聘者在模拟情境压力下的心理、行为表现，测量和评价应聘者的能力、性格等素质特征。

情境模拟测评包括：无领导小组讨论、公文筐测验、演讲、角色扮演、案例分析、管理游戏、情景判断技术等。

情境模拟测评的内涵可概括为四点，这四个方面的有机整合是保证情境模拟测评有效性的基本前提：

（一）多技术多方法的综合应用

情境模拟测评不是单独的测评方法或技术，而是多种测评方法与技术的综合应用。

（二）情境模拟测评方法技术的针对性

通过职位分析，获得相关的工作内容和职务素质要求，并以此为基础来选择测评方法和内容。

（三）应用与目标职位具有高度相似的情景进行测评

情境模拟测评强调对相关工作的情境模拟性，在与真实情境具有高度相似的模拟情景下，对应聘者进行测评。

（四）多名测评者参与评价。

每个应聘者的测评结果都要由数名测评者经过多次讨论共同得出。

二、情境模拟测评的特点

（一）仿真性

将应聘者置于熟悉的或将来要面对的情境中，利用情境中的任务对应聘者进行考察评价，使评估的手段更具有操作性与灵活性，因此具有很好的预测效度。

（二）动态性

一方面，通过安排一系列任务来激发应聘者的潜在素质，让其在动态的环境中展示自己的能力和素质；另一方面，测评者在应聘者完成任务的动态过程中进行考察。

（三）标准化

情境模拟测评是标准化的测评技术，各个阶段都有严格的可操作性的规定，确保每个应聘者都有平等的机会在同样的条件下表现自己的能力。

（四）直观性

测评者能够直接观察应聘者完成任务的过程，可直接地考察应聘者在测试过程中的典型行为。

三、情境模拟测评的实施程序

一般而言，情境模拟测评程序应该包含以下五个步骤：职位分析、选择和设计测评方法、培训测评者、制定实施方案及实施测评。

（一）职位分析

职位分析的作用，是确定测评的能力要素以及为测评技术的设计提供情境素材。

（二）选择和设计测评方法

情境模拟测评本质上就是多种测评方法的有机组合。其目的是根据职位分析，选择并设计测评方法，从而合理地使用测评工具对应聘者的能力、素质进行测评。

（三）培训测评者

对测评者及相关的工作人员进行专业培训，通过培训让测评者掌握一定的测评技术。培训的内容包括：

1. 测评方法的要求以及相关的测评原则；
2. 测评工具的基本原理及使用方法；
3. 测评的指标体系、评价标准、观察要点等；
4. 评分过程及计分方法。

（四）制定详细的实施方案

在实施测评之前，必须先制定实施方案，包括参与人员和场地安排、所需材料、测评规则、测评过程以及日程安排等。

（五）实施测评

测评者根据应聘者在模拟情境中的行为反应进行评分，并形成综合评价。

四、情境模拟测评的不足

第一，测评费用高。与其他测评方法相比，情景模拟测试对人力、物力、财力和时间的占用相对较多。由于其投入较大，在实践中人们只对比较重要的工作职位应用这一技术。

第二，操作难度大。一方面，由于测评技术构成复杂、技术要求高，测评者必须具有一定的测评专业知识或受过专门的培训；另一方面，题目的编制和评分都需要花费相当多的时间和精力。

第二节 无领导小组讨论

一、无领导小组讨论概述

（一）无领导小组讨论的含义

所谓“无领导”就是指参加讨论的应聘者在问题讨论的情境中的地位是平等的，没有指定的小组领导者。无领导小组讨论（Leaderless Group Discussion，简称 LGD），又称为无领导小组测试，它是指将数名应聘者集中起来组成小组，要求他们就某一问题开展不指定角色的自由讨论，测评者通过观察应聘者在讨论中的言语及非言语行为来对他们作出评价的一种测评形式。

从无领导小组讨论的测评过程来看，它在以下两个方面提出了比较高的要求：首先，对测试题目要求较高，题目的好坏会直接影响评价的全面性与准确性；其次，对测评者的要求也较高，要求测评者能很好地理解和掌握评价标准。

（二）无领导小组讨论的分类

1. 根据讨论背景的情境性进行分类。

● 非情境性的无领导小组讨论，一般是让应聘者就某个问题展开讨论，阐述自己的观点，并说服别人认同、支持自己的观点，最终形成小组的一致性意见。

● 情境性的无领导小组讨论，就是让应聘者根据题目中给出的组织背景及任务要求进行讨论。

2. 根据有否给应聘者分配角色进行分类。

● 固定角色的无领导小组讨论，是指在讨论的过程中给每个应聘者分配一个固定的角色，要求他根据给定角色的职位履行职责，完成该角色所规定的任务。

● 不定角色的无领导小组讨论，是指在讨论的过程中并没有给应聘者分配角色，小组内的每个成员的身份地位一致，围绕给定的讨论题目阐述自己的观点，展开讨论。

3. 根据讨论小组内各成员的相互关系进行分类。

● 竞争性的无领导小组讨论，即在某些无领导小组讨论的情境中，各小组成员分别是自身利益或他们各自所属利益群体的代表，小组成员之间的目标是相互冲突的，并且往往存在着对某些机会或资源争夺的问题。

● 合作性的无领导小组讨论，要求小组内各成员之间通过相互合作来共同完成某项任务，每个组员的讨论得分都依赖于合作完成这项任务的结果，以及他们在合作完成这项任务的过程中各自所作的贡献。

4. 根据是否与工作情境相关进行分类。

可以将无领导小组讨论分为与工作情境相关的无领导小组讨论和与工作情境无关的无领导小组讨论。在与工作情境相关的无领导小组讨论的题目中，要求应聘者在一个与实际工作相似的情境中讨论实际工作可能遇到的事件。测评题目与应聘者未来工作职位无关的讨论，是与工作情境无关的无领导小组讨论。

（三）无领导小组讨论的特点

1．优点。

在面试测评中，应聘者只需回答测评者的提问，缺乏应聘者之间的正面较量。无领导小组讨论使应聘者之间的竞争由间接变为直接，强化了面试的竞争性。

无领导小组讨论的另外一个优点是，应聘者在讨论中的即时反应和应变行为能诱发应聘者的真实行为，减少行为的伪装性。通过无领导小组讨论，能使应聘者在不经意之间暴露自己的特点，因此能较好地预测应聘者在真实团队中的工作绩效。

无领导小组讨论的测量维度具有独特性。通过应聘者间的讨论、互动，令其潜在的素质和能力得以充分展现，能测评其他测评方法难以考查的潜能，比如人际敏感性、组织协调能力、人际影响力等等。

无领导小组讨论能够同时考查多名应聘者，这种测评方法比起其他个体测评的方法更能降低时间和人力成本，同时能减少题目泄露的可能性。

2．缺点。

对讨论题目要求高。若题目太容易达成一致意见，则小组成员之间的意见分歧较少，很难全面考查应聘者；若题目太难，很难达成一致，应聘者也可能因为压力过大而表现失当。

对测评者要求高。测评者必须接受专门的培训，否则测评者的主观性、偏见和误解，可能导致评分标准松紧不一。

应聘者分组以及不同的测评题目可能会影响测评结果。应聘者的测评结果受同组其他成员的影响较大；应聘者对测评题目创设的情境的熟悉度和敏感性不同，也会影响其能力及优势的发挥。例如，一个思维清楚但不善言谈的人如果与几个言语表达能力很强的人分在一组，就会显得迟钝木讷；若分到一群同样不善言谈的人中，他就有更多发言的机会，他敏捷的思维就会让其脱颖而出。

二、无领导小组讨论的测评指标体系

（一）测评维度

无领导小组讨论的测评维度是，通过问卷调查、个案研究、访谈、主题专家会议等方法进行职位分析以获得相关的能力要求；然后，结合无领导小组讨论测评方法的特点，整理归纳适合测评的能力维度。

适宜无领导小组讨论的测评维度包括：仪表举止、参与主动性、语言表达能力、人际影响力、沟通能力、应变能力、组织协调能力、团体合作能力、计划能力、领导力、逻辑推理能力、分析问题及解决问题能力、倾听能力、说服力、感染力、情绪稳定性、自信心、成熟度等。

以下是部分测评维度的简单定义：

● 倾听能力：专心聆听，及时沟通，有表情（如点头、摇头等），不随便打断别人，不随便接受别人插话；

● 口头表达能力：发言流畅、清晰、有吸引力，语调、语速适宜，婉转，抑扬顿挫；

● 沟通能力：具有主动交流的意识，能够对他人的交流进行积极反馈，掌握一定的交流技巧，注意利用正式与非正式交流机会；

● 思维分析能力：提出独到见解，论据推理严密，旁征博引，引经据典，洞察他人观点，并以适当形式表示支持；

● 合作意识：注意角色位置，不以自我为中心，友好待人，照顾别人需要，密切合作，共同完成组织的目标；

● 感染力：关注对象的语调、手势等；有影响力，能控制全局，在讨论中形成凝聚力；

● 组织能力：既能主动发言，又能顾全他人，组织大家发言，提高讨论成效，促成一致结论，使讨论成功；及时向他人提出疑问，及时纠正跑题，发言能综合他人意见，适时概括、总结。

研究表明，无领导小组讨论测评维度的数量会影响测评者对应聘者评分的准确性。如果测评维度过多，测评者在观察过程中注意力容易分散，对不同维度间的理解会产生混淆，导致不同测评者间的评分迥异。并且，测评维度过多会增加测评者观察、记录和评分的压力，从而影响评分的准确性。对测评维度数量与测评结果的研究显示，使用3个测评维度时，测评者对应聘者的行为分类及评分的准确性最高；使用6个测评维度时，测评者之间的评分一致性最高；测评维度达到9个时，测评者的评分一致性很低。因此，测评维度的数量通常是5到6个比较合适。

（二）指标体系

在测评过程中，测评者按照测评的指标体系对应聘者进行评分。因此，选取合适的测评维度、明确维度标准是有效测评的基础。为了更有利于测评者客观评分，在设计指标体系时，可根据需要进一步细化各个测评维度，即形成二级指标。

表12－1 情境模拟测评的测评指标体系

测评维度	二级指标	观察要点	权重（%）
沟通能力	影响力	愿意与他人沟通，发言积极主动、坦率开放，支持或肯定别人意见，能用有说服力的证据说服别人改变态度或观点，接受自己的观点以便共同实施。	5
	倾听能力	善于倾听他人的观点及各种不同意见，把握关键信息	10
	语言表达能力	口齿伶俐，表达生动、流畅，阐述问题层次清晰、简明扼要，有说服力	10

<table>
<tr><td rowspan="5">分析能力</td><td>发现问题的能力</td><td>能发现所有或多数关键问题</td><td>5</td></tr>
<tr><td>分析问题的角度</td><td>分析问题透彻、准确、全面</td><td>10</td></tr>
<tr><td>综合概括能力</td><td>能充分利用材料提供的有效信息，得出有价值的结论</td><td>5</td></tr>
<tr><td>论述的条理性</td><td>层次清晰、条理分明、逻辑性强</td><td>5</td></tr>
<tr><td>论证的充分性</td><td>论点明确、论据充分有力</td><td>5</td></tr>
<tr><td colspan="2">组织协调能力</td><td>能互相尊重，能准确地把握议论议题，能调节争议，并最终使众人达成共识</td><td>20</td></tr>
<tr><td rowspan="2">应变能力</td><td>控制性</td><td>情绪稳定、处理问题沉着冷静</td><td>5</td></tr>
<tr><td>灵活性</td><td>反应灵敏，思考敏锐，能把握问题的实质</td><td>10</td></tr>
<tr><td colspan="2">行为表现与风度</td><td>举止大方、得体，谈吐自信、理智；情绪稳定、自然，待人友善、尊重他人</td><td>10</td></tr>
</table>

三、无领导小组讨论常用的题目类型

无领导小组讨论的题目有多种类型，无论什么类型的题目，其共同的目的都是让应聘者能够尽可能多地发言，并且促使应聘者之间出现意见分歧。因此，需要根据所需测评的能力维度，选择不同的讨论题目。无领导小组讨论的题目类型主要有五种：

（一）多项选择题型

多项选择的小组讨论有两种形式，一种是让应聘者从多个备选答案中选择其中的几项，另外一种形式是让应聘者按照要求对多个备选答案进行排序。这种题目相对比较容易出题，但不太容易引起应聘者之间的争辩，所考查的能力范围较为有限。这类题目适合测评应聘者的分析能力、组织协调能力、影响力、说服力等。

【例 12－1】

某建设总公司的市场经营中心拟对下属公司进行全面考核。经市场经营中心到下属公司调研后，发现各下属公司存在以下方面的问题：

1. 财务管理混乱，资金预算不准确，给总公司财务部的资金安排带来非常大的麻烦，造成资金使用方面的被动局面；
2. 合同管理不规范，表现为新签订的合同不及时上报，合同变更后也不及时上报，某些合同有法律风险；
3. 管理制度不健全，总公司缺乏对分公司统一管理的制度，下属公司内部各项管理制度不健全；
4. 部分下属公司的组织架构臃肿，人浮于事；
5. 对固定资产投资管理不规范，固定资产投资重复，计划的固定资产投资不按规定执行；
6. 下属公司班子办事不力，部分班子成员能力不足；
7. 薪酬管理制度不合理，薪酬水平激励性不强，不能有效激励员工。

假设受到人力物力的限制，只能优先处理其中的三个问题，你会选择哪三个问题？

【例 12 -2】

2007 年四川省委、省政府提出 9 条亲民惠民政策：

1. 畅通群众反映问题渠道；
2. 搞好社会主义新农村建设，加强农业基础设施建设；
3. 加强教育改革，维护教育公平，解决读书难问题；
4. 加强医疗卫生改革，解决看病难的问题；
5. 加强扶贫济困工作；
6. 发展特色农业、支柱经济产业；
7. 鼓励支持非公有制经济发展；
8. 加强社会治安综合治理；
9. 进一步扩大就业。

问题：请根据轻重缓急原则，确定这 9 项工作的排序，并说明你的观点和理由。

（二）开放式题型

开放式题型，其题目没有固定的答案，并且可以有多种合理的解释。主要考查应聘者思考问题是否全面、是否有针对性，思路是否清晰，是否有新的观点和见解，是否有说服力和影响力。开放式题型比较难设计，要确保问题具有多种答案并引起争论，这很不容易。这类题目适合测评应聘者的分析能力、组织协调能力、人际交往能力、创新能力、逻辑思维能力和思维敏捷性等。

【例 12 -3】

你认为西部地区要实现跨越式发展，最关键的是什么？

一个领导最重要的职责是什么？

怎样才能提高下属的工作积极性？

中国加入 WTO 对于国家行政机关工作人员的思想有什么影响？

（三）两难问题题型

两难问题，是指让应聘者在两种相互对立，但各有利弊的答案中选择其一。这类题目比较通俗易懂，而且能够引起应聘者的充分讨论；对于测评者而言，题目的编制比较简单方便。这类问题的特点是无论选择哪个答案都不会错，关键是通过应聘者个人的观点，考查他们分析问题、人际影响等方面的能力。但是，需要注意的一点是，题目中两种备选的答案一定要有同等程度的利弊，不能是其中一个答案比另一个答案有很明显的选择性优势。这类题目适合测评应聘者的语言表达能力、分析能力、逻辑思维能力、应变能力、说服力等。

【例 12 -4】

● 对你而言，公司给你良好的发展机会对你有吸引力呢，还是给你比较可观的薪水更能吸引你？

● 你认为应该优先发展私营企业还是国有企业？

（四）资源争夺问题题型

资源争夺问题，属于情境性的无领导小组讨论，也适用于固定角色的无领导小组讨论，是让处于同等角色地位的应聘者就有限的资源进行分配。这类问题比较容易引起应聘者的充分辩论，也有利于测评者的评价。但是，题目的设计要求较高，需要充分考虑资源的数量与资源争夺对象的矛盾性以及角色与资源之间的关系，即题目必须包括地位平等的角色和准备充分的资源材料。这类题目适合测评应聘者的计划能力、组织能力、协调能力、分析能力、应变能力、语言表达能力、沟通能力、说服力、思维敏捷性等。

【例 12－5】

A 工厂是一家专门生产汽车电子仪器仪表的小企业，为许多大型的跨国汽车公司提供成品。由于经济不景气，订货和需求减少，工厂现面临一个重要的问题：裁减职员。A 工厂一向以公平对待员工著称，从未解雇过任何职员，员工的工作满意度一向很高。但是形势所迫，不得不裁减生产线操作员的人数，于是厂长请来七位生产线的主管，讨论七位生产线操作员的裁减顺序。假设你们分别是这七位生产线的主管，你们分别需要维护各自对应的操作员的利益，保护他们不被首先解雇。下面是这七位生产线操作员的简介。

1. 李明，男，34 岁，已婚，育有三个孩子。在工厂任职 7 年。工作表现良好，在员工中的威信较高，但是过去的一年中常有缺席和迟到的现象。

2. 黄海，男，35 岁，已婚，育有一个孩子。在工厂任职 10 个月。头脑灵活，能吃苦耐劳，技术掌握得很快，有一定的专业水平。

3. 张辉林，男，24 岁，未婚。在工厂任职 3 年，表现良好，与同事关系不错，正被工厂考虑送去培训以提高技术，是将来的技术骨干力量。

4. 李丽雅，女，30 岁，离婚，育有两个孩子。在工厂工作 5 年，工作细心负责，曾因发现生产技术细节的问题，帮助公司避免声誉受损。

5. 王福，男，33 岁，已婚，育有两个孩子，妻子失业。在工厂工作 5 年，工作表现良好，曾经被工厂送去接受专业技术培训，但是情绪不太稳定，最近因待遇问题与公司领导发生争执。

6. 陈丽丽，女，26 岁，未婚。在工厂工作 2 年，工作效率高，技术精湛，但是比较内向，不太喜欢与人交流。

7. 谭春武，男，50 岁，已婚，育有五个孩子。自工厂成立一直在工厂工作，早期曾为公司作过贡献，但是由于年龄问题，工作效率开始下降。

（五）操作性问题题型

操作性问题，就是要根据题目的要求按一定的规则，以小组的形式完成任务，或是设计一个方案，或是利用提供的道具，动手操作完成具体的任务。这类题目适合测评应聘者的计划组织能力、团体合作能力、领导力等。

【例 12－6】

给每个小组提供一些旧报纸，请小组的成员共同用这些报纸做一个塔，要求塔的造型美观并且有创意，做完后请给你们的塔起名字，然后派一个代表讲你们做塔的过程和创意，评委将根据你们的表现为你们打分。

四、无领导小组讨论的实施程序

（一）宣读指导语

● 在指导语中解释说明时间限制、讨论的规则和纪律要求等。

● 不确定小组讨论的主持人，不指定发言的先后顺序。

● 不提出诸如积极主动、观点清晰之类的其他具体要求。

● 要求小组在规定的时间内形成统一意见，并向测评者报告讨论结果。

【例 12－7】

无领导小组讨论指导语

大家好，我们现在要开展的是一个团体测试项目，我们首先了解一下测试的规则：

1. 大家先用 5 分钟的时间看题，并以题目中给出的身份完成两项任务。

2. 第一项任务是请您分析绿宝公司的情况，提出下一步的行动计划，大家看完题目后每个人用 2 分钟的时间发表自己的意见，个人要注意把握时间不能超时。

3. 第二项任务是在大家都表述过自己的观点以后，请你们自己组织讨论，最终形成一致性意见，拿出统一的行动方案。集体讨论的时间为 30 分钟。

4. 在讨论的过程中，所有的事项都由你们的小组成员自行决定，与考官无关，大家可以忽视考官的存在。

5. 讨论过程中不能用举手表决或者是投票等方式形成一致性意见和方案，要进行充分的讨论。

6. 讨论过程中大家都要积极发言，参与其中。

7. 如果在规定的时间内你们没有形成统一的方案，那么大家的成绩都要受到影响。

8. 在讨论的过程中，你可用各成员的编号来称呼他们，不能直呼其名或用其他称谓。

9. 为了保证讨论能够顺利进行，请大家把手机调到震动模式，在讨论过程中任何人都不能接打手机或离开测试现场。

10. 如果你对这些规则有不理解的地方可以马上提出来，讨论开始后我们不再回答大家提出的任何问题。

11. 最后，请大家不要在我们发给您的题目上写字或标记，因为我们要重复使用。请在草稿纸上书写。讨论结束后，请您将题目和草稿纸留在桌子上，不能带离现场。

请考官给大家发题目和草稿纸，现在时间是：××点××分，现在开始计时。

（二）个人陈述

● 阅读题目后，列出发言大纲，然后根据各自的分析及理解发表个人意见。

● 小组成员轮流发言，不得干涉他人的发言。

● 陈述时间一般限定在 3～5 分钟之内。

（三）集体讨论及汇报小组意见

● 小组自由组织讨论。

● 在规定的时间内，形成小组的一致性意见。

● 推举一名小组代表发言，向测评者汇报小组的统一意见。

（四）测评者评分

● 无领导小组讨论的过程中，测评者根据测评维度标准进行评分。

● 小组讨论结束后，测评者对各个应聘者的表现要进行充分的讨论，形成一致的意见。

表 12－2 无领导小组讨论评价表

<table>
<tr><td colspan="2">测评要素</td><td>发言主动性与感召力</td><td>分析能力、归纳能力与创新能力</td><td>组织协调能力与驾驭局面能力</td><td>应变能力与承受压力能力</td><td>语言表达与论证说服能力</td><td>气质与风度</td></tr>
<tr><td colspan="2">权重（%）</td><td>10</td><td>20</td><td>20</td><td>20</td><td>20</td><td>10</td></tr>
<tr><td colspan="2">观察要点</td><td>发言积极主动，发言时机把握得较好；发言有新意，有深度，信息量大，不重复。</td><td>有独特的见解和主张，既敢于发表不同意见，又能支持或肯定别人的正确意见；分析问题全面、透彻；能准确归纳各种不同的观点，并从中提炼出有价值的意见和解决问题的举措；有较强的创新能力。</td><td>能互相尊重，认真倾听他人意见；能创造畅所欲言、顺畅沟通的氛围；能准确地把握讨论题目，能随时消除紧张气氛，调节争议，并最终使众人达成共识。</td><td>反应灵敏，处变不惊；能有效回应不同观点；既善于吸纳别人的正确意见，修正和补充自己的不足，又敢于据理力争，坚持正确意见，变弱势为强势。</td><td>语言生动，简洁准确，条理分明，真诚可信；观点鲜明，论据充分，结论正确，说服力强。</td><td>举止大方、得体，谈吐自信、理智；情绪稳定、自然，待人热情、友善。</td></tr>
<tr><td rowspan="4">评分等次</td><td>优</td><td>9～10</td><td>17～20</td><td>17～20</td><td>17～20</td><td>17～20</td><td>9～10</td></tr>
<tr><td>良</td><td>6～8</td><td>11～16</td><td>11～16</td><td>11～16</td><td>11～16</td><td>6～8</td></tr>
<tr><td>中</td><td>3～5</td><td>5～10</td><td>5～10</td><td>5～10</td><td>5～10</td><td>3～5</td></tr>
<tr><td>差</td><td>0～2</td><td>0～4</td><td>0～4</td><td>0～4</td><td>0～4</td><td>0～2</td></tr>
<tr><td colspan="2">得分</td><td></td><td></td><td></td><td></td><td></td><td></td></tr>
<tr><td colspan="2">考官评语</td><td colspan="6">测评者签名：</td></tr>
</table>

【例 12－8】

一个有背景材料的无领导小组讨论题目

你是公司的薪酬委员会的部门代表，代表其中的一个部门，现在公司决定将一笔特殊的奖金授予一名工作表现出色的员工。公司的五个部门各自报了一名候选人。这笔奖金的数量是 10000 元人民币。虽然你希望所有的候选人都能得到这笔特殊的奖金，因为他们的表现都非常优秀，但公司的利益并不允许你这样做，这笔奖金只能授予一等奖 1 人，奖金为 5000 元，二等奖 2 人，奖金各 2500 元。

你会得到一份关于你所代表的部门候选人的事迹与年薪状况以及其他一些情况的材料，并且你已经和他的主管谈过，得知他是有资格获得这笔奖金的。在委员会的讨论中你的任务是代表你的候选人去争取更多的奖金，同时帮助薪酬委员会作出最合理的奖金分配的决定。

委员会中的其他人也同样代表他们所在的部门，并为他们所代表的部门的候选人争取尽可能多的奖金。在讨论开始之前，有 10 分钟的熟悉材料和准备的时间，然后有 50 分钟的时间用于讨论。在讨论结束的时候，必须要拿出一个一致性的建议，否则，任何人都将无法得到这笔奖金。你的目标是：

（1）为你的候选人争取尽可能多的奖金；

（2）帮助委员会作出最合理的奖金分配的决定。

材料一

候选人：王月娇（广告设计师）

王月娇本来就是美工与平面设计出身的，她勤奋好学，为了提高自己的工作能力，她去中央美术学院攻读在职硕士。去年，她为了完成她的硕士论文，停薪留职 3 个月。本来按照规定，她可以有 6 个月的时间用于完成她的论文，而她只用了 3 个月的时间，这就说明她节约了 3 个月的时间并把这些时间用于工作上。在她停薪留职期间的那一次升工资，她就没有赶上。在她 6 月份返回工作的时候，我就建议为她提高薪金，但上级却一直没有批准。

我们公司一向主张员工不断进修，提高自己的工作能力，即使是不赞成她停职去攻读学位，也没有必要用经济手段去惩罚她。而且，在王月娇攻读学位期间，她的工作非但没有出现什么漏洞，还取得了很多成绩。例如，在上一次的大型博览会上，由她主持设计的广告赢得了公司内外的一致好评。

我认为我们应该用这笔奖金来奖励她的勤奋与突出的成绩，况且她在学术方面的发展又大大增加了她的工作能力。

候选人的薪金情况：

目前的月薪——2200 元

与和她同类工作的员工的工资相比——少于同职位员工的 15%

其他同类工作的员工月薪范围——1500～4000 元

最后一次提薪的时间和数目——1 年以前，300 元

最后一次奖金和数目——1 年以前，100 元

在本公司服务的时间——4 年 7 个月

起始薪金——800 元

学位——硕士

有关工作经历——8 年

下次正常奖金的发放时间——8 个月以后

材料二

候选人：李鹏飞（高级销售代表）

在上一次提薪时李鹏飞是很不幸运的，与他原来的薪金相比，他的薪金只提高了很少的比例。我认为在这次特别奖金的授予中应给予其相应的补偿。

李鹏飞与某些重要的领导关系不太好，这也是众所周知的事实，但是，我们并不能根据这一点抹杀了他工作当中的成绩。他比较年轻，进入我们公司工作的时间不

长，但他在工作中成熟得非常快，他与公司的两个重要客户的密切关系是任何人所不能做到的。去年，他所完成的销售额最多。他给我们公司带来了很大的利益。但是，最近我听说，另一家与我们竞争的公司会提供给他3000元的月薪，为了经济利益，他很可能离开我们公司。这样，不但会造成我们公司利益上的损失，而且还会使我们的竞争对手如虎添翼。

当我与他谈话的时候，他说假如我们给予他实质性地增加薪水，他会留下来。确切地讲，他的工作业绩的确很不错。在我们没有找到可以替代他的人之前，我还是主张让他留下来。

候选人的薪金情况：

目前的月薪——2200元

与和他同类工作的员工的工资相比——中等水平

其他同类工作的员工月薪范围——2000~5000元

最后一次提薪的时间和数目——没有资料

最后一次奖金和数目——6个月以前，1000元

在本公司服务的时间——1年5个月

起始薪金——1500元

学历——大专

有关工作经历——3年

下次正常奖金的发放时间——1年以后

材料三

候选人：龙海平（电脑工程师）

我们的信息中心成立的时间不算很长。龙海平是这个中心成立时的缔造者之一。多年来，他的工作默默无闻，兢兢业业。

自去年以来，由于增加了一些设备，信息工作的重要性也在工作中日益显露出来。龙海平作为本中心技术水平最高的电脑工程师，他的任务也就更加繁重。尤其是今年上半年全公司的计算机联网工作，基本上都是他一个人在操办。现在我们的计算机网络这样完善，很大程度上都要归功于他。

龙海平的工作很繁重，他的技术水平又很高，所以我们给他的薪水算是比较低的。他在工作中显示出很强的能力和责任心，这是应该受到奖励的，并且凭着他的技术，完全可以找到一份比这里薪水更高的工作。

候选人的薪金情况：

目前的月薪——1800元

与和他同类工作的员工的工资相比——非常低

其他同类工作的员工月薪范围——2500~6000元

最后一次提薪的时间和数目——1年以前，300元

最后一次奖金和数目——1年以前，1000元

在本公司服务的时间——3 年 4 个月
起始薪金——1100 元
学位——学士
有关工作经历——10 年
下次正常奖金的发放时间——8 个月以后

材料四

候选人：闻天顺（高级技师）

闻天顺是一名非常踏实肯干的员工，他在我们的公司已经工作了 20 年，为公司的发展立下了汗马功劳，在员工当中有很好的口碑。

像他这样一个有经验的技师，他不应该只拿这么少的薪水。我们的产品在市场上之所以能够站得住脚，很大程度上就是因为我们的产品过硬。闻天顺一向致力于产品的设计和开发，并且他的一项技术成果在今年初获得了全国的一等奖。

不久前，在他的家庭中发生了一件不幸的事情，他的妻子患了不治之症，给他在经济上和情感上都造成了严重的打击，但他并没有因此影响工作。目前，他在经济方面有很大的困难，虽然说即使授予他这笔奖金也是杯水车薪，但我们认为还是应该授予他这笔奖金。

候选人的薪金情况：
目前的月薪——2200 元
与和他同类工作的员工的工资相比——没有资料
其他同类工作的员工月薪范围——2000 ~ 4000 元
最后一次提薪的时间和数目——1 年半以前，300 元
最后一次奖金和数目——6 个月以前，3000 元
在本公司服务的时间——20 年 6 个月
起始薪金——40 元
学历——大专
有关工作经历——22 年
下次正常奖金的发放时间——6 个月以后

材料五

候选人：张雪（行政主管）

张雪的工作超乎寻常地琐碎，然而她在工作中表现得非常耐心细致。公司能够正常地运转，她有很大的功劳。

与其他候选人相比，她可能显得比较平凡，因为她并没有什么突出的业绩，但恰恰是在平凡的工作中才表现出了她的不平凡。

她的这份工作并不是任何一个人都可以把它做得这么好的。在工作中，她克服

了许多个人的困难。如她家离工作地点很远，她每天早出晚归，而且她上小学的孩子需要她照顾。在这种情况下，她上班也从不迟到。因此，我们认为像她这样兢兢业业的员工最应该受到奖励。

候选人的薪金情况：

目前的月薪——2000 元

与和她同类工作的员工的工资相比——略低一些

其他同类工作的员工月薪范围——2000 ~ 4000 元

最后一次提薪的时间和数目——1 年以前，200 元

最后一次奖金和数目——1 年以前，1000 元

在本公司服务的时间——6 年 8 个月

起始薪金——500 元

学位——学士

有关工作经历——11 年

下次正常奖金的发放时间——1 年以后

第三节　公文筐测验

一、公文筐测验的概念

公文筐测验（In-basket Test），也称为公文处理，是情景模拟测评中使用最多的、也被认为是最有效的核心技术之一。该方法是将应聘者置于特定职位的模拟环境中，并提供一批该职位需要经常处理的文件，要求应聘者在一定的时间和规定的条件下处理完毕，并且还要以书面的形式解释说明这样处理的原则和理由。

公文筐中有待处理的文件，包括电话记录、请示报告、上级主管的指示、待审批的文件、各种函件、建议等，可能来自上级或下级、组织内部或外部，既有重要大事，也有日常琐事。测评结束后，测评者根据应聘者对文件处理的质量、对文件轻重缓急程度判断的准确性，以及对处理结果和理由的解释说明等，对应聘者在公文处理过程中表现出来的各种能力，如分析判断能力、组织与统筹能力、决策能力、心理承受能力和自控能力等，按照事先设计好的评分维度和标准进行评分。

公文筐测验主要从业务角度和技能角度对管理人员进行测试，帮助组织选拔优秀的管理人才或考核现有管理人员。组织可通过公文筐测验考察应聘者计划、授权、预测、决策、沟通等方面的能力，特别是其把握、运筹全局的能力，评估其作为管理者，尤其是中高层管理者的综合性管理技能和胜任能力。

公文筐测验的形式灵活多变，总的来说可以归结为以下三种类型：

1. 所需处理的公文已有正确结论，是已经处理完毕、归入档案的材料，要求应聘者对处理结果提出意见或建议。用这样的公文让候选人处理，是要检验候选人处理得是否有效、恰当、合乎规范。

2. 完成公文处理所需要的一切条件和信息均已具备，要求应聘者在综合分析已有信息的基础上作出决策。

3. 完成公文处理所需要的条件或信息尚不完全，缺少某些条件或信息。考察应聘者是否能够发现问题和提出进一步获取信息的要求。

二、公文筐测验的特点

（一）优点

1. 可考查的职位范围十分广泛。

公文筐测验，不但涵盖了必须通过实际操作才能体现的要素，任何背景知识、业务知识、操作经验以及能力要素都可以涵盖于文件之中。可以针对不同的职位要求，设置不同的测验文件，考查应聘者不同的胜任能力。

2. 具有高仿真性。

公文筐测验将应聘者置于模拟的工作情境中去完成特定的任务，与传统的纸笔测验内容相比，题目内容生动，能充分吸引应聘者的答题兴趣。

3. 测试形式灵活。

公文筐测验对测验场地没有特别的要求，而且既可以进行个体施测，也可以采取团体的方式进行施测。

4. 采用开放性的问题。

在公文筐测验中，应聘者可以从不同的角度提出解决的办法、作出决策。与其他笔试方式相比，最显著的区别就是公文筐测验考虑到了应聘者在日常工作中接触和处理大量文件的实际特点。

5. 综合性强。

公文筐测验的测试材料涉及日常管理、人事、财务、市场、公共关系、政策法规等行政机关的各项工作，因此，能够对高层及中层管理人员进行全面细致的测试与评价。

（二）缺点

1. 题目编制的成本较高，编制过程复杂。

编制公文筐测验需要结合职位特征和胜任特征，多方面研究和开发合适的题目，搜集不同类型、渠道、内容的文件，并对文件进行典型化处理，将各个文件串联起来成套编制并标准化，这需要花费大量的人力、物力和时间。

2. 评价标准缺乏客观性，评价一致性低。

一方面，不同的组织结构、组织文化和领导者风格都会有不同的公文处理风格和特点要求，因此，公文筐测验的评价标准只能根据不同的组织特点来确定；另一方面，不同的测评者之间对评分标准的认识也会有差异。

3. 测试形式决定了无法测试沟通与人际交往的能力。

公文筐采用静态的纸笔考试，每个应聘者都是自己独立完成测验，测评者与应聘者之间缺乏互动的交流，所以测评者无法对应聘者在实际工作当中与他人交往的能力及其人际协调能力进行直接的考查。

4．测试与评价时间较长。

公文筐测验的测试时间一般为2～3个小时，测评者的评卷时间随参与测评的应聘者的人数递增。综合而言，公文筐测验的施测与评价比其他形式的测评要花更多的时间。

三、公文筐测验题目的编制

编制公文筐测验试题，是公文筐测验的核心环节。公文筐测验试题编制的质量，决定了公文筐测验在测评过程中的价值。公文筐测验的编制可以按照以下流程开展。

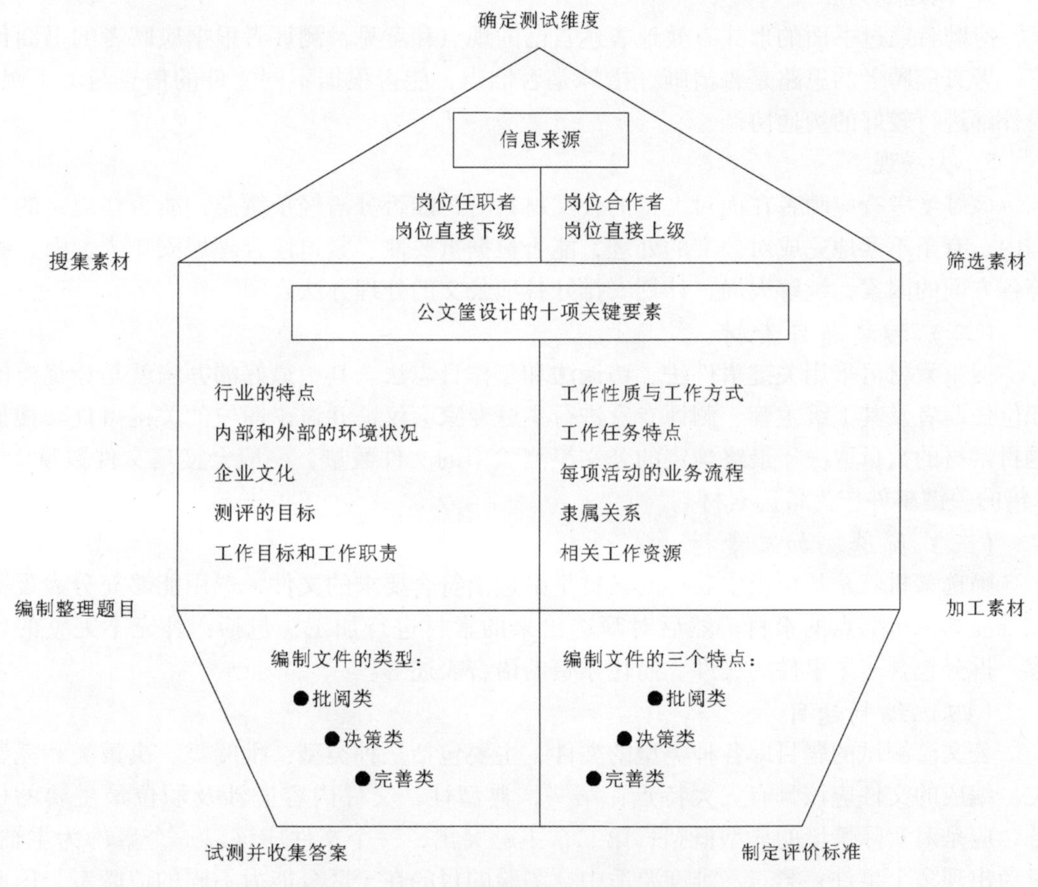

图12－1　公文筐测验题目的设计流程

（一）确定测评要素指标

通过职位分析确定职位的测评维度，公文筐测验常用的测评维度有：

1．计划能力。

考查应聘者根据文件材料的特点，提出解决问题的方案和分配工作的能力。得分高的应聘者表现为能充分考虑时间、成本和内外部关系等条件，并根据问题的性质对工作进行合理的计划和安排，能提出切实可行的措施，能安排好和做好下属的工作分配。

2. 预测能力。

预测能力包括预测的质量、依据的因素和可行性分析。得分高的应聘者表现为能全面、系统地分析环境中的各种相关因素，进行合理、严谨的逻辑推理和预测，能预测事情的发展，并根据发展情况提出有效的解决方案。

3. 决策能力。

决策能力维度得分高的应聘者，能对复杂的问题进行审慎、严谨的分析，能灵活地搜索各种解决问题的途径，并作出合理的评估，对各种方案的结果有比较清晰准确的判断，从而提高决策的准确性。

4. 沟通能力。

应聘者通过书面的形式有效地表达自己的观点和意见，测评者根据应聘者的书面作答，考查应聘者的思路是否清晰、措辞是否恰当，能否根据不同文件的信息与上下级、内外部进行较好的沟通协调。

5. 大局观。

该维度考查应聘者在面对大量的公文材料时，能否分清轻重缓急，能否在规定的时间内，有条不紊地完成对公文的处理，能否根据重要性、紧迫性合理地安排人、财、物等各方面的因素，统筹大局，计划安排好各项公文的处理办法。

（二）搜集题目素材

搜集素材可采用关键事件法、访谈法和工作日志法。其中最好的办法就是让优秀的职位任职者及其上级主管、测评专家进行主题专家会议，并讨论职位的关键事件。搜集题目素材的数量取决于最终确定的公文筐测验中的文件数量，一般会搜集文件数量 2 ~ 3 倍的关键事件作为备选素材。

（三）筛选、加工素材

筛选素材就是从访谈中获得的素材里筛选出符合要求的文件，选用能够充分表现测试维度和评价要点的素材。然后对筛选出来的素材进行加工，包括：补充不完整的内容、拆分包含多个事件的文件、简化累赘的语言表述等。

（四）编制题目

公文筐测试的题目即各种类型的文件，主要包括三种类型：批阅类、决策类和完善类。编成的文件应该具有三大特点：第一，典型性，文件内容应涉及职位最主要的任务，应是对实际情境的典型概括；第二，主题突出，一个文件应该以一个事件为主轴，避免出现多个事件；第三，难度要适中，测验的目的在于区分能力不同的应聘者，因此应该尽量避免测验中的“天花板效应”或“地板效应”。

（五）试测与收集答案

由于每个组织对处理文件或完成任务的标准不同，因此，在公文筐题目编制结束后，制定组织个性化的评价标准非常关键。为了使评价标准即公文处理结果能够符合组织的特点，可在职位现任任职者中进行试测，并收集答案。

（六）制定评价标准

公文筐测验的评分维度主要有两个方面：一方面，每个文件考查的维度。根据需要，既可设计几个文件共同考查一个度，也可设计为一个文件考查两个或以上的维度，但其测试要点必须明确。另外一方面，整体可以考查的维度。即对所有公文进行整体分析，考查应聘者能否关注到各个事件与人物之间的关联，能否对每个人物进行准确的角色定位，是否关注数据之间的关系；对事件的重要性是否有清晰的判断，能否发现不同意见之间的利益诉求，是否能根据轻重缓急合理安排自己的工作；文字表达是否清晰、简洁，分配任务的指示是否明确等。在确定了评分维度后，接下来则需要制定具体的维度评价标准。公文筐测验的评价标准包含三个方面的内容：参考标准、等级水平和分值区间。

表 12－3　公文筐评分表－1

测试维度	维度定义	文件
组织计划能力	能够有条不紊地处理各种公文和信息材料，并能根据信息的性质和轻重缓急对信息进行准确的分类处理。 在处理问题时，能及时提出切实可行的解决方案，主要表现在能系统地事先安排和分配自己的时间和工作，确定未来工作进展目标以及实现目标的方式，管理协调并有效利用好人、财、物和信息等各种资源。	对文件紧急、重要程度的判断，所有公文的处理排序及理由陈述； 相应有时间要求的附件应按要求完成。
沟通协调能力	为了实现工作目标和完成工作任务，在工作中能够主动与他人进行沟通协调，采用适当有效的沟通方式、方法，并注意对各种信息进行及时、准确、全面的反馈。 能较好地理解所呈现的材料中包含的各种背景信息，并较好地从形式和方法上进行书面沟通，公文处理的书面表达能力较好。	各公文处理的表达结果； 在处理公文过程中是否表现出沟通协调的意识
分析解决问题能力	……	……
大局观	……	……

表 12－4　公文筐评分表－2

组织计划能力测试维度		
分值	行为表现	处理结果
A (9～10分)	能将各种文件很好地按轻重缓急排序，列出处理的紧急程度，不重要和非紧急事件推后处理，首先处理既重要又紧急的事项，不重要而紧急的事件随后完成；处理结果合理，并且有陈述合理的排序理由，用以支持处理结果。 能够综合考虑各种信息，合理安排利用各种资源，制订出详细周全的时间计划表。	上级交办的紧急重要事务优先处理，其他紧急工作能随后及时处理，完全符合处理排序，处理结果有条理。 包含一一对应的时间、地点、人员、工作任务、工作内容的计划表，并陈述相应的安排考虑理由。
B(7～8分)	……	……
C(5～6分)	……	……
D(3～4分)	……	……
E(1～2分)	不能区分文件的轻重缓急，处理顺序不合理，基本无陈述理由。制订的时间计划表无条理性，不完整。	完全不符合处理排序结果。 不完整或无条理性的时间计划表。

四、公文筐测验的实施程序

（一）准备阶段

测评前的准备工作是公文筐测验能否顺利实施的关键。准备工作包括指导语的设计、题本与答题纸的准备、应聘者编号、测试场地安排等。

表 12－5　公文筐测验答题纸

任务 1：根据公文的轻重缓急，将公文的代码填入分类表

	重要	不重要
紧急		
不紧急		

任务 2：公文处理顺序安排表（请说明原因）

1. ____

2. ____

3. ____

4. ……

任务 3：

<table>
<tr><td colspan="2">公文处理表</td></tr>
<tr><td>文件编号：</td><td>请记住应包括：
1. 你准备做什么？
2. 需要涉及谁？
3. 还有谁需要知道？
4. 何时采取行动？</td></tr>
<tr><td colspan="2"></td></tr>
</table>

（二）导入阶段

在公文筐测验正式实施前，测评者要把指导语从头到尾念一遍，告诉应聘者测验的有关注意事项。当应聘者对测验指导语完全理解后，每位应聘者才可以开始阅读有关的背景材料。应聘者在这一阶段有任何不清楚的问题，都可以向测评者提出。

【例 12－9】指导语

大家好，首先欢迎您参加今天的测试。公文筐测试是工作情景模拟活动的方式之一，它向您呈现一种模拟的工作情景，让您“扮演”一个特定的角色，在规定的时间内处理一批文件，从而考查您在模拟情景下的工作能力。我们将根据您在处理公文中的表现来推断您在真实工作情景中的管理能力，所以，希望您在测试中认真作答，尽量进入角色，设身处地地对文件作出适当处理。具体要求如下：

1. 公文筐测验时间为 180 分钟，请您在答题卡上写出处理意见或决策。不要在题本上作任何标记或涂改题本，对所有问题的处理都写在答题纸上。我们只对答题纸上的作答进行计分，写在其他任何地方的回答均不予考虑。

2. 您的答题任务包括两个：第一任务是先对所有的文件进行处理排序，并在答题卡上标明；第二任务是对所有给出的文件进行书面处理，作出全面的预测（要求作出解释）、列出你的预测所依据的主要因素或假设，还需要写出处理依据或理由。

3. 您在处理文件时的签名，不要用自己的名字，而要用文件中给出的角色姓名。

4. 请大家务必在规定的时间内完成所有题目，否则成绩将作废。

5. 在测试期间，请大家关闭手机，并且保持安静，不能与他人讨论任何问题，也请不要任意出入测试室。如有问题，请举手示意。

（三）测试阶段

测试时间通常需要 1～3 个小时。在这期间应聘者需要独立完成公文筐测验任务，没有机会与外界进行交流，直至测试结束。

（四）评价阶段

测试结束后，测评者要对应聘者的答案按照事先既定的测试维度与标准进行打分。测评者在评价应聘者的答案时，不仅要评价应聘者的文件处理结果，还要考虑应聘者对每个文件的处理依据和理由说明。在评价应聘者的过程中，还可以安排测评者分别与每位应聘者进行交流面谈，以明白答卷中模糊不清的内容。若不同测评者对同一个应聘者的评分差异过大，则须经过讨论并达成一致后重新评分。

【例 12-10】公文筐测验范例

你是长城建设总公司的副经理，主管运营的总经理目前正在国外参加一个重要的会议，而且他还有一些重要的业务要洽谈，一个月以后才能回来。你现在需要代理主管运营的总经理，在这一个月中，你要全权履行他的职责。总经理有一位秘书王玲小姐负责处理日常工作事务及联络工作，你可以把工作交代给王玲小姐处理。

你一直忙于处理原工作的未了事情，直到今天才能坐在总经理的办公室里做你的代理职位要求你必须做的事。今天是 8 月 12 日，星期天，现在是晚上的 8 点，不巧的是由于今晚检修大楼的电路，你必须在 9 点前离开，因为 9 点以后大楼将全部停电。明天一早你还必须赶往机场，到外地出差，直到 8 月 25 日才能回到你的办公室。

在文件筐里有很多文件，另外还有一些电子邮件和电话语音留言（已经打印在纸上），你要对这些文件给出自己的意见。对每一个文件写出处理意见以及你的处理理由。

在处理文件时，你需要注意：

1. 在这项测验中，你的身份是长城建设总公司的代理总经理张国庆，请你在 1 个小时的时间里处理我们提供给你的所有文件。这些文件已经放在办公桌的公文袋里。

2. 文件是随机排列的，请你根据需要来决定文件的处理顺序，并根据事件的紧急程度在表 1 中排列出事件先后处理顺序。

3. 在处理文件过程中，你需要把自己的决定或行动方案在公文处理表中写出来。例如，针对文件中的事件，出差回来后想做的事；要打电话的对象、内容；要对秘书或其他人直接讲的话；要采取的行动；想要召开会议的主题、时间、参加者；要召见的人、时间；要发出的文稿，等等。总之，每一件决定的事或要做的事都要写下来。

文件 1

长城建设总公司 2006 年工作总结暨 2007 年工作计划（略）

文件 2

关于桥隧公司信息系统建设规划的立项意见

长城建设总公司领导：

桥隧公司因业务发展需要，提出建立并健全公司信息系统的计划。根据前段时间考察黄河桥隧公司、长江桥隧公司等成熟企业的生产经营管理情况来看，作为一个现代化的企业，建立高效的信息系统十分必要，既可以提高信息传递的效率，提高业务开拓能力，又可以提升企业形象。经多方调研，现提出的建设项目共 9 项，涉及经营和管理的各个方面，总共需要经费 2500 万元。但是桥隧公司目前资金紧张，希望总公司提供经费支持。所有项目投入将在十年后收回成本。

可否，请批示。

长城桥隧公司

2008 年 7 月 30 日

文件 3

关于 2009 年企业经营者年薪制
和职工收入分配的请示

长城建设总公司：

为建立和完善个人收入与经营效益挂钩的激励和约束机制，调动企业经营者和职工的积极性，为企业作出更大贡献，现根据本公司的实际情况，特制订长城桥隧公司 2009 年企业经营者年薪制实施方案和企业职工分配实施方案。

特此请示，请批复。

长城桥隧公司
2008 年 8 月 10 日

附：《长城桥隧公司 2009 年企业经营者年薪制实施方案》（略）

文件 4

关于认购经营性土地的请示

长城建设总公司：

根据东海经济技术开发区政府 2007 年经营性国有土地的出让计划，东海国土分局将于 2008 年 11 月 24 日至 12 月 12 日采用公开挂牌的方式出让区内四块土地的国有土地使用权，具体资料详见附件。

为实现公司主营业务的可持续发展，结合公司目前实际情况及发展要求，我司拟参加 07ABC 一 8 号地块的公开挂牌竞买。

该地块位于东海酒店南侧，用途为商业及商务办公，面积 15129 平方米、总建筑面积 45387 平方米，竞买保证金 300 万元人民币（竞买保证金须在 10 月 8 日前到达指定账号），最低交易价格为 1731 万元人民币。

妥否，请批示。

长城资产经营有限公司
2008 年 8 月 18 日

文件 5

电话留言

总经理：

您好！

中国银行×××分行李副行长来电，约您商讨有关我公司 3000 万元人民币贷款到期后再延长期限 5 个月的问题，他约您于 8 月 15 日 13：00 到中国银行×××办公室会谈，能否赴约请答复并通知李副行长。

另，这次贷款延长，对我公司财务运作具有十分重要的作用，请您给予足够的重视。

财务部　黄一峰
2008年8月10日

第四节　案例分析

一、案例分析概述

（一）案例分析的含义

案例分析，就是要求应聘者根据指定的社会角色进行一系列的分析或决策的测评方法。在案例分析测评活动中，先让应聘者阅读案例材料，了解并研究某个组织或个人所面临的问题，然后要求其根据所提出的问题进行分析，并陈述观点。测评者分析报告的内容和形式，并对应聘者的某些能力素质进行判定。

（二）案例分析的特点

1. 每一个案例均是一个独立的实际决策问题。

通常，在提供的条件中具有非确定性的因素，使应聘者进行案例分析与确定决策方案时，无法依靠一种固定不变的程序来解决，其成败主要依靠应聘者本身的知识、经验、决策能力、预测能力和敢担风险的魄力等。

2. 一题多义，一题多解。

每一个案例的分析与判断，都有多种可供选择的方案。每一个方案均有利弊，甚至潜藏着一定的风险，因而要求应聘者根据各自的能力、经验，对案例进行分析，从而作出合理的分析或选择。

3. 案例源于实际工作。

因为案例分析中使用的基本上是工作中的实例，因而案例阐述的情境条件和分析要求与应聘职位的实际工作十分相近。

4. 适合于以考查能力为目的的公开选拔。

案例分析试题与传统题型相比，区分度高，能较好地反映应聘者的能力素质水平和适应职位要求的程度。

二、案例分析的题型

（一）理论剖析型

理论剖析型案例，通过描述一个曾经发生过的实际案例（可以是成功的事例，也可以是不成功的事例），要求应聘者运用一个或多个理论对此事的产生原因、成功或失败的经验教训进行深入细致的分析。这种测验侧重于分析一个人的理论水平以及应用基本理论分析实际问题的能力。

【例 12-11】

某民营企业的老板通过学习有关激励理论，受到很大启发，并着手付诸实践。他赋予下属员工更多的工作和责任，并通过赞扬和奖赏来激励下属员工。结果事与愿违，员工的积极性非但没有提高，反而对老板的做法强烈不满，认为他是在利用诡计来剥削员工。

问题：

请根据有关激励等理论，分析该老板做法失败的原因并提出建议。

（二）决策型

决策型案例，所阐述的是一个曾经发生过或经过加工的实际事例，要求应聘者根据指定的社会角色，对案例所描述的问题进行决策。实施时，根据不同的难度要求，情境的描述可以有不同的层次。可以只描述整个案例所面临的具体情境，要求应聘者完全独立地提出解决方案；也可以在描述情境条件的基础上，要求应聘者在几个提供的方案中进行决策等。

【例 12-12】

苏北市是某省最贫困的城市之一。该市只有极个别的具有高技术含量的企业，科创公司就是其中之一。它原是一家国有企业，主要生产变压器。但经营不佳，亏损严重。为了加快经济发展，市政府决定以比较低的价格将科创公司转让给民营企业家向科，组建股份有限公司。转让的条件是在原有的四百多个工人中，保留一百多人。向科是一位十分精明能干且具有比较优良素质的企业家，受过高等教育，在特区搞过经营。接手经营后，他进行两项改革：一是提高科技开发的投入比重；二是提高销售成本比例。前者由1%提高到5%，后者由3%提高到12%。两项措施都比较有力地推动了企业的经营。不过，这些高比例的销售费用中相当一部分被产品推销人员用来作为回扣或向有关人员送礼打开市场。向科认为，现在该企业的产品虽然在同行业中市场占有率不算最高，但前景很乐观。另外，在改制后的第二年，他解雇了原企业留下的部分工人。估计不需要多长时间，保留的一百多个工人中相当多的工人都要被解雇。

向科认为，他已陷入经济与道德、企业自身发展与履行社会责任的困境中。首先，作为本地的窗口企业，它的发展必将推动地域经济的发展，然而，提高销售成本会滋长企业经营中的一些不道德行为，形成不正当的竞争。其次，低价买断产权时，承诺保留一百多名工人，实践证明，相当一部分留任的工人难以达到他的管理要求。于是，要么花大量经费培训这些工人，要么解雇他们。这样做，一方面不能履行改制时的承诺，另一方面会导致新的社会问题。

问题：

（1）你认为，在这种困境中，经营者应当如何抉择？

（2）能否存在两全其美的措施？如果不行，选择解决问题的侧重点应在哪里？

（三）复合型

复合型案例同时兼有上述两种案例的特点，要求应聘者同时进行理论分析与制定决策。

【例 12-13】

伦迪汽车分销公司是一家新成立的企业，下设若干销售门市部。

公司刚成立时，为体现民主管理，制定了若干的责任制度，运转尚算顺利。随着时间的推移，员工中相互推诿的事情时有发生，但在处理这种事情时，又说不清谁应承担责任，以致有的事情就不了了之。为了推进民主管理，公司力争让下属参与某些重要决策。他们引进了高级小组制度，从每一个销售门市部挑选一名非管理者，共挑出五人，公司主管人员每月与他们开一次会，讨论各种问题的解决方法和执行策略。尽管如此，人们的积极性并没有充分地调动起来。

经过两年的经营，公司的营业收入有了一定的增长，但企业的税前利润增长不快，第二年比第一年只增长1.8%。这给主管人员带来很大的苦恼。

问题：

（1）从人本管理分析，应该如何调动员工的积极性？

（2）公司制定了责任制度，却又出现责任不清，请分析是什么原因？

（3）请你为公司经济效益增长慢的原因作简要分析。

三、案例分析的题目设计的注意事项

（一）案例中的事件尽量具体、明确

编制案例时最好选择具体、明确的事件进行设计，因为事件越具体、越明确，应聘者的回答范围就会越窄，评分标准就越容易界定，这样也避免了空泛、笼统的答案，有利于评分的统一和标准化。

（二）要给出回答问题所需的足够信息

案例分析就是要基于一定的案例背景和事件信息给出问题，若信息不全，应聘者就会无从回答；即使作答，也是基于自己假设的情境。假设因人而异，这样就会有更大的偏差出现，案例的标准化、可靠性及有效性也受到了破坏。

（三）案例内容不能对问题有直接提示

在编写过程中，既要做到不出现提示信息，又要做到内容的有效过渡与衔接，必要时可设置悬念，以利于案例后的问题设计。

（四）题量要适当

案例分析测评，一般使用3～4个案例，难度上可采用低、中、高各一个或低、高难度案例各一个，中等难度案例两个的组合。一个案例设置的问题不适宜太多，若太过细化，每个问题的难度和挑战性就大大降低，所以问题的数目大致在2～5个较为合适。问题数目太少，显得问题过于笼统；问题太多，应聘者容易疲劳和厌烦。因此，问题必须适量。

（五）注意参考答案及评分标准的设计技巧

案例的参考答案及评分标准，要有启发性与可操作性，要让应聘者和测评者均有较大的发挥空间，同时注意设问的隐蔽性，以便考查应聘者的真实水平。

第五节　情景判断测验

一、情境判断测验的含义

情境判断测验（Situational Judgment Tests，简称 SJT），是人才测评的一种新技术，它通过模拟工作中实际发生或可能发生的情景，要求应聘者针对情景中的问题对相应的几种可能性反应作出判断。由于它与工作中运用到的知识、技能和能力有直接相关，因此一直被认为在人才测评中有很高的应用价值。

虽然情景判断测验与结构化面试在情景设置和问题设计上都指向工作实践，但在结构化面试中，应聘者回答问题可以自由发挥，而在情景判断测验中，应聘者只能在所给定的答案中进行选择。一个完整的情景判断测验包括情景设置、针对情景的可能反应选项、测评的方式和记分方法四个部分。在设置情景时，可以采用文字描述的方式，也可以采用录音口语描述或者多媒体（包括一系列的影视录像片）呈现的方式，目前普遍认为多媒体呈现情景的方式比较有效。

二、情景判断测验试题的设计过程

（一）设置情景

情景判断测验，一般选取与工作绩效相关的关键事件编制成情景。

（二）收集对情景可能产生的反应

可以采用开放式问卷调查的方法向职位的曾任职者、管理者等相关人员收集关于情景的信息。为了能够收集到不同有效性或不同意愿程度的行为反应，一般要求他们同时写出最有效/最无效或最愿意/最不愿意的解决办法。比如，“作为该部门经理，你认为最有效的解决办法是什么？最无效的解决办法是什么？”或“作为部门经理，你最可能采取的解决办法是什么？最不可能采取的解决办法是什么？”情景判断测验的选项经过筛选、归类、合并、剔除之后一般应包括 4 ~6 项。

（三）确定反应方式

在情景判断测验中，可以采用四种方式对情景进行判断：最有效/最无效的形式、最愿意/最不愿意的形式、等级评定式和排序式。

【例 12 -14】

你的一位下属与周围同事很难相处，但技术能力较强，公司的项目开发又需要这样的技术人才。处理的办法如下：

A. 明确项目开发责任制，让他单独负责一个子项目。

B. 告诉该下属需要与周围同事处理好关系。

C. 调整周围同事，配合该下属开展工作。

D. 要求把该下属调到其他部门。

最有效/无效、最愿意/不愿意的反应形式：

a. 你认为最有效（或最愿意采取）的解决方法

b. 你认为最无效（或最不愿意采取）的解决方法

等级评定式：

请你对每个反应选项的有效性在 6 点量表上作出评定，"1" 表示最有效/最愿意，"6" 表示最无效/最不愿意。从 1 到 6 表示该反应选项的有效性/愿意采取的程度从高到低逐步递减。为了避免应聘者的"中庸"态度，反应级别的个数一般应选取偶数。

排序式：

请你对反应选项的有效程度按由高到低的顺序进行排序。

（四）确定评分标准

根据专家评定或结果预测，确定每个选项的有效性（即可能采取的程度），比如事先确定好最有效（或最愿意）和最无效（或最不愿意）的标准选项，并将其作为问题的标准答案。然后，依据这一标准对应聘者的测验结果进行评分，具体的给分方法因反应方式不同而不同。

三、情景判断测验的实施需注意的问题

（一）尽量在同一测验项目内设置相互联系的情景

有相互联系的情景测验题目，可考虑集中起来让应聘者一并回答，即应聘者对上一问题的回答会影响其对下一情景的问题作答时，这些题目应集中起来让其连续作答。但这种情景间的联系只能存在于一个测试项目内，项目之间最好保持独立性。

比如在上例中，如果应聘者选择 A 作为最有效的解决问题的方式，在这一测验项目下可以设置追问的情景，如"在他单独负责一个子项目时，仍然需要有人配合他的工作，你认为采取什么样的方式为其配备工作助手最有效?"，然后再列出反应选项让应聘者选择。设置这样的项目利于对应聘者的动机、思维能力等进行考查。

（二）慎重选择反应指导语

情景判断测验中的指导语主要用来引导应聘者如何对行为选项进行选择，大致有两种：一种是让应聘者对行为的有效性作出判断，如"你认为最有效/最无效的解决方法是____"；另一种是让应聘者根据自己的意愿进行选择，如"你最愿意/最不愿意采取的解决办法是____"。这两种提问方式会引起应聘者的不同反应。由于后一种提问方式会牵涉应聘者的意愿和态度，以及可能会受到社会赞许的影响，所以如果没有特殊要求，最好不要采用这种方式。

（三）保证开发程序的专业化

情景判断测验在开发过程中具有相当大的主观性，从选择设置的情景、反应项目的收集到评分标准的确定，都需要开发人员的主观评判；因此，题目开发人员的专业水平会直接影响测验的可信性和有效性。另外，编制过程的主观性还可能导致测验内容的不确定性，这就需要专业人员对测验结果作出针对性解释，以免出现测验误导的情况。

（四）配合其他测评方法

情景判断测验考查的是应聘者对问题情景的一般认识，可以考查其智力、某些性格

特征等，但对于具体的工作职位而言，这种考查可能不够全面。假如组织需要招聘销售人员，就会要求其具备较高的语言表达能力，对仪表风度、性格特征等也会有更为具体的要求，而要获得这些信息，还需要借助于面试等其他测评方法。

【例 12-15】

一位顾客向你询问商店从未销售过的某具体品牌的商品，你会怎样回答这位顾客？

A. 告诉这位顾客有哪些商店销售这种商品，但指出你卖的商品与那种商品很类似。

B. 进一步询问这位顾客以便能向他推荐其他商品。

C. 告诉这位顾客这家商店销售的商品的质量是最好的。

D. 要其他的销售员来帮忙。

E. 告诉这位顾客有哪些商店销售那种牌子的商品。

请回答：

● 上面的哪个选项你认为是该情境下最好的选择？

● 上面的哪个选项你认为是该情境下最糟糕的选择？

第六节 演讲

一、演讲概述

（一）演讲的含义

演讲，又称即兴演讲、即席发言，是情境模拟测试中的一种常用方法。在演讲测评现场，由测评者向应聘者提供演讲主题和相关材料，应聘者在短时间的准备后（通常为5~10分钟），结合材料即兴地运用语言、动作、表情、姿态等向测评者表达自己的观点。测评者对应聘者在演讲过程中表现出的各种行为，进行全方位的观察和记录，按设定的测评指标和评分标准对应聘者的行为进行归类和评定。最后，根据应聘者的得分情况来确定其在相关能力素质维度上的胜任水平，从而为选拔、录取等人事决策提供参考。

（二）演讲的特点

1. 演讲的优点。

● 直观性。测评者们能够进行最直观的观察，获得最直接的信息，从而作出较准确和真实的判断。

● 高预测性。演讲的主题通常就是与目标职位相关的工作情境内容。因此，演讲测评法对应聘者在未来工作中的表现有较好的预测效果。

● 全面性。受过专业培训的测评者可从应聘者的演讲中评估其口头表达能力，还能评估许多其他的能力素质，如人际交往能力、逻辑思维能力、应变能力、组织协调能力等。

● 灵活性。一方面，测评者可以根据不同的目的和要求，设计不同的演讲主题；另一方面，演讲在实际的测评操作中也较为灵活多变。

2. 演讲的缺点。

演讲的上述特点是其有别于其他测评方法的优势，这也是演讲被广泛应用的原因。同时，演讲也有其不足之处：第一，演讲的测评形式决定了应聘者的能力素质必须通过言语、表情和少量的肢体动作表现出来；第二，测评者主要是通过对应聘者的行为表现进行观察来作出评估，所以要求测评者要有较高的专业水平。因此，在测评进行前需要花较多的时间和资源对测评者进行培训。

二、演讲主题的类型

（一）命题型

命题型演讲只给出一个类似于命题作文的主题。如："请谈谈我国加入 WTO 之后，我们政府部门工作所受到的影响"，此类演讲主题较为宽广，针对性较低，这种类型的演讲主题的开发成本比较低，花费的时间和人力、物力相对较少。

（二）发言型

发言型演讲就是设定一个大中型会议的情境背景，要求应聘者按照一定的目的和要求发言。这种主题创造的情境往往比较真实，背景材料也较为丰富，应聘者有一定的发挥空间，而其演讲的内容则具有较强的针对性，这有利于考查特定的能力素质。

（三）交流型

交流型的演讲，通常选取一个交流过程中的片断作为演讲的背景，通过简单的背景介绍以及对交流的前半部分的描述来创造。如，使用一个面试的场景，介绍了简单的背景后，列出面试前半部分测评者与其应聘者之间的对话，对话以测评者一个棘手的提问结束，要求应聘者作为某应聘者回答测评者的提问。这类演讲主题也具有较强的情境性，应聘者必须尽快进入角色，努力应对测评者的提问，在此过程中能体现出应聘者的应变能力、逻辑思维能力等等重要的能力素质。

（四）应急型

应急型演讲的主题为应聘者提供了一个需要应急的模拟情境，如某个突发事件。这类突发事件可以是一次意外发生的生产事故，可以是商业环境的突然变化，也可以是组织人事的突然颠覆等等。此类型的演讲主题给应聘者设定的情境紧急而棘手，要求应聘者在短时间内熟悉材料所提供的背景信息，并迅速进入角色，融入纷繁复杂且千钧一发的恶劣环境中，同时需要控制自己的紧张情绪，努力控制场面，解决问题。这类主题的难度较大，对应聘者的要求也比较高。这类测评往往能使某些关键的能力素质得到淋漓尽致的发挥，如应变能力、决策能力、组织协调能力等等，因而使测评具有较高的效度。

三、编制演讲主题的步骤

（一）确定评价指标

通过职位分析，明确某个职位的胜任特征，从而明确所需考查的能力素质。具体来说，演讲测评的能力要素主要有以下几项：

1．语言表达能力。

演讲是对应聘者语言表达能力最好的测评方法。对语言表达能力进行考查可从以下几个方面进行：表达是否流畅、逻辑严密、条理清晰，观点是否明确，能否说服人，是否具有感染力等。

2．应变能力。

能否妥善处理突发的意外情况、是否具有敏捷的思维、反应是否灵活，是衡量应聘者能否胜任应聘职位的要点。

3．理解能力。

了解应聘者能否正确地理解题目的含义，并在充分理解题目材料的基础上，恰当地把握题目的范围，展开演讲。

4．气质风度。

气质风度是指应聘者的言谈举止、精神状态、自信心等方面的情况。在演讲中，应聘者的个人气质、精神面貌能够得到充分的体现。

（二）案例搜集

明确评价指标后，就可开始有目的地搜集案例。案例的来源可以是相关的文献著作，也可以是通过对测评职位访谈获得的实际案例。案例搜集时要注意案例的针对性，即针对评价指标和测评目的；要注意案例的典型性，即案例必须是在特定职位上发生的特定的事件，而且是关键事件、两难事件、能影响到组织和个人发展的重大事件；还要注意案例的完整性，即搜集到的案例尽量能完整地包括事件的起因、当时面临的各种情境压力、决策的过程、事情的发展情况以及最后的结果等等，尽量详细和完整，为后续工作打下良好的基础。

（三）案例的筛选

完成案例的搜集工作后，需要对案例进一步筛选。筛选的标准是案例的针对性、典型性、完整性、现实性和可操作性。

（四）案例的加工

在进行整合和加工的时候，需要遵循针对性、典型性、完整性、现实性和可操作性的原则。此外，对案例中的一些真实的名称、名字和特殊符号都要隐去或进行技术加工，使得案例中的原型得到应有的保护。

（五）演讲主题的检验

演讲主题的检验主要是通过试测来完成，即采用小样本对演讲主题进行试测，考查演讲主题是否能达到测评的要求，应聘者的演讲是否能基本反映出所需测评的能力品质。同时，还可以对真实的测评现场进行一次模拟，从而发现一些设计的死角和事先无法预料的情况。经过试测后的演讲主题根据试测结果进行一定的修改和调整，最终形成一个成熟的演讲主题。

四、演讲测评的评分标准

评分标准是针对每个评价指标而言的，在确定评价指标时必须进行详细的界定和描述。根据评价指标对测评者的行为表现进行科学的衡量，界定具体的分数或等级，即确定衡量标准，从而区分出优秀和平庸。

表 12－6 演讲的评分标准

语言表达能力 演讲要做到口齿清晰、声音洪亮有力、表达流畅；音调抑扬顿挫，富有感染力；演讲内容思路清晰、层次分明、逻辑性强、观点明确、有针对性；有说服力和号召力。	
优 （10～9）	口齿清晰、声音洪亮有力、表达流畅；音调抑扬顿挫，富有感染力；演讲内容思路清晰、层次分明、逻辑性强、观点明确、有针对性；有说服力和号召力。
良 （7～8）	口齿清晰、声音洪亮、表达流畅；演讲内容思路较为清晰、层次分明、逻辑性较强、观点较明确、有针对性；较有感染力和说服力。
中 （5～6）	口齿清晰、声音洪亮、表达通顺；音调抑扬顿挫，较有感染力；演讲内容思路清晰、观点明确，但是逻辑性及针对性不强。
合格 （3～4）	口齿清晰，但音量较低、表达略有不畅；演讲内容思路、层次不够清晰、逻辑性不足、观点不够鲜明。
差 （1～2）	语言含糊、声音略显薄弱、表达缺乏流畅；演讲内容结构混乱、逻辑性欠佳、观点不明确。

五、演讲的测评实施程序

（一）测评准备阶段

1．确定测评项目的负责人

整个演讲测评的顺利实施需要有一个负责人进行总的协调和组织，负责人的首要任务就是熟悉测评工具和方法，而且负责人能全盘掌握整个测评的目的、内容和程序，因为后续的所有操作程序都需要他来进行推动和协调。

2．安排场地及其他设施

演讲测评需要明亮和安静的房间，房间必须能够容纳 5～7 名测评者，而且测评者和应聘者之间需要保持一定的距离，这个距离既要保证所有的测评者都能看清楚应聘者的面部表情，又能保证应聘者不会因为和测评者距离太近而产生紧张情绪。如果是给多个应聘者进行测评的话，还要另外准备两个相互隔离的房间，一个房间用于给开始测评的应聘者进行演讲准备，另一房间用于集中尚未开始测评的应聘者。

此外，如果还有其他测评项目使得演讲结束的应聘者无法立刻离开测评区域，则还须准备另外一个场所安置他们。总之，要严格避免接触过演讲主题的应聘者和未接触过演讲主题的应聘者进行交流。其他设施包括测评者进行评分时和应聘者进行演讲准备时所需要的纸、笔，应聘者使用的长桌和演讲用的讲台，如果一些演讲主题和背景材料需要以影音的形式来呈现给应聘者时，还需要准备影音播放设备。

3．测评者培训

由项目负责人或指定人员对测评者进行统一培训，讲解有关测评的程序和评分标准等内容，必要时签署保密协议，确保测评的公平。

4. 确定测评时间表

按照测评者的数量、其他测评项目的安排以及测评的环境来制作详细的测评时间表，以此增强对整个测评过程的控制。

(二) 测评实施阶段

1. 宣读指导语。

向应聘者宣读指导语，指导语的主要内容包括测评的主要目的、测评的要求、程序和其他注意事项。

2. 应聘者准备。

向应聘者宣读指导语后，按顺序先后给应聘者提供演讲主题和相关背景材料，演讲准备的时间一般为5~10钟。

3. 应聘者演讲。

应聘者演讲的时间一般为5~10分钟。应聘者在演讲时将不会得到任何形式的反馈，也不能和任何人进行交流。如果需要，可以对应聘者的演讲进行录像。

4. 测评者评分。

测评者的评分过程从应聘者开始演讲的那一刻开始。在整个演讲过程中，测评者需要对照评分标准在评分表上打分，针对每一个测评指标，测评者可以在评分表的相关地方记录下应聘者的典型行为，并给予初步评分。

5. 测评者讨论。

当应聘者演讲结束并离场后，所有的测评者需要讨论应聘者各项指标上的得分，特别是针对那些得分差异比较大的指标。经过讨论，在某些测评指标上测评者们可能会达成一致，而达成一致的分数将成为应聘者在这些指标上的最终得分，还有一些指标可能无法达成一致，这就需要进行一些数学加工将不同的分数转化成为一个综合的分数。

6. 测评结束。

当应聘者所有测评指标的最终分数都出来以后，这一个测评单元就结束了。应聘者离场时需要交还所有的测评材料，必要时测评者需要撰写测评报告和提供反馈。

【例12-16】演讲测评

请你就给定的主题进行演讲，演讲时间为5分钟，在演讲前你将有3分钟的时间准备。

题目：我眼中的环保产业。

第七节 角色扮演

一、角色扮演概述

(一) 角色扮演的定义

所谓角色扮演，是指在模拟的、逼真的工作环境下，要求应聘者扮演其应聘职位上的人物角色，模拟实际操作处理和解决测评者设置的一系列问题和矛盾，并讨论各种相关的问题。角色扮演主要用以评估应聘者的语言能力、人际关系敏感性、应变能力、沟通技巧等人际关系处理能力。角色扮演中扮演的角色往往是实际工作中的互动对象，如上司、下属、客户、同事等，有待处理的也是实际工作中可能遇到的具体问题。测评者观察、记录应聘者在测评过程中的各种行为和表现，并按照标准化的评分方法进行归类和鉴定，得出应聘者在各项能力维度上的分数，最终对其相关素质作出评价。

（二）角色扮演的特点

1. 角色扮演的优点。

（1）仿真程度高。

情境可以选择职位中经常出现的比较棘手的问题，要求应聘者通过充分的沟通、讨论、协商解决问题。

（2）测试过程具有灵活性。

测评者可以根据需要设计测试主题、场景；还可以根据应聘者的谈话内容，有意设置“人为障碍”，以考查应聘者在特定情境下的应变能力、沟通能力以及说服他人的能力等。

（3）测试时间较短。

角色扮演从应聘者准备到测试结束的时间一般不超过45分钟。

（4）易于发现应聘者的潜能。

角色扮演采用高仿真的实际工作情境，给应聘者提供展示从事未来工作状态的机会，有利于测评者发现应聘者的素质潜能。

（5）可调动应聘者的积极性。

角色扮演是一项参与性的活动，有利于应聘者施展自己的才华，因此可以充分调动其积极性。

2. 角色扮演的缺点。

（1）对设计的要求较高。

如果没有精细的专业设计，测评所采用的模拟情境可能会出现简单化、表面化、虚假化和人工化等现象，直接影响测评结果的信效度。

（2）受应聘者自身特点的影响。

有些应聘者对角色表现漫不经心，或者应聘者的参与意识不强，或不能完全进入角色，这些都导致其不能充分地表现自己，造成测评者无法测出应聘者的真实情况。另外，还有些应聘者扮演角色时，是刻板的模仿行为和模式化行为，而不是自身的真实特征行为，也会影响测评结果的意义。

（3）受测评者的影响。

在角色扮演中，除应聘者外，还需要1~3名测评者来扮演与其互动的角色。因此，很难保证所有应聘者进行测试时的情境，以及与测评者间的互动交流完全一样，由此可能产生无法避免的误差。

二、角色扮演的测评指标

角色扮演比较适合的测评指标主要有以下六种：

（一）理解能力

在角色扮演中，应聘者的理解能力不光表现为在测评过程之中对指导语的简单理解，更为重要的是对于自己所扮演的角色的深刻理解，或者说是对其将来可能担任的工作职位的理解程度。

（二）模仿能力

模仿能力，即应聘者在对角色充分了解的基础之上，用符合角色身份的方式对问题进行合适处理的能力。角色扮演本质上是一种模仿，应聘者模仿得越形神兼备，则说明其对角色的理解越深刻。

（三）应变能力

在角色扮演中，测评者常常可以设置一些突发情况，使角色之间具有矛盾和利益冲突。这些意外的情境是在应聘者将来走上工作岗位后可能遇见的，妥善地解决突发情况是应聘者思维敏捷性的表现。

（四）口头表达能力

在角色扮演中，测评者可以从四个方面考查应聘者的口头表达能力：第一，能否将自己的思想、观点、意见和建议流畅地用语言表达出来；第二，表达的内容是否逻辑严密，条理清晰；第三，语言是否准确、生动简练，有深度，富有幽默感；第四，是否敢于坚持自己的意见，能鼓动、说服他人等。

（五）说服能力

一个具有良好沟通说服能力的人善于与别人交流，自然感情丰富，能够充分表露自己的内心感情和想法意见，对方乐意接受。在角色扮演中对说服能力的评价可从以下三方面进行评价：第一，说服过程是否注意到了技巧的运用；第二，是否有足够的理由和严密的逻辑；第三，说服的效果如何，能否让别人心甘情愿地接受他的观点并加以执行等。

（六）情绪控制能力

情绪控制能力是指一个人能够有效控制自己情绪和言行举止的能力，良好的情绪控制能力是一个人具有成熟个性的表现之一。在角色扮演中，测评者可通过有意设置一些让人感到恼怒的矛盾情境，来考查应聘者的情绪控制能力。情绪控制能力差的人，往往会在这种情境下有失常态。

另外，除了侧重于测评以上的一些能力之外，角色扮演还可以根据需要设计测量其他的能力，如逻辑思维能力、冲突管理能力、判断力等等。

三、角色扮演题本的类型

（一）按照测评人数分类

- 单独测评，是指由应聘者独自完成角色扮演，或者由测评者配合角色扮演并进行评分。

- 多人测评，是指多个应聘者分别扮演不同的角色，完成不同的分配任务，测评者在观察应聘者扮演的过程中进行评分。

（二）按照角色的指定程度分类

- 一种是对应聘者扮演的角色进行详细的指定和说明，应聘者只需要按照指导语进行角色扮演就可以了。

● 另外一种是对应聘者扮演的角色没有明确的说明，只是在指导语中交代需要完成的任务。

（三）按照任务类型分类

● 问题解决型，是指测评者通过让应聘者完成一个任务或解决某个问题，对其能力素质进行测评。

● 技能考查型，是指测评者根据应聘者扮演角色时表现出来的一些技能进行测评。

● 案例分析型，测评者给出一个案例，要求应聘者从所扮演角色的角度对案例进行分析和处理，提出解决方案，测评者在此过程中对应聘者进行评价。

四、角色扮演的实施程序

（一）准备阶段

测试开始之前的准备工作有两项，由测评者宣读指导语，并回答应聘者的疑问。应聘者熟悉测试的背景信息、扮演的角色、需要完成的任务等。

（二）施测过程

应聘者以规定的角色开始表演，此项活动需要给予应聘者足够的活动空间。在角色扮演的过程中，应聘者往往充当积极主动的角色。整个活动过程中的话题和气氛均由应聘者来控制。在测试过程中，测评者发挥的是配合作用，这种配合作用的目的是让应聘者完全展现自己、让测评者观察到应聘者的真实语言和行为。施测时间通常在 15 ~ 30 分钟。

（三）结果评估

角色扮演测评的结果评估，是一个收集信息、汇总信息、分析信息，最后确定应聘者各项基本心理素质和潜在能力的过程。

1. 观察行为。

在整个角色扮演过程中，每一个测评者都需要按照测评维度标准，观察并记录应聘者的语言和行为表现，包括其肢体动作、表情变化等。

2. 归纳行为。

测评者在记录观察结果的同时，要及时整理观察到的行为结果，将其归纳到设计好的要素评分表之中，如果有些行为和要素没有关系，就应该剔除。

3. 为行为评分。

测评者根据行为记录，对照维度的定义及行为指标进行评分。

表 12－7 角色扮演评分标准

要素	1分	2分	3分	4分	5分
逻辑推理能力	思考混乱，没有理由，结构很混乱，人们无法接受	思考缺乏条理，根据不充分，结构有些混乱，他人不太容易接受	逻辑性一般，有根据理由但不充分，结构一般，有疏漏	逻辑性强，有一定根据，结构较严谨，人们可以接受	逻辑性很强，推理令人信服，结构严谨，无懈可击

4. 讨论结果及形成一致性意见。

各测评者分别给出应聘者的维度得分后，集中进行讨论。通过初步讨论，测评者根据应聘者的行为，以及评分的客观标准，形成一致性的测评意见。

【例 12－17】角色扮演

你所扮演的角色是某家装修公司的经理。

你正在忙于准备一些重要的文件，以备与 15 分钟后到达的投资者会谈之用。但就在这个时候，一个愤怒的男子（由测评者安排工作人员扮演）冲进了你的办公室，他大声叫嚷着："你就是这里的负责人吗？前一段时间我刚买的新房子，请来你们公司帮我装修。现在卫生间漏水，地板也开始变形，更可气的是昨天吊灯忽然掉了下来，差点砸中我的儿子……"他在抱怨，并且提出巨额的赔偿。该男子咄咄逼人，不断对你的回应提出质疑。你知道这一个情境绝对不能让投资者看到，你需要在 15 分钟以内解决这个问题。

角色扮演的测评指标体系

测评项目	权重	维度标准
应变能力	30%	面临突发状况，能迅速、镇静地作出反应； 思维敏锐，能及时、快速、灵活地处理各种问题； 在作出反应时能冷静地审时度势，周详地考虑问题。
综合分析能力	20%	分析问题能从宏观角度综合考虑； 能从事物间的联系中找出解决问题的最佳方案； 能抓住问题的本质或主要方面，并进行系统的分析。
创造性思维能力	20%	善于从多个角度思考问题，寻找多种途径解决问题； 能提出新颖、独到的观点。
语言表达能力	20%	声量适当，口齿清晰，表达流畅； 发言内容思路清晰，层次分明，逻辑性强，有针对性； 语言富有感染力。
仪表举止	10%	文化素养、气质风度、自信、大方得体。

第八节 管理游戏

一、管理游戏概述

管理游戏是一种以完成某项或某些“实际工作任务”为基础的标准化模拟活动，通过观察活动，测评应聘者的实际管理能力。因为活动大多数要求应聘者通过游戏的形式进行，并且主要侧重于对应聘者的管理潜能进行考查，因此称为管理游戏。

管理游戏中最常用的有两种，即小溪练习和建筑练习。

小溪练习是一个团队游戏，由若干个应聘者组成小组进行。在模拟的情景下，测评者提供的工具包括一个滑轮及铁棒、木板和绳索，要求应聘者把一根粗大的圆木和一块较大的岩石运到小溪的另一边。这样的任务单靠个人的力量是无法完成的，而必须通过小组成员的协作努力才能完成。通过这项练习，测评者可以在游戏的过程中，观察应聘者的领导特征、组织协调能力、合作精神、人际关系能力等。

建筑练习，这是一项个人练习，参与人员包括一名应聘者和两个测评工作人员。这项练习要求应聘者使用木材建造一个木头结构的建筑。在练习中，有两个“农场工人”（由测评工作人员扮演）A 和 B，这两个工人将“帮助”应聘者一起进行建造任务。按照预定的目的和行为，A 表现出被动和懒惰的特征，如果没有明确的命令，他就什么事也不干。B 则表现出好斗和鲁莽的特征，采用不现实和不正确的建造方法。A 和 B 以各种方式干扰、批评应聘者的想法和建造方案。该练习的目的是考查应聘者的领导能力以及情绪稳定性等。

二、管理游戏的特点

（一）优点

- 能突破工作情境时间与空间的限制；
- 模拟内容具有真实感和趣味性；
- 能够发掘应聘者的领导能力、组织协调能力、解决问题能力以及了解其情绪稳定性。

（二）缺点

- 不便于观察；
- 设计和实施的成本较高。

三、管理游戏的适用范围

在管理游戏测评中，应聘者置身于一个模拟的工作情境中，面临一些管理中常常遇到的现实问题。管理游戏涉及的管理活动范围非常广泛，可以是市场营销管理、财务管理，也可以是人事管理、生产管理等。

【关键术语】

评价中心　情境模拟测评　无领导小组讨论　公文筐测验　案例分析　演讲

角色扮演　情景判断技术　管理游戏

【思考题】

1. 情景模拟测评的概念及特点是什么?
2. 情境模拟测评的主要方法有哪些?
3. 请简述无领导小组讨论的题目类型及实施步骤。
4. 请简述公文筐测验题本的编制过程。
5. 请简述案例分析的题目类型。
6. 请简述情景判断测验的题目设计过程。

第十三章　测评报告分析

【学习目标】

学习完本章之后，你应该能够：

1. 了解什么是测评报告；
2. 熟悉测评报告的种类及撰写原则；
3. 了解测评报告的基本组成；
4. 了解测评报告的应用。

【案例】

大学生求职带人才测评报告

记者在人才市场采访发现，一些大学毕业生在应聘职位时，除了简历和各种荣誉证书外，还不忘附带一张测评公司所做的人才测评报告，它将其所具有的特长、性格以及所适合从事的职业等都作了一番详细的分析建议。大多数用人单位对人才测评报告也表示认可，他们指出，以往学生的简历大多千篇一律，给他们的招聘工作带来了很大的难度，而现在有了个性化的测评报告后，他们对应聘者的认识也更清晰了。飞利浦消费电子（中国）人力资源总监张庆中说，公司对主要的岗位一直采用人才测评选拔人才，使用效果还是非常好的，以此招聘来的人才基本能够胜任单位的工作。

但上海人才公司的测评专家李健提醒求职者，人才测评在国内的应用刚刚起步，加之一些商家的短期行为，在市面上流行的粗制滥造的工具不少，使很多人感到困惑。建议大家在购买人才测评工具的时候选择那些比较成熟、通行的工具，在选择新上市的工具时最好要进行试用。

资料来源：《新闻晨报》

【你会怎么做】

如果应聘者向你递交他的测评报告，你觉得有助于对其工作能力的了解吗？

人员测评是一个搜集信息、处理信息、输出信息和反馈信息的过程。人员测评报告作为测评信息的输出和反馈，是人员测评过程中一个重要的环节。一份良好的人才测评报告，应该以规范、统一的报告形式向组织管理者或用人部门等相关人员呈现测评的结果。

根据不同的分类标准，测评报告可划分为多个种类。按照测评对象的不同，可分为用于职业指导的测评报告和用于组织招聘及选拔的测评报告；按照测评内容的不同，可分为心理素质测评报告和情境模拟测评报告；按照测评项目数量的不同，可分为单项报告和综合报告；按照报告对象的不同，可分为针对应聘者本人的测评报告和针对用人单位的测评报告。

不同的测评目的对报告的撰写要求不同，不同的测评项目，其报告形式也不尽相同。测评报告的基本结构都应包括，测评对象的基本信息、测评内容简介、测评结果、综合测评意见、复核意见以及撰写人和复核人的署名。一份全面、详细、易懂的测评报告，是人员测评的点睛之作。

本章将介绍测评报告的撰写原则，以及测评报告的基本构成和具体内容，并通过实例来加深对测评报告的认识和理解。

第一节 测评报告的概述

一、测评报告的含义

对应聘者进行了一系列人才测评之后，组织的关注重点就是测评的结果。对于组织而言，测评的结果可以作为评价应聘者的有力参照，是录用还是辞退，是晋升还是降职；对于应聘者而言，测评的结果可以帮助其更全面、更客观地了解自己的能力倾向、人格特征、职业兴趣所在等。测评报告就是把人员测评过程中所包含的各项目的得分进行汇总和分析，将测评分数所揭示的内容转化成文字，并给出综合评价和建议。

二、测评报告的特点

一份良好的人才测评报告要体现结构性、逻辑性、详尽性、客观性四大特点。

（一）结构性

一份良好的人才测评报告首先需要有规范严谨的结构，这个结构往往通过一定的格式来体现。一般而言，完整的人才测评报告包括应聘者的背景资料、测评项目简介、测评时间、测评结果分析、综合测评意见和复核意见等。

（二）逻辑性

任何一个人才测评报告都有其内在的逻辑性。人才测评不是多个测评方法的简单堆砌，而是根据测评目的来进行评估的一种技术，它的逻辑性通过测评指标的可操作性和测评工具和结果的有效性来体现。

例如，某个企业要招聘管理人员，根据胜任特征模型，认为管理人员的素质应该包括生理素质、知识素质、心理素质三个方面的测评指标，其中心理素质的测评可以包括智能测评、管理能力测评、创造力测评、职业兴趣测评、人格品质测评、自我实现需要和成就动机测评；测评中可分别采用韦克斯勒智力量表、公文筐测试和无领导小组讨论、吉尔福特创造力测验量表、霍兰职业偏好量表、16PF 人格因素测验和职业适应性量表测试。

（三）详尽性

这主要是指在人才测评的结果和分析部分的描述应该详细，以便在使用时找到与评语相应的事实依据。下面是一份管理人员人格测验的结果报告。

【例 13 -1】管理人员人格测验

各人格维度的标准分及所属区域

人格维度	标准分	高分区域	低分区域
正性情绪	85.50		
负性情绪	13.00		
广纳性	88.20		
乐群性	76.10		
责任心	96.10		
内控性	55.60		
自控性	80.40		
自信心	89.30		
A 型人格	59.40		
成就动机	36.50		
权力动机	98.10		
面子倾向	30.00		
注：没有标注高分或低分区域的属于中等得分。			

该应聘者的正性情绪明显，对生活乐观，对竞争和压力有一定的心理适应性，能保持平和、稳定的心态；自信心较强，相信自己的能力；自控性较强，能较好地处理自己在他人面前的印象；有较高的成就动机，希望能作出卓越成就，对职业的专注程度较高，积极进取，不断提高对自我的要求；有很强的责任心，办事认真、审慎，对有组织性和原则性的事务管理能力较强，善于处理琐碎繁杂的事务或关系，能够做到有条不紊地、细致地安排，适合从事需要耐心和审慎的工作；广纳性较强，有较强的开创精神，容易接受新事物，可以从事需要发挥个人自主性的工作，比如研究工作、设计策划、编辑等。

例 13 -1 中，我们可以发现，测评结果既有包含文字资料的评语，又有包含数字资料的表格，全面而翔实地反映出应聘者与管理绩效有关的 12 个人格特征，描绘应聘者在行为风格、思维和处事方式方面的特点，预测其组织管理的潜力，并对其适合的发展方向提出了建议。这些描绘和建议以图表内的数字信息为事实依据，表现出详尽性的特点。

（四）客观性

在人才测评的实施过程中始终贯彻其中的思想就是客观性。测评中采用的测量工具、测评的程序、测评的方式、测评结果的呈现、测评结果的分析等方面都提出了客观性的要求，其目的是为了使最终的测评报告客观、科学。

三、测评报告的种类

（一）按照测评对象分类

1. 用于职业指导的测评报告。

这类测评报告着重解决应聘者适合从事哪些职位的问题。有些应聘者对自己的职业能力、职业兴趣、个性品质等并不是非常了解，这就需要通过各种人员测评的方法帮助应聘者了解自己的能力、兴趣等情况，并据此提供职业选择、规划方面的意见。

2. 用于组织招聘及选拔的测评报告。

用人单位根据人员测评的结果进行招聘或内部选拔时，测评报告要给出相关的招聘及选拔建议，语言文字应尽可能简单易懂，以便于相关人员的正确理解。值得注意的是，无论何种测评报告，测评者都应该妥善保存，不能让与测评活动无关的人随意翻阅，这是对应聘者隐私的尊重。

（二）按照测评内容分类

1. 心理素质测评报告。

职业能力测评、人格测评、职业兴趣测评、气质测评等都属于心理素质测评报告的一部分，应严格按照测评指导手册上要求的计分和解释的方法进行，不得随意改动。

2. 情境模拟测评报告。

情境模拟测评技术包括无领导小组讨论、角色扮演、公文筐测验等，这类测评报告的撰写应给出每一个测评项目的得分与解释，再给出综合的评价。关于这类测评，综合评价是非常重要的，如果几项测评同时进行，可分别给出这几项测评结果的各自的综合报告，以求分析更全面。

（三）按照测评的项目分类

1. 单项报告。

单项报告是针对应聘者参与的一项测评活动所作出的分析说明，如五大人格测评报告、职业倾向性测评报告等。

2. 综合报告。

根据对应聘者参与的所有测评活动的得分进行综合分析后，按照事先设计好的测评项目或维度汇总，并附上陈述性的文字和图表加以表述。综合报告不仅可以体现应聘者在各个测评项目中的表现，而且能表现出应聘者的各项能力素质，有利于测评报告更客观、全面。

（四）按照测评结果的报告对象分类

1. 针对应聘者本人的测评报告。

这类测评报告的措辞应得当，下结论要慎重，不能轻易作出否定的判断。

2. 针对用人单位的测评报告。

这类测评报告在决定应聘者是否被录用时具有举足轻重的影响，因此，测评报告的结果应该给组织的管理者和相关人员解释清楚，同时要强调人员测评的局限性，应当客观、公正地对待人员测评的结果。

四、测评报告的意义与作用

各项测评工作结束之后，测评的结果也就形成了。如果每一项测评结果仅以数字的形式呈现，就会导致阅读上的困难，缺乏直观的文字和图表说明，难以让相关人员了解测评的结果。因此，测评报告将各项测评结果按照一定的方式进行整合，并作出相应的解释尤为重要。测评报告的撰写是人员测评的最后一个环节，也是非常重要的一个环节。

测评报告有以下几点作用：

1. 诊断反馈。

通过完整翔实的测评报告，让组织管理者及相关人员了解应聘者的优势在哪里，不足在哪里。

2. 预测。

根据测评结果对应聘者相关的能力或个性特征作出科学的预测，并提供未来职业发展方面的建议。

3. 有助于资源配置的科学化。

通过科学的测评报告，实现人与职的科学合理匹配。

4. 有助于人力资源开发。

通过科学的测评报告，不但能发现优秀人才和短缺人才，而且还能明确每个应聘者的长处和短处，从而在职位安排时做到扬长避短，发挥所长。

5. 有助于人力资源的优化管理。

通过人员测评报告，能够及时提供人—职配置的现状及其科学化程度的信息，有助于规划人力资源管理工作的近期与远期目标。

第二节　测评报告的撰写

一、测评报告的撰写原则

（一）根据心理测量的特点进行分析

一般而言，人员测评是对应聘者心理现象的测量，包括其能力、兴趣、性格、气质及价值观等。在个体事业发展的过程中，心理素质对于成功起关键性作用。因此，对人员测评的分析要依据以下心理测量的特点：

1. 间接性。

所谓间接性，也就是指人员测评是一种间接的测评，我们只能从测评结果中推论出应聘者的素质。

2. 相对性。

我们在判断应聘者的能力、特质时，并没有绝对的、永恒的标准，即只有把他的行为和别人的行为按照一定的规则作过比较之后才能作出判断。

3．稳定性。

由于测量误差的影响，应聘者的测评分数会在一个范围内波动，我们应该把测评分数看作一个范围内的分数段，而不是一个确定的分数点。因此，应聘者的水平和特点不是固定不变的，而是在一个稳定的范围内变化的。

（二）避免测评结果绝对化

人的能力、心理特质等都是在一定范围内动态变化、发展的，我们不能只根据一次人员测评的结果就下定论。特别是在职业指导的过程中，如果应聘者的测评分值处于临界水平，应当使用其他相关的测评方法再进行施测，然后综合几次测评的结果，谨慎地作出判断。

（三）参照多种资料对测评结果进行综合分析

在撰写测评报告时，不能仅仅根据测评的得分来分析应聘者的情况。在对人员测评的结果进行分析时，除了测评结果的分数以外，还应参照应聘者的基本资料来作出判断，比如年龄、性别、文化程度、专业背景等。因为，这些基本情况可以帮助测评者了解测评结果所蕴含的原因和背景等方面的信息；同时，对于预测应聘者今后的发展也有一定的帮助。

就目前来看，很多职业都谈化了对应聘者的专业要求，他们看中的主要是应聘者的学习能力，而文化程度与学习能力密切相关，通过对文化程度的了解，再结合人员测评的结果，就可以提高对应聘者综合分析的准确度了。

（四）测评者本人应对人员测评有正确的认识

测评者必须明白，任何的人员测评都不是万能的，更不可能百分之百地提供准确无误的信息。不能绝对地认为测验分数对于应聘者的能力、人格或其他方面提供了非常完善的标准。也就是说，不能仅仅根据测验分数来对应聘者的能力妄下结论，应参照其他判断依据一并考核，然后再作出决定。

例如：在应用情境模拟测评技术时，可以对应聘者进行无领导小组讨论和公文筐两项测评，设置大致相同的测评维度，然后根据两项测评的结果进行综合考虑、分析，从而提高人员测评结果的信度和效度。

二、测评报告的基本结构

（一）测评的基本信息

1．应聘者的基本信息

（1）姓名或代号。

人员测评不同于普通的问卷调查或是团体的心理测量，它需要了解的是每个个体的情况，必须落实到具体某个人身上，否则，人员测评也就失去了它的意义。有必要指出的是，从施测到统计结果，直至最后撰写测评报告，这一过程中可能有多名测评者或其他工作人员参与；本着尊重应聘者隐私的原则，可以在测评报告上用相应的代号来代管应聘者的姓名，只由极个别的人掌握姓名与代号的对应方式，从而最大限度地保护应聘者的隐私不受侵犯。在组织的内部招聘过程中，尤其应当注意这一点，以免造成人际冲突。

(2) 年龄与性别。

在每一份测评报告上，应聘者的年龄和性别都是必不可少的。如果人员测评的内容是心理量表，那么在测评项目、测评维度的解释过程中需要参照常模，而心理量表的常模都是根据年龄段和性别来制定的；如果人员测评是用情境模拟测评技术进行的，同样有必要写上应聘者的年龄与性别，因为就同一测评结果，对于不同年龄段和不同性别的应聘者的评价也会有所不同。

(3) 其他个人信息。

应聘者的教育程度、婚姻状况、应聘部门、应聘职位等。

2. 测评项目。

测评项目，也就是测评的具体名称，如，无领导小组讨论等。这样做是为了便于分类整理与查询。在测评报告中可简单地介绍一下测评项目的历史、出处、适用的人群以及其结果可能揭示的信息等内容。对应聘者而言，能帮助其了解参与测评活动的原因；对于职业指导者而言，能帮助他们回顾该测评项目的适用范围；对于用人单位而言，能帮助他们了解该测评项目的作用，即该测评项目能否用来有效地筛选求职者。

3. 测评时间。

需要记录本次测评的具体日期以及持续时间。记录具体日期，一是为了方便以后的归档，二是对于那些可重复进行的测评而言，有必要控制两次测评之间的间隔时间，由此可以最大限度地避免应聘者可能产生的练习效应。

(二) 应聘者的测评结果

1. 各个测评维度上的得分。

作为一份完整的测评报告，列出各个测评维度上的得分是非常必要的，这样可以便于查阅原始的测评结果。如果原始分数附有图表，也应一并列出。

2. 关于各个测评维度及其得分的文字说明。

记录了各个维度上的得分后，接下来就需要对各个维度进行文字描述。因为，任何一个测评都是依据一定的科学理论为基础的，各个测评维度都因测评目的和方法的不同而赋予不同的意义；所以，有必要对每一个测评维度进行详细的定义。

如，MMPI 量表中的 O 量表（社会内向性），它的高分特征则表现为显著的社会内向性，在社交场合表现得非常不安、不镇静、害羞、胆怯、拘谨，缺乏自信，不善交际，不直接表露自己的感情；在对人关系上是顺从的，听信别人，服从权威；但他们具有工作认真的特点，可信赖，靠得住，往往以工作为乐趣，对个人工作上的业绩感到喜悦，由于慎重、刻板，故缺乏独创性。

除了测评维度的文字说明外，还应根据应聘者的具体得分给出相应的说明，如应聘者的反应处于何种水平，是中等还是偏高。这样有助于非专业人士了解测评结果，提高测评报告使用的广泛性。

3. 对各个测评维度上的得分进行解释。

根据应聘者各测评维度上的得分，给出相应的文字说明。对测评结果的解释，是根据一定的标准进行比较的过程。

(三) 综合测评意见

了解应聘者在各个维度上的测评结果之后，需要对应聘者的测评情况作一个综合的分析。在撰写综合测评时要综合考虑测评的目的和应聘者在各个测评项目或测评维度上的得分情况，以此评价应聘者的优点、缺点和适合的发展方向，并形成一个综合的测评意见，在确定最终任职者人选时用作参考。

例如，某个公司要招聘销售部经理，测评报告要对应聘者的情况进行详细的分析，明确指出该应聘者是否适合这个职位，有哪些优点适合，有哪些缺点不适合，是否技能不适合，是否需要进行培训等。撰写综合测评分析前，必须通读所有测评数据结果，进行分析和综合，对测评模型和应聘者的特征有总体认识，针对测评目的和应聘者的测评结果作概括性的总体描述和评价。对应聘者在各项测评指标上表现出来的优点、缺点作精练简要的说明。

（四）复核意见

测评报告需要经过人才测评专家的复核，复核的目的主要是保证测评报告的权威性，保证测评结果的公正、科学、客观、有效，确认整个报告体现出结构性、逻辑性、翔实性、客观性的特点。复核的要点是：

- 总体评价是否全面；
- 报告内容是否有遗漏；
- 报告格式是否正确；
- 测评结果是否真实有效；
- 测评结果有无前后矛盾之处；
- 解释是否合理适度；
- 评价是否依据所有事实。

（五）责任人信息

最后，在测评报告的结尾注明报告撰写人和复核人的姓名和日期，以便在发现报告中有不明白的地方时，可以进行咨询和确认。

三、测评报告的解释方法

（一）参照常模的解释方法

常模，是指某一群体测验结果的平均水平。参照常模解释，就是将应聘者的测评结果与常模进行比较，了解其能力的高低。在使用该方法时应特别注意选择合适的常模，否则，会影响对测评结果的解释。

选择常模时应注意的问题有以下几点：

1. 明确常模群体的构成。

常模群体的构成可以有不同的标准，如年龄、性别、民族、文化程度、职业、地域等，应根据不同的测评目的选择不同的常模。确定参照常模的目的，是将应聘者的个人特征准确地显示出来。

2. 注意常模群体的代表性。

常模必须是所要测量的群体的代表性取样，而且形成常模标准的这个群体的人数一般不能少于500人，这样的常模才能够反映这个群体的平均状况。

3．定期修订常模。

随着社会的发展和环境的变化，人们的心理特征、兴趣爱好等会发生改变，职位对应聘者的能力要求也会随之而变。例如，过去对于秘书职位的要求主要是文字记录和文稿撰写，但是现在，一个优秀的秘书还必须具有一定程度的计算机水平。所以，常模要根据时代的发展适时进行修订，这样才能更准确地反映应聘者的真实水平，选拔合适的任职者。

（二）参照标准的解释方法

在参照标准的解释方法中，应聘者的测评结果不是与其他人的结果进行比较，而是与某种特定的标准进行对比。常用的参照标准包括以下两种：

1．熟练或掌握程度。

这类标准一般用于能力测验和操作技能的测验中，通过考查应聘者能力或技能的熟练或掌握程度，了解其能力是否与职位相匹配。

2．某个职位的具体要求。

根据应聘者的测评结果，判断其是否符合某个职位的要求或具有职位要求的潜能，从而作出测评的综合意见。

四、测评报告解释的注意事项

在测评完成之后，需要将测评报告提供给组织管理者或相关人员。由于每个人的知识背景各不相同，在与他们解释测评结果时要注意以下几点问题：

（一）使用简洁易懂的语言

人员测评是一项专业性非常强的工作，它须综合利用管理学、测量学、心理学、计算机技术等多种学科和技术，在测评报告中会涉及许多专业词汇，如标准分数、常模等。另外，测评中所使用的测评维度的含义与人们日常生活中的理解也可能有所不同。由于测评报告的使用者大多不是测评方面的专业人士，因此在向他们解释和报告测评结果时，一定要注意深入浅出，将专业化的词汇转化为通俗易懂的语言作解释。

（二）明确测评的适用范围和局限性

测评结束后，有必要让相关人员了解本次人员测评的基本方法和内容。例如，要让其知道职业兴趣量表测量的是对几种不同类型的职业的倾向程度如何，也就是更喜欢从事哪种类型的职业。另外，要让其明白测评结果并不是万能的，测评方法是有针对性地测量某些能力，并不能涵盖一切，而且要解释清楚测评结果的准确性并不是百分之百的，它只是一个相对来说较科学、客观、全面的估计。

（三）解释清楚如何运用测评报告

人员测评的目的或是人员的招聘及选拔，或是职业指导等。对于测评目的是人员的招聘及选拔的，需要向相关人员清楚地解释应聘者的测评结果，并给出较详细的人—职合理匹配建议；还需向应聘者承诺保护其隐私，绝不对外公开本次测评结果。对于测评目的是职业指导的，有必要让测评对象知道测评结果与职业的关系，其中包括：测评对象的特征与职业所要求的特征是如何匹配的；测评对象某种能力高低与所从事的职业有什么样的关系；测评对象对于某种职业来说主要优势体现在哪些方面，弱点体现在哪些方面；对应聘者的不足之处能否由其他方面弥补等等。

【例 13-2】人才测评报告

编号：100307812　　姓名：袁佳俊

性别：男　　年龄：32

教育程度：硕士　　应聘部门：财务部

应聘职位：财务部副经理　　测评时间：2009 年 12 月 4 日

测评项目：公文筐测评、无领导小组讨论、DISC 个性测评、管理人员人格测评

1. 公文筐测评。

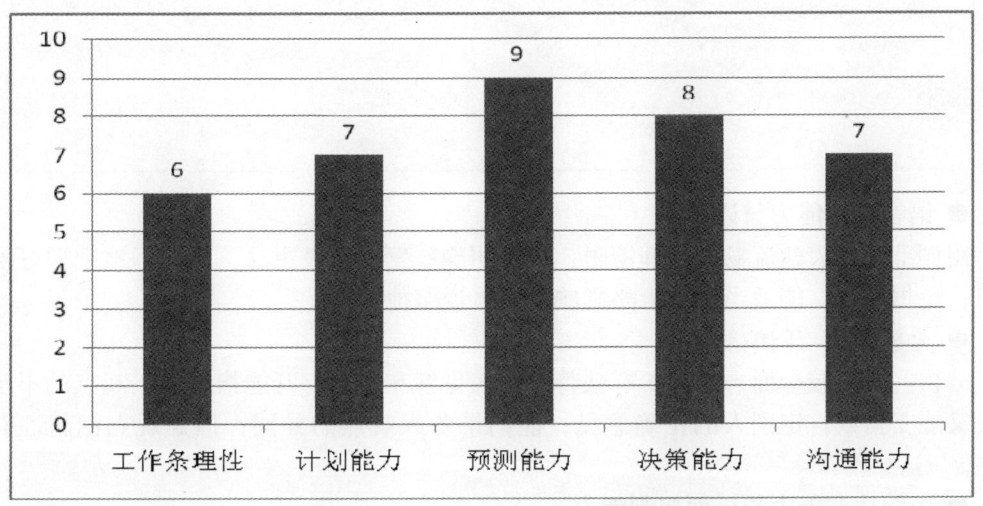

● 工作条理性

基本能根据事物的性质进行准确的分类，根据轻重缓急安排工作。但对繁杂的工作头绪不清，工作的条理性有待提高。

● 计划能力

对工作的处理得当，分析能力较强，能提出有效的处理意见，主要表现在能根据事务的轻重缓急对工作的细节、策略、方法作出较为合理的规划。

● 预测能力

较有远见，能从不同材料中获取信息，通常能看到环境中各种相关因素的影响，并在足够的深度上获取解决问题的事实，预测的逻辑性较好，并能提出有针对性的实施方案。

● 决策能力

决策能力较强，能发现解决问题的多种方法；对各种行动的结果有清醒的认识，并能进行有效的评估。

● 沟通能力

书面表达方面，语言较流畅，谈起问题来很有针对性，能提出有力的论据，结构性较强，表现出较为熟悉业务的各个领域，并能通盘考虑。

2. 无领导小组讨论。

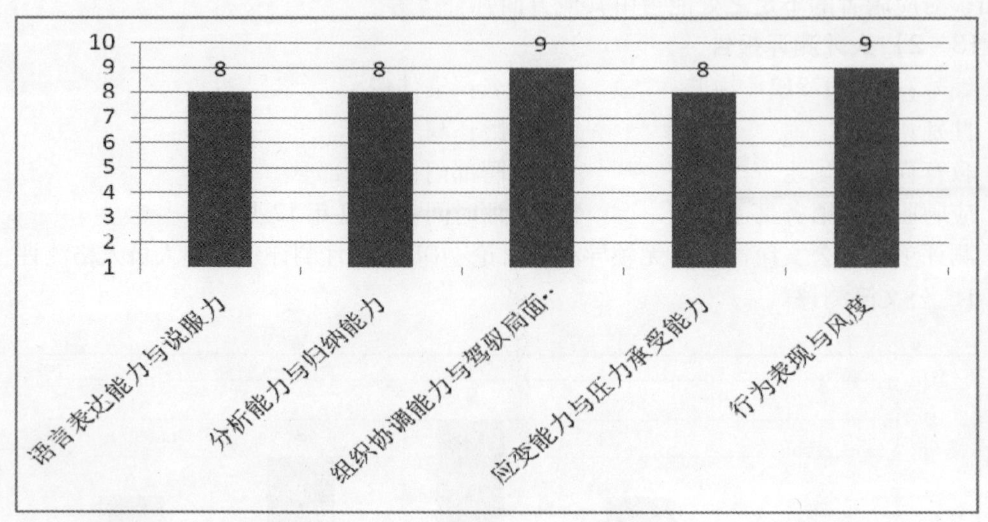

● 语言表达能力与说服力

用词准确，表达流畅；条理清晰，观点明确；发言积极主动，能较好地把握好发言时机；论据充分，能适当运用策略影响他人，说服他人。

● 分析能力与归纳能力

分析问题比较全面、透彻；有独特的个人见解和主张；既能指出别人观点的不足之处，又能支持或肯定别人的正确意见；能归纳各人观点的异同；但是观点创新性有待提高。

● 组织协调能力与局面控制能力

尊重小组组员，能认真倾听他人的发言；能从宏观角度正确地把握议题，能有效组织小组讨论，并控制和推动讨论的进程；较有效地协调小组内的分歧，能促进小组一致意见的形成。

● 行为表现与风度

举止大方、得体，谈吐自信、自然，待人友善、尊重他人。

3. DISC 个性测评人性类型：影响型。

● 优势：影响他人接受自己的思考方式，并使他人以该方式思考问题，具有以非常开放的方式交流的能力、平息冲突的能力、提出并发扬新思想和新产品的能力。

● 需要注意的事项：作决策时不能过分依赖当时的情绪；必要时，要勇敢地面对困难和危险；要有实际的期限，并尝试使用良好的时间管理方法。

● 个人倾向：

目标：维持友谊

通过什么标准判断他人：有影响力，所承担的义务、约定

通过什么影响他人：自尊自信的精神和领袖的超凡魅力

对团队的贡献：平稳的、依赖的，有很广范围的友谊

经常并过度使用：热情

处于应激状态时：过多的言语

心理压力：害怕失败

4．管理人员人格测评。

该应聘者有很强的责任心，工作认真仔细，较有原则性和组织性；有很强的自信心，对自己的能力有充分的把握；善于控制自己在他人面前的行为，从而给他人留下良好印象；权力动机倾向明显，希望自己能够影响、管理他人。

综合评价：

能力素质良好，有很好的个性品质。综合素质好，很有发展潜力。工作上有较好的预测能力和决策能力，并能有效地计划和安排工作，有较好的人际交往能力；为人稳重、严谨，有责任心，有高标准的取向；从小组讨论结果来看，具有良好的团队意识，有一定领导技能。

复核意见：

应聘者有良好的计划、协调能力，自我概念清晰，积极向上，团队意识强，能够实现较好的管理效能。需要积累管理经验，提高决策能力，培养作决断的魄力。

报告撰写人：陈永辉　　　　报告复核人：方勇

日期：2009 年 12 月 10 日　　　　日期：2009 年 12 月 14 日

【思考题】

1．人员测评报告的基本结构包括哪些内容?

2．撰写人员测评报告有什么注意事项?

第十四章　人员录用

【学习目标】

学习完本章后，你应该能够：

1. 了解录用的流程；
2. 熟知入职培训及试用期考核的安排；
3. 掌握招聘评估的方法。

【案例】

露秋公司的困扰

普顿斯化学有限公司是一家跨国公司，以研制、生产、销售药品、农药等为主营业务。露秋公司是普顿斯化学有限公司在中国的子公司，主要生产、销售医疗药品。随着生产业务的扩大，为了对生产部门的人力资源进行更为有效的管理、开发，他们希望在生产部建立一个处理人事事务的职位，主要工作是生产部与人力资源部的协调，经几次筛选后，最终留下两位应聘者，其简历及具体情况如下：

赵安：男，32 岁，企业管理硕士，8 年人事管理及生产经验，之前两份工作均有良好表现。

面谈结果：可录用。

钱力：男，32 岁，企业管理学士，7 年人事管理和生产经验，曾在两个单位工作，第一位主管评价很好，没有第二位主管的评价资料。

面谈结果：可录用。

人力资源部经理基于两者在面试中给自己留下的印象，最终决定录用钱力。然而进入公司 6 个月以后，钱力的工作表现始终达不到期望目标，经常不能按时完成指定的工作，引起管理层的抱怨，要求人力资源经理调查了解情况，提出处理方案。

【你会怎么做】

在此案例中，你发现了什么问题？实际工作中应如何避免？

人员录用是组织招聘工作中最重要的一个环节，组织通过对应聘者进行初步筛选、笔试、情境模拟测评、结构化面试等层层选拔的过程，对应聘者有了较为全面的了解，从而作出相应的决策。人员录用一般包括录用决策、入职手续、入职培训及试用期考核等过程。

作出录用决策后，组织可对应聘者发出录用通知或落选通知，安排拟录用人员接受体检，在约定时间内提交相关档案、材料等所需文件，并与应聘者签订劳动合同，办理入职手续。

招聘工作结束后，组织应该通过招聘数据的整理和分析，对人员招募工作、人员选拔工作以及招聘工作的成本和效益进行评估，寻找招聘工作改进的途径。组织可以用评估尺度表、目标管理法以及相对比较法等方法对招聘工作进行评估。

本章通过表格和案例，介绍与组织人员录用工作有关的录用决策、入职手续、入职培训、试用期考核，以及对招聘工作进行评估的方法。

第一节　录用决策

一、录用决策的主体

录用决策的主体，是指最后作出录用决定的人或机构。录用的原则是“谁用人谁决策”。一般而言，参与决定的人应包括部门主管、直接上级等与应聘者共事并负责考查其工作表现的人。

不同层次和类型的人员招聘，最终录用的决策者也不相同。基层员工或一线工人一般由其直接主管或人力资源管理部门决定；基层管理人员或专业技术人员除该职位的直接主管外，人力资源管理部门或其他相关管理人员也将同时参与决策；中高层管理人员或组织关键职位的招聘，则一般由人力资源管理部门提出录用建议，经领导层或董事会审议核准后最终决策。

在确定录用决策主体时应注意两点：一是当人力资源管理部门与直接用人部门在人选问题上存在意见分歧时，应以后者意见为重；二是限制参加决策的人数。

二、录用决策的方法

一般来说，录用决策的方法有三种：

（一）诊断法

根据决策者对职位和应聘者资格的理解，汇总分析应聘者所有资料及测评结果，凭主观印象作出决策。

（二）多重淘汰法

该方法是依次实施多种考核和测评项目，每次均采用淘汰制，应聘者必须在前一轮考核或测试中达到一定的水平才能进入下一轮考核或测试。最后，按应聘者最终面试或测评的分数排列名次，择优录用。

（三）补偿法

补偿法是指将应聘者的各种测评结果按照具体需要赋予不同的权重，再根据综合结果进行录用决策。

三、录用决策模型

如上文所强调过的，录用决策不仅要基于应聘者 KSAOs（知识、技能、能力和其他个性特征）与职位要求的匹配，还要考虑应聘者与组织目标、价值观和组织文化的匹配。

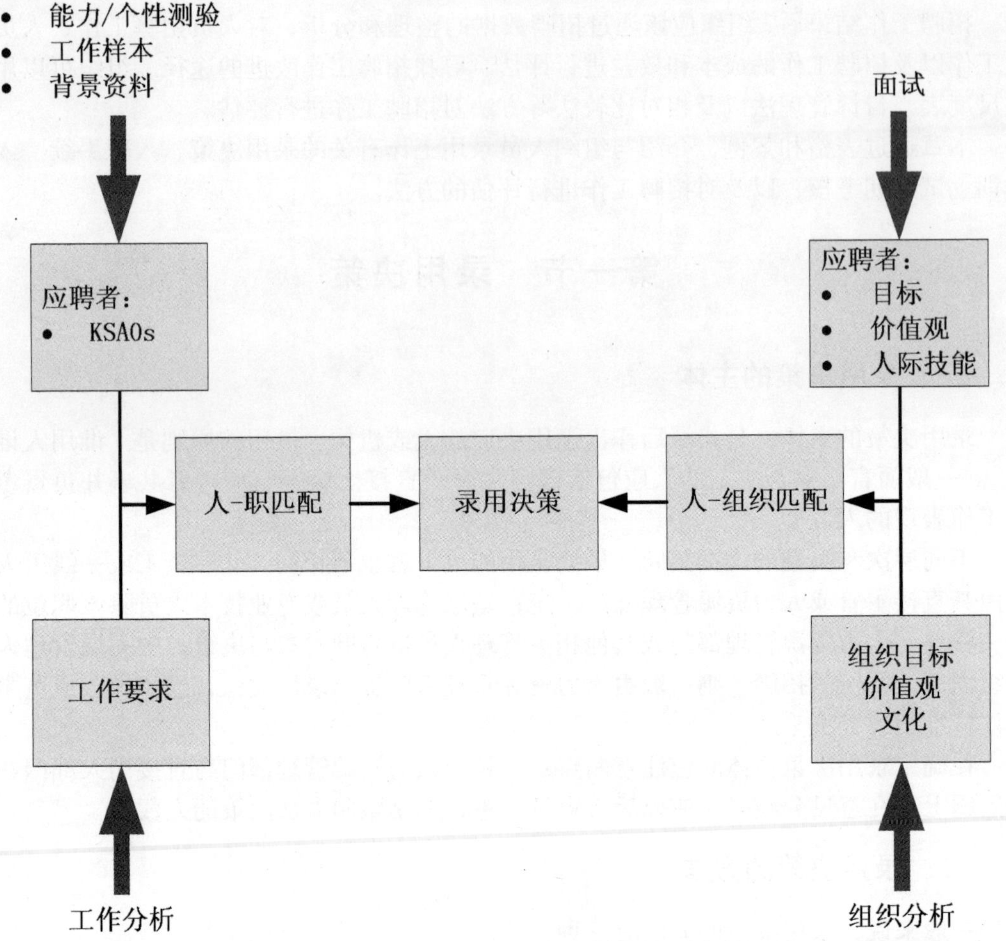

图 14－1 录用决策模型

四、薪酬谈判

薪酬谈判要在两个目标间寻求平衡：一是吸引与激励人才，其结果要体现招聘职位与人才的市场价值；二是注重内部公平，其结果还要体现该职位与人才在组织内的相对价值。

薪酬谈判时，组织须综合考虑下列因素：

- 同行业相关职位的薪酬水平；
- 应聘者本身的市场价值，包括其素质、能力、经验与过往业绩状况；
- 组织实际的支付能力；
- 组织当前的薪酬体系；
- 应聘者当前的薪酬待遇水平及其职业现状（在职或离职）。

另外，在薪酬谈判中组织要注意两方面的问题：一方面，避免过早公布组织的薪酬范围；另一方面，评估应聘者期望薪酬水平时，应对比参照其当前的薪酬水平。

五、组织考查

对于公开选拔高层管理者或关键职位，作出最终录用决策之前还须进行组织考查工作，其具体步骤如下：

（一）组织考查组，制订考查工作方案

组织考查工作开始前应组织考查组，并由考查组负责拟订考查方案，初步确定考查时间、考查程序、考查方式和方法，报经领导层审定后组织实施。

（二）沟通情况，征求意见

考查组与考查对象当前所在组织的相关部门及负责人就考查工作方案沟通情况，征求意见。

（三）发布考查预告

考查组根据考查对象的情况，按照考查方案中确定的途径和范围发布考查预告。

（四）全面考查

考查组通过个别谈话、发放征求意见表、民主测评、实地考查、查阅档案及有关资料、专项调查、与考查对象面谈等方法，广泛深入地了解情况。

（五）综合分析，交换意见

考查组综合分析考查情况，与考查对象当前所在组织的相关部门及负责人交换意见、核实情况。

（六）汇报考查情况

考查组根据考查情况及研究结果提出初步任用建议，向本组织人力资源管理部门及领导层汇报。

（七）撰写考查材料

考查组根据考查情况撰写考查材料，全面、准确、清晰地反映考查对象的实际情况。

【例 14－1】考查预告示例

××公司公开招聘考查预告

根据 2010 年××公司公开招聘笔试及面试综合测评结果，经公司董事办公会议研究，行政执行总裁考查组定于 2010 年 3 月 1 日至 15 日，对××先生进行考查。

为了扩大股东与员工对公司行政执行总裁公开招聘与任用的知情权、参与权和监督权，拓宽选人用人渠道，增加工作透明度，现予预告。欢迎广大股东与员工积极协助考查组做好工作，提供有关情况（书面或电话反映均可）。同时，请大家对考查组的工作进行监督。

考查组成员：×××等 6 人
联系电话：66666666
传　　真：88888888

××公司行政执行总裁考查组
2010 年 2 月 28 日

表 14－1　公开招聘考查民主测评表

<table>
<tr><td colspan="2">考查对象姓名</td><td colspan="3"></td><td colspan="2">现任职位</td><td></td></tr>
<tr><td colspan="2">项目</td><td colspan="2">优秀</td><td colspan="2">良好</td><td>一般</td><td>较差</td></tr>
<tr><td colspan="2">德</td><td colspan="2"></td><td colspan="2"></td><td></td><td></td></tr>
<tr><td colspan="2">能</td><td colspan="2"></td><td colspan="2"></td><td></td><td></td></tr>
<tr><td colspan="2">勤</td><td colspan="2"></td><td colspan="2"></td><td></td><td></td></tr>
<tr><td colspan="2">绩</td><td colspan="2"></td><td colspan="2"></td><td></td><td></td></tr>
<tr><td colspan="2">廉</td><td colspan="2"></td><td colspan="2"></td><td></td><td></td></tr>
<tr><td rowspan="2">综合评价</td><td>优秀</td><td>称职</td><td>基本称职</td><td>不称职</td><td rowspan="2">使用意见</td><td>同意提拔</td><td>不同意提拔</td></tr>
<tr><td></td><td></td><td></td><td></td><td></td><td></td></tr>
<tr><td colspan="8">其他需要说明的情况</td></tr>
</table>

注：请在您认为合适的空格中打“√”；若填写说明情况时不够位置，可转写背面或另附纸。

六、聘用意向书

录用决策的最后阶段，可与组织选定的应聘者签订聘用意向书，以便降低组织后续招聘工作的成本，并增加其工作效率。

在聘用意向书中须明确相关的职位、部门、主要工作职责等信息，并可与应聘者约定具体的工作时间、地点、薪酬、福利等内容。

【例 14－2】聘用意向书示例

××集团有限公司

聘用意向书

受聘人姓名：

职位：

部门：

上级主管职位：

工作地点：

生效时间：

一、主要工作内容

____

二、工作方式及时间要求：您的工作方式为________制，每年实际工作日不少于________天。

三、工作报酬：

基本待遇：您的月薪为人民币________元。

其他待遇：如您成为公司正式员工，将按劳动合同履行。

聘用期限：

四、其他事项待合同签订时再行商榷

如同意以上条款，请在本意向书上签字。

欢迎加盟××集团有限公司

××集团有限公司：　　　　　　　　　　受聘人：

时　间：　　　　　　　　　　　　　　时　间：

第二节　入职手续

一、员工入职流程

员工入职流程一般可按图 14－2 的步骤进行。

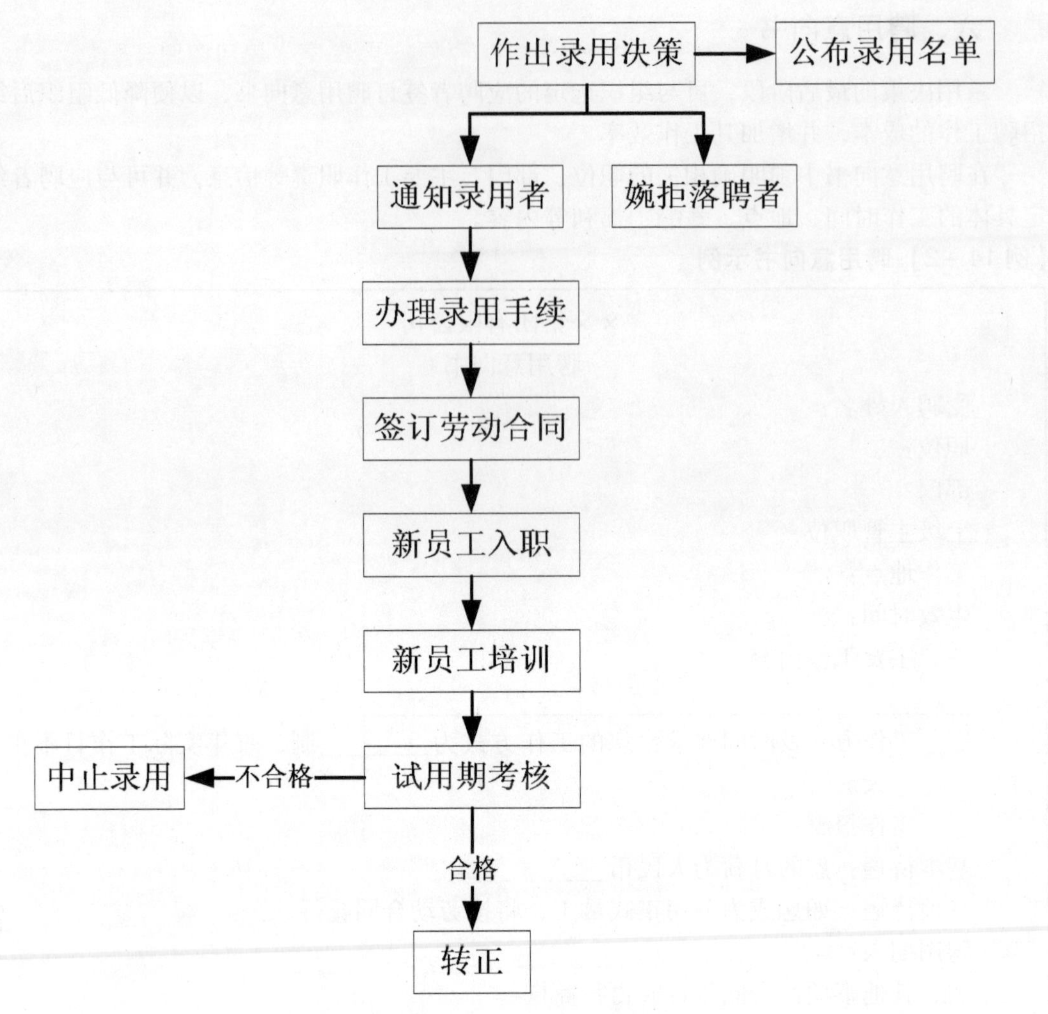

图 14－2 员工入职流程

二、录用通知

组织可将录用结果经由邮件、电话、信函等途径通知应聘者，各种不同的途径都有其优缺点。在实践中，组织可根据自身具体情况和需要进行选择。

表 14－2 不同通知途径的对比

通知方式	适用范围	优点	缺点
电话通知	非集中招聘，须通知人数不多	可实现双向沟通；反馈及时	须花费较多时间与成本
电子邮件	非重要岗位，可在短时间内通知大量应聘者	快速简便节约成本	单向沟通；可能无法及时得到反馈

通知方式	适用范围	优点	缺点
公告栏	定点集中招聘，校园招聘	快速简便，再次宣传组织	单向沟通； 不能及时得到反馈
信函	高层管理人员或关键职位招聘	正式、严谨	单向沟通； 信息传递慢； 反馈不及时

【例 14－3】录用通知

天马集团录用通知

______先生/女士：

首先感谢您对本集团的信任和大力支持。很高兴通知您，您应聘__________一职，经过考核审议，我们认为您具备胜任该职位的能力，欢迎您加入本集团。请于______月____日____时到集团人力资源部报到。

报到地点：××路××号天马大厦 9 楼 601 室 天马集团人力资源部

报到时请携带以下证件和物品：

1. 身份证及其复印件
2. 毕业证书、学位证书及其复印件
3. 本录用通知
4. 三张小一寸照片
5. 其他__________

＊非应届毕业生须出具最近服务单位的离职证明

如您有任何疑问，请通过下列方式与我们联系：

电话：020－8909698；

传真：020－8909664；

邮箱：hr@ tianma. com；

此致！

预祝您工作愉快！

天马集团人力资源部

年 月 日

说明：本表格由人力资源管理部负责填写，并及时通知给拟录用者。

三、落选通知

组织还可向落选的应聘者发送落选通知，感谢其对组织的关注及参与应聘，这样做可为组织树立良好的形象。

【例 14 –4】落选通知

<table>
<tr><td>
落选通知书
尊敬的________先生/女士：
十分感谢您对我集团________职位的关注。对于您对我们集团的支持，我们表示感谢。您在应聘该职位时的良好表现，给我们留下了深刻印象。但由于名额有限，很遗憾地不能录用您。我们已将您的有关资料存档备案，并会保留半年，如果有合适的空缺职位，我们将会优先考虑您。
希望您能理解我们的决定。
再次感谢您对本集团的厚爱。祝您早日找到理想的工作。
此致！
天马集团人力资源部
年　　月　　日
</td></tr>
</table>

四、体检

体检的作用主要是了解应聘者的身体健康状况。组织可根据职位具体需求对应聘者的健康标准进行灵活设置，确保员工身体素质能够满足职位的工作要求。

五、人员报到及签订劳动合同

新录用人员来组织报到时，人力资源管理部门须按照入职清单办理有关手续并与其签订劳动合同。组织应根据《劳动法》《劳动合同法》的规定，对劳动合同期内的工作职位、工作地点、工作时间、合同期限、薪酬福利、合同解除条件、违约责任、争议解决等进行明确约定，并约定试用期限与试用期考核内容及标准、试用期结束后转正、解除或延长试用期的条件等内容，以维护组织和员工双方的权利和义务。

试用期间，人力资源管理部门要帮助员工明确其职位的具体工作内容、职责和考核要求，并对其工作表现进行记录，作为试用期考核的依据。

【例 14 –5】入职手续清单

姓名：　　　　　　　　　　　　入职时间：

入职部门：　　　　　　　　　　担任职位：

<table>
<tr><td rowspan="2">人力资源管理部门意见：

签名：
日期：</td><td>个人资料准备情况：
□ 员工信息登记表　□ 担保协议书
□ 身份证复印件　□ 离职证明
□ 学历学位证书复印件　□ 个人简历
□ 其他资格证书复印件　□ 入职公告
□ 彩色小一寸照片 5 张</td></tr>
<tr><td>审批手续完成情况：
□ 部门经理</td></tr>
</table>

任职部门意见： 签名： 日期：	入职手续办理情况： □ 办公位置安排 □ 分机号码 □ 员工账户 □ 办公用品领取 □ 员工手册及员工卡

第三节　入职培训与试用期考核

一、入职培训

入职培训是向新员工介绍组织基本情况、部门人员、职位工作内容的系列引导工作。这将有助于新员工尽快融入组织，了解组织整体的工作环境及运作情况，适应组织文化和价值观，明确部门及职位职责、工作程序及工作方法等，尽快提高工作绩效并实现组织社会化。

入职培训在组织中被广泛采用，其方式方法灵活多样，如授课式、研讨会式、在职实践培训、户外训练等，组织可根据实际情况及需要选用。

表 14－3　新员工入职培训内容

培训类型	一般性培训	专业性培训
负责部门	人力资源部	入职部门
内容	● 组织概况（历史、背景、经营理念、前景、使命、价值观） ● 组织内、外环境介绍 ● 组织规章制度与组织结构 ● 公务礼仪、行为规范、商业机密、职业操守、安全问题 ● ……	● 工作场所、办公设施设备的熟悉 ● 内部人员及主要合作对象的熟悉 ● 了解业务、流程、职责、权限等 ● 专业性的技术、业务等管理培训 ● ……

二、试用期考核

新员工入职后，组织还将对其进行一段时间的试用，通过其实际任职情况进一步考核其各方面是否符合职位的要求。在新员工试用期满后，由人力资源管理部门及用人部门填写试用期考核表，对其各方面工作表现及胜任情况作出评估及建议，并据此决定新进员工能否成为组织的正式员工，还是须延长试用期或终止雇佣关系。

表 14－4 组织试用员工考核登记表

填表日期： 年 月 日

<table>
<tr><td rowspan="5">基本信息</td><td>姓 名</td><td></td><td>职 位</td><td></td><td>入职时间</td><td></td></tr>
<tr><td>入职部门</td><td></td><td>甄选方式</td><td colspan="3">□内部选拔 □外部招聘</td></tr>
<tr><td>工作经验</td><td colspan="3">相关 年，非相关 年，共 年</td><td>非相关职位</td><td></td></tr>
<tr><td>年 龄</td><td></td><td>最高学历</td><td></td><td>最高学位</td><td></td></tr>
<tr><td>技能训练/培训</td><td colspan="5"></td></tr>
<tr><td>试用期信息</td><td colspan="6">1. 试用期限：
2. 督导人员：
3. 督导人员工作：□观察 □指导
4. 拟安排工作：
5. 培训项目：
6. 试用期薪资福利：</td></tr>
<tr><td>试用期考核</td><td colspan="6">1. 试用时间：自 年 月 日至 年 月 日
2. 主要工作内容：
3. 主要工作职责：
4. 胜任情况：□优秀 □良好 □合格 □不合格
5. 出勤情况： 早退 次，病假 次，事假 次
6. 评语：□试用期已满，转为正式员工 □试用期已满，不录用，拟辞退
□试用期已满，继续试用 个月 □试用期未满，不录用，拟辞退
7. 转正后职位： 职级：
8. 正式薪资福利拟定：
9. 其他：</td></tr>
<tr><td>部门试用意见</td><td colspan="6">部门经理：
年 月 日</td></tr>
<tr><td>人力资源部意见</td><td colspan="6">人力资源部经理：
年 月 日</td></tr>
<tr><td>领导意见</td><td colspan="6">签名：
年 月 日</td></tr>
</table>

本人签收	被通知人签名： 年　月　日	
填表人：		审核人：

填表说明：1．此表由人力资源部及用人部门负责人填写。

2．此表完成后交由人力资源部存档。

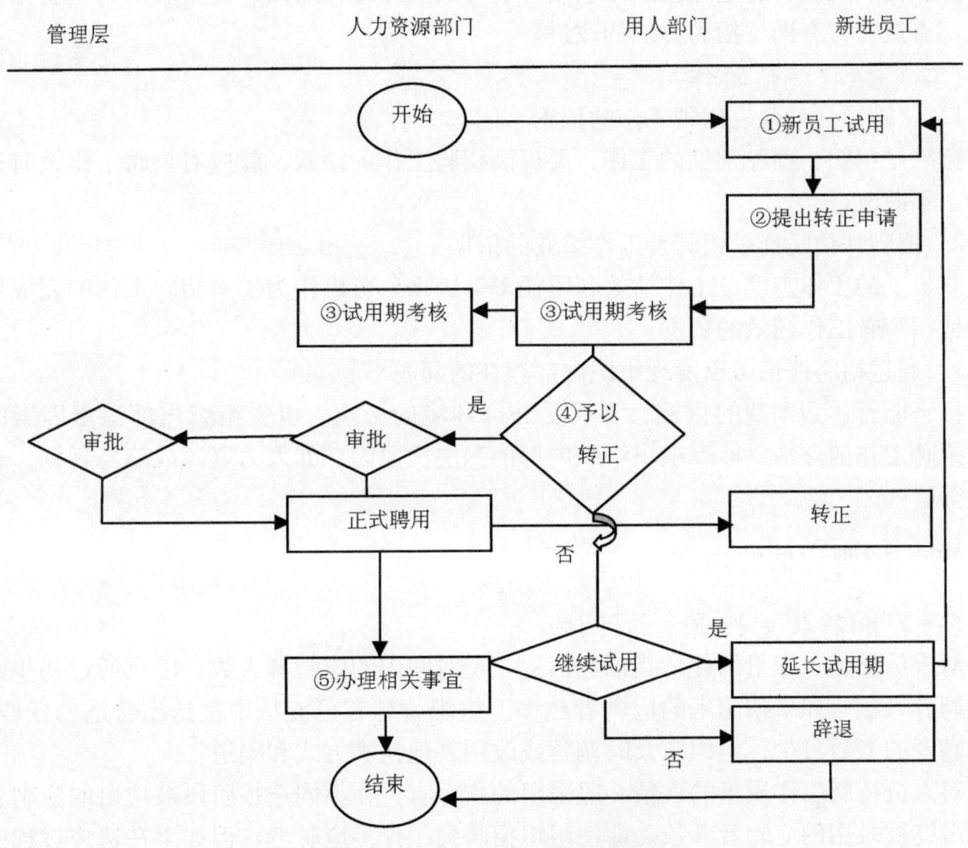

图 14－3　员工转正工作管理流程

第四节　招聘评估

一、招聘评估的含义及作用

（一）招聘评估的含义

招聘评估，就是按照一定的标准，采用科学的方法，检查和评定招聘工作计划的执行程度与目标的完成情况，以确定招聘工作成绩的一种管理办法。招聘评估是通过成本与效益，明确组织招聘的费用支出明细情况，区分应支出项目及不应支出项目，以利于组织降低招聘成本；通过评估最终录用应聘者的实际工作绩效、能力表现来检验招聘的成果与有效性，有助于招聘方法的改进。

（二）招聘评估的作用

1. 招聘评估是改进招聘工作的依据

招聘是组织一项经常性的工作，要提高招聘工作的绩效，就应对招聘工作及时进行总结，不断改进。

2. 招聘评估是衡量招聘者工作绩效的依据

新员工的工作态度、工作绩效和留任率等因素，可以作为了解招聘工作的完成情况和评估招聘者工作绩效的依据。

3. 通过招聘评估可以发现组织内部存在的问题

招聘能否达到预期的目标，不仅受外部环境的影响，也受组织内部诸多因素的影响。招聘工作的评估，能反映出组织内部的深层次原因，如人力资源战略与规划，薪酬制度等。

二、招聘评估的内容

（一）招聘数量与质量的评估

对人员招聘工作量的评估指标包括，一定时间内的应聘者人数，以及通过初步筛选的应聘者人数。如果招聘来的应聘者越多，组织就越有可能从中挑选出合适的任职者。当应聘者的人数过少，组织应及时调整或改用其他招聘方式和渠道。

对人员招聘工作质量的评估一般采用的指标有：在不同选拔阶段被选出的应聘者人数和最终被录用的应聘者人数。即使组织招聘到了许多应聘者，但如果在选拔过程中被证明大多是不符合职位要求的，那么这次招聘工作也可能是失败的。只有在选拔过程中，通过测评证明大多数应聘者是符合职位要求的，才能说明招聘工作的成功。

（二）招聘成本的评估

招聘成本包括在招聘和录用员工的过程中发生的招聘、选拔、录用、安置以及适应性培训的成本。招聘成本既包括组织内部或外部招聘人员的费用，又包括吸引未来可能加入组织的人力资源的费用。招聘成本的计算公式如下：

招聘成本＝直接劳务费＋直接业务费＋间接业务费＋预付费用。

招聘结束后，组织还须进行招聘核算。通过核算了解招聘中的经费具体使用情况，考察其是否符合预算以及主要问题环节等。组织招聘核算一般应包括选拔成本、录用成本、安置成本、离职与重置成本。

(三) 招聘评估与人力资源战略

招聘评估通过对招聘数量与质量、招聘成本等指标的分析，了解招聘计划的执行情况，从而揭示招聘工作是否符合人力资源规划以及人力资源战略的要求。

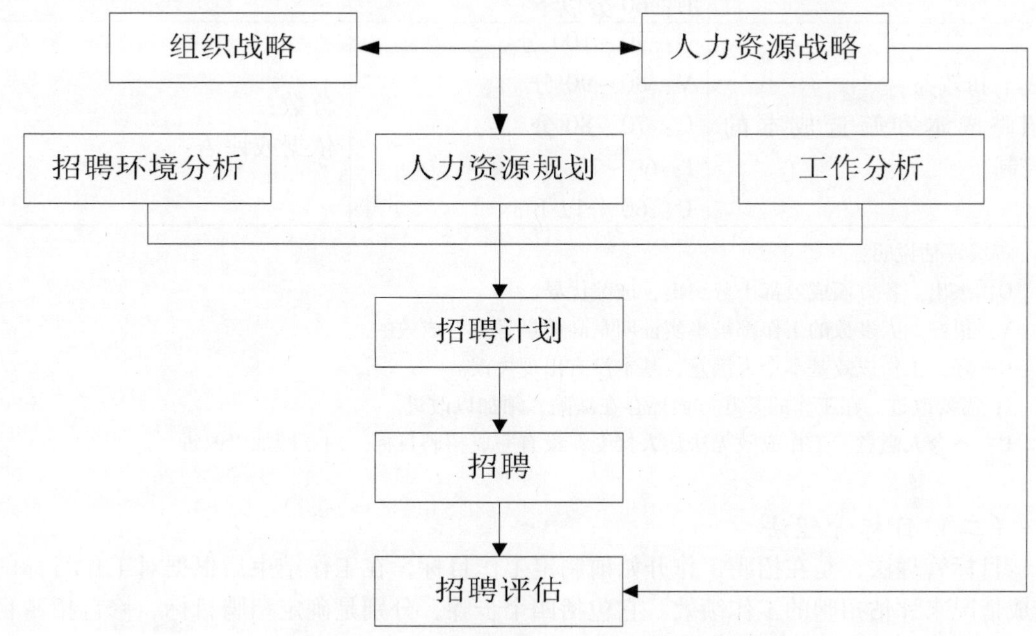

图 14－4 招聘评估与人力资源战略的关系

三、招聘评估的方法

(一) 评估尺度表法

评估尺度表法中，列举了招聘工作须评估的内容，还列举了工作效果的评估等级(从“杰出”到“不令人满意”)。在进行评估时，先对各项工作内容进行等级评估及分数评定，然后将所得到的分数相加，就得到最终的评估结果。

表 14－5 招聘工作评估尺度表

评估内容	评估等级	评估依据或评语
人员招聘工作： 求职者的数量和质量	O：90～100 分 V：80～90 分 G：70～80 分 I：60～70 分 U：60 分以下	分数： 依据或评语：

评估内容	评估等级	评估依据或评语
人员筛选工作： 工作效率和正确率	O：90～100分 V：80～90分 G：70～80分 I：60～70分 U：60分以下	分数： 依据或评语：
成本和效益： 招聘成本和筛选成本的控制	O：90～100分 V：80～90分 G：70～80分 I：60～70分 U：60分以下	分数： 依据或评语：

等级评估说明：

O：杰出。各方面成效都十分突出，成绩优异。

V：很好。大多数的工作都被事实证明是高质量且富有成效的。

G：好。工作成效基本令人满意，基本没有出现失误。

I：需要改进。在工作的某些方面还存在缺陷，须加以改进。

U：不令人满意。工作成效无法让人接受，没有完成招聘目标，须立即加以改进

（二）目标管理法

目标管理法，是在招聘工作开始前制定工作目标，在工作结束后根据对工作目标的完成情况来评估招聘的工作绩效。它包括四个步骤，分别是确定招聘目标、修订招聘目标、评估工作绩效及反馈评估结果。

（三）相对比较法

相对比较法就是将招聘工作的成绩，与往年的招聘成绩或其他组织的招聘情况进行比较，从而确定招聘工作成效的评估方法。相对比较法的特点是比较简单，易于操作。

（四）评估方法的综合运用

由于招聘工作的影响因素较多，有些因素是难以人为控制的，以上三种评估方法在单独使用时存在一定的局限性和缺点。因此，组织在评估实践中可以将这三种方法结合起来使用。（见表14－6）

表14－6　招聘工作综合评估表

评估内容	工作评估情况	目标完成情况	与往年或其他企业比较情况	总分和评语
人员招聘工作： 求职者的数量和质量	O：90～100分 V：80～90分 G：70～80分 I：60～70分 U：60分以下	O：90～100分 V：80～90分 G：70～80分 I：60～70分 U：60分以下	O：90～100分 V：80～90分 G：70～80分 I：60～70分 U：60分以下	分数： 评语：

评估内容	工作评估情况	目标完成情况	与往年或其他企业比较情况	总分和评语
人员筛选工作：工作效率和正确率	O：90～100分 V：80～90分 G：70～80分 I：60～70分 U：60分以下	O：90～100分 V：80～90分 G：70～80分 I：60～70分 U：60分以下	O：90～100分 V：80～90分 G：70～80分 I：60～70分 U：60分以下	分数： 评语：
成本和效益：招聘成本和筛选成本的控制	O：90～100分 V：80～90分 G：70～80分 I：60～70分 U：60分以下	O：90～100分 V：80～90分 G：70～80分 I：60～70分 U：60分以下	O：90～100分 V：80～90分 G：70～80分 I：60～70分 U：60分以下	分数： 评语：

评估等级说明：

O：杰出。各方面成效都十分突出，成绩优异。

V：很好。大多数的工作都被事实证明是高质量且富有成效的。

G：好。工作成效基本令人满意，基本没有出现失误。

I：需要改进。在工作的某些方面还存在缺陷，须加以改进。

U：不令人满意。工作成效无法让人接受，没有完成招聘目标，须立即加以改进。

四、招聘评估的实施与评估报告的撰写

（一）实施评估

评估过程的实施，一般采用两种模式：

1. 评审会模式，是指成立专门的评审小组，小组成员按照既定的规则对各类评估事项进行评价。评审会模式的主要优点在于评估事项比较全面，劣势在于需要耗费大量的人力、物力和时间。评审会模式一般适用于大型招聘项目的评估。

2. 调研法，主要是针对用人部门进行的，是对用人部门招聘计划的实际完成情况进行的调查评价，通过口头或者书面调查的方式，了解用人部门的评价和意见。

评估的内容包括：

- 核对各类招聘证据；
- 与用人部门沟通招聘质量和服务；
- 对各类招聘成本的执行情况进行汇总统计。

对于大型招聘项目的效果评估，除了完成上述工作外，还可通过召开专门的评审会议，汇报对整体招聘效果的评价。

（二）撰写招聘评估报告

评估报告是招聘总结报告的重要组成部分。对招聘效果的评估结束之后，由评估负责人组织编写评估报告。评估报告应符合客观事实，对存在的问题进行分析，并提出改

进的建议。评估报告可以包括以下内容：

1. 招聘项目简介；
2. 阶段性招聘目标及预算；
3. 招聘效果评估方法；
4. 各类数据统计分析结果；
5. 招聘成本分析；
6. 招聘效果分析；
7. 存在的问题及改进建议。

【关键术语】

录用决策　入职培训　试用期考核　招聘评估

【思考题】

1. 简述录用决策的过程。
2. 入职培训的主要内容有哪些？
3. 如何进行试用期考核？
4. 招聘评估的内容有哪些？